KB073911

약포 정탁

남명학연구총서 9

약포 정탁
Yakpo Jeong Tak

엮은이	남명학연구원
펴낸이	오정혜
펴낸곳	예문서원

편 집	김병훈 · 유미희
인 쇄	주) 상지사 P&B
제 책	주) 상지사 P&B

초판 1쇄   2016년 12월 28일

주 소	서울시 성북구 안암로9길 13
출판등록	1993년 1월 7일(제307-2010-51호)
전화번호	02-925-5913~4 / 팩시밀리 02-929-2285
E-mail	yemoonsw@empas.com

ISBN 978-89-7646-365-4   93150

YEMOONSEOWON 13, Anam-ro 9-gil, Seongbuk-Gu Seoul KOREA 136-074
Tel) 02-925-5913~4, Fax) 02-929-2285

값 28,000원

남명학연구총서 9

약포 정탁

남명학연구원 엮음

예문서원

서 문

　남명학연구원에서는 남명학과 남명학파 연구의 대표적인 업적을 엄선해 총서를 출간하고 있다. 그 동안의 연구 성과를 정리해 남명학의 정체성을 확립하고 남명의 학문과 사상이 그 제자들에게 어떤 영향을 미쳤는가를 알아보며, 나아가 남명학에 대한 새로운 전망을 모색하기 위해서이다.

　남명학연구총서는 2006년 이후 『남명사상의 재조명』(총서 1권), 『남명학파 연구의 신지평』(총서 2권), 『덕계 오건과 수우당 최영경』(총서 3권), 『내암 정인홍』(총서 4권), 『한강 정구』(총서 5권), 『동강 김우옹』(총서 6권), 『망우당 곽재우』(총서 7권), 『부사 성여신』(총서 8권) 등을 간행했다. 이를 통해 남명학파의 학문과 사상의 계승과 전개, 남명학파 개개인의 학문과 사상에 대해 집중적으로 조명해 오고 있다.

　이번 총서 제9권의 주제는 『약포藥圃 정탁鄭琢』이다. 약포 정탁은 경륜과 덕망을 겸비한 인물로 평가된다. 그 극적인 사례가 임진왜란 당시 역모에 연루된 김덕령 장군을 구명救命하고 또 사형 직전의 이순신 장군을 구명하는 데 앞장선 일이다. 모두가 좌우를 살피는 험악한 분위기 속에서 약포만이 주저함이 없이 '구명상소'를 올렸던 것이다. 평소의 온축蘊蓄이 없으면 가능한 일이 아니었다.

약포는 36살 때 진주교수가 되어 남명 선생을 찾아뵙고 제자가 되었다. 남명은 약포가 내직內職에 임명되어 하직인사를 하러 왔을 때, "내가 소 한 마리를 줄 테니 타고 가시게"라고 했다. 그가 남명의 뜻을 이해하지 못하고 어리둥절해하자, 남명은 "자네 언사言辭나 기질氣質이 너무 민첩하니, '묵묵하게 꾸준히' 행동하여 원대한 경지에까지 나아가도록 하는 것이 좋겠네. 소처럼 '묵묵하게 꾸준히' 행동하도록 하시게"라고 당부했다. 스승과 제자 사이의 가르침의 모범으로 지금도 널리 전해지는 이야기이다. 약포의 범상치 않은 재능과 기국器局을 알아보고, 그 기국을 완성할 수 있는 요점을 가르친 것이었다. 약포가 평생 지조를 굽힘이 없이 꼿꼿하게 살아간 것은 남명의 가르침에서 받은 영향이 크다고 그의 연보年譜에서도 밝히고 있다.

이번에 출간하는 총서 제9권 『약포 정탁』을 계기로, 그 동안 남명학파에서 차지하는 위상에 비해 상대적으로 연구가 미흡했던 약포에 대한 연구가 활성화될 것을 기대한다. 이 책에는 약포 정탁의 학문과 사상에 관련된 연구논문 중에서 연구의 새로운 지평을 열었다고 생각되는 것들을 엄선하여 실었다. 그리고 혹 미비한 점이 있는 것은 필자들이 이번 기회에 보완했다. 옥고를 보내 주신 필자들과 토론에 참가해 주신 남명학연구원의 상임연구위원 여러분들께 감사의 말씀을 드린다. 아울러 정성들여 책으로 엮어 주신 도서출판 예문서원에도 감사의 말씀을 드린다.

2016년 12월

남명학연구원 원장 박병련 삼가 씀

차례 ‖ 약포 정탁

제1장 『약포집』해제

허 권 수

1. 저자의 생평

약포藥圃 정탁鄭琢은 조선 중기의 학자 출신의 고위관료였다. 1526년(중종 21) 10월 8일 경상도慶尙道 예천군醴泉郡 금당곡金堂谷에 있는 외가에서 태어났다. 자字는 자정精, 호號는 약포 또는 백곡栢谷이요, 본관本貫은 청주淸州로 정이충鄭以忠과 평산한씨平山韓氏 사이의 둘째 아들로 태어났다. 천성天性이 관대寬大하였으며 형용形容이 온수溫粹하고 민첩하여 부지런히 공부하였다.

1542년 17세의 나이로 퇴계退溪 이황李滉의 문하에 나아가 심학心學의 요전要詮을 얻어 들었는데, 구이지학口耳之學이 아닌 실천지학實踐之學에 공을 들였다. 퇴계문하에 있으면서, 특히 『중용中庸』과 『대학大學』을 매우 좋아하였고, 경학經學 이외에도 천문天文・지리地理・상수象數・병가兵家 등의 학문도 두루 섭렵하였다.

1552년(명종 7) 봄에 생원시生員試에 합격하고 이해 가을부터 성균관成均館에 가서 공부하였는데, 천인지리天人之理에 관심을 두자 구두句讀에만 관심을 두던 다른 선비들이 매우 특이하게 보았다.

1558년 33세의 나이로 문과文科에 급제하여 교서관校書館에 배치되었다가, 그 이듬해 정자正字에 제수되어 사환을 시작하였다.

1561년 성천교수成川敎授로 나갔다가, 진주교수晉州敎授로 옮겼다. 이때 남명南冥 조식曺植을 찾아가서 제자가 되었다. 남명에게서 벽립천인壁立千仞의 기상氣像을 보고 배웠다. 약포의 아들 정윤목鄭允穆이 지은 「가장家狀」에 의하면, 약포의 평생의 행사行事가 퇴계와 남명을 모범으로 삼았다고 한다.

1563년 내직으로 들어와 성균관成均館의 박사博士, 전적典籍, 대사성大司成, 사간원司諫院의 정언正言, 헌납獻納, 사헌부司憲府의 장령掌令, 대사헌大司憲, 홍문관弘文館의 수찬修撰, 교리校理, 직제학直提學, 승정원承政院의 동부승지同副承旨, 도승지都承旨, 이조정랑吏曹正郎, 예조참의禮曹參議, 이조참판吏曹參判 등의 직을 거치고 외직으로 강원도관찰사江原道觀察使, 한성부판윤漢城府判尹 등의 직을 거쳐 1583년 공조판서工曹判書로 승진하였다. 이후 예조禮曹, 형조刑曹, 이조吏曹, 병조兵曹 등 오조五曹의 판서判書를 역임하였으니, 그의 이무吏務의 능력을 충분히 알 수 있다. 그리고 40여 년 동안 경연經筵에서 국왕을 바른길로 인도하여 지성으로 감동시켰으며, 왕세자王世子를 보도輔導하였다. 왕세자의 스승으로 발탁되었다는 것은 약포의 학문적 수준이 뛰어났다는 것이 인정된 것이다.

1589년(선조 22) 우의정右議政에 제수되어 명나라에 사신으로 다녀왔다. 이 이전 1582년에도 명나라에 사신으로 다녀온 적이 있었다.

1592년 4월 왜적倭賊이 침입해 오자 우의정右議政으로서 어가御駕를 호종扈從하여 서쪽으로 피난 갔다. 개성開城, 평양平壤, 성천成川을 거쳐 의주義州에까지 이르렀다. 약포는 주로 명나라 장수들과의 작전 관계의 일을 맡아 처리하였다. 후일 그는 피난 중에 의주에서 있었던 일과 명나라 장수들과 주고받은 문서와 논의한 사실들을 기록한 『용만문견록龍灣聞見錄』을 지었다.

1593년 가을 어가가 서울로 돌아온 이후로, 약포는 전주全州, 공주公州 등 각지를 다니며 군사를 훈련시키고 굶주린 백성들을 구제하였다.

1594년 선조宣祖 임금의 명에 의하여 곽재우郭再祐, 김덕령金德齡 등 많은 인재를 추천하였다.

1597년 삼도수군통제사三道水軍統制使 이순신李舜臣이 왜倭와 내통했다는 누명을 쓰고 체포되어 국문鞫問을 받고 있을 때, 약포가 헌의獻議하여 힘써 무함을 당했음을 역설함으로써 감사減死의 처분을 받게 하였다.

1600년(선조 33) 고향에 머물고 있을 때 좌의정左議政에 승진하였으나 몇 차례 글을 올려 사양하고 판중추부사判中樞府事에 제수되었다. 1603년 영중추부사領中樞府事로 승진되자 치사致仕하였다.

1604년에 호종공신扈從功臣 3등에 책록되고, 서원부원군西原府院君에 봉해졌다.

1605년 9월 19일에 예천군醴泉郡 고평리高坪里에서 별세하였다. 1613년(광해군 5) 영의정領議政에 추증되었고, 1635년(인조 13) 정간貞簡이라는 시호를 받았다. 1700년(숙종 26) 사림士林들이 도정서원道正書院을 세워서 향사享祀하였다.

명종·선조조에 영의정을 지낸 동고東皐 이준경李俊慶은 약포를 처음 보았을 때 매우 훌륭한 인재로 여겨 "용모가 암룡과 같으니, 뒷날 반드시 크게 귀하게 될 것이다"라고 예언했다.

임진왜란이 발발했을 때 선조 임금의 몽진蒙塵 행차가 평안도平安道로 가느냐 함경도咸鏡道로 가느냐로 조정 신하들 사이에서 논란이 많았는데,

약포가 평안도로 갈 것을 강력히 주장하여 실현시켰다. 당시 함경도 쪽으로 몽진하자는 주장도 많았지만, 약포가 '함경도는 막다른 곳이고, 또 중국에 원병을 청하는 데도 불편하다'는 점을 들어 반대하였다. 약포의 주장을 따르지 않고 만약 함경도로 갔더라면 선조 임금을 비롯한 조정의 대신들이 왜적의 수중에 떨어졌을지도 모를 일이었다. 약포는 왜적 격퇴를 위해 혼신의 힘을 다 쏟았고, 왜적이 우리 땅에 주둔하고 있는 위협적인 상황에서 강화회담講和會談을 하는 것은 옳지 못하다는 주장을 하였다.

약포는 중국의 군대를 잘 활용하여 국토수복에 큰 공이 있었다. 그리고 정유재란丁酉再亂 때 원균元均 등의 모함으로 옥에 갇혀 모진 고문을 받던 이순신을 선조 임금에게 헌의獻議하여 다시 기용하게 한 사람 또한 바로 약포였다.

약포는 임진왜란 때 서애西厓 유성룡柳成龍과 함께 나라를 구한 위대한 학자이자 정치가였는데, 당시 공론화空論化의 길로 가려는 성리학性理學만을 연구한 문약文弱한 인물과는 달랐다. 그는 늘 주장하기를, "선비로서 병법兵法을 모르면 큰 임무를 맡을 수 없다"라고 하여 스스로 병법을 공부하여 정통하였다. 공자孔子와 맹자孟子가 본래 이상적으로 생각했던, 문무文武를 겸전兼全하여 나아가서는 장수가 되고 들어와서는 정승이 되어 세상을 구제할 수 있는 인재가 바로 약포 같은 인물이다.

그리고 약포는 대신의 자리에 있으면서 공충公忠한 마음과 평정平正한 논의로 사기士氣를 진작시키고 나라의 기강을 붙들어 세웠다. 그는 당쟁에 관여하지 않고 오직 옳은 길만을 추구하여 선조의 깊은 신임을 얻었다.

2. 남명 조식과의 관계

약포는 당시 조선의 양대 학자인 퇴계 이황과 남명 조식의 문하를 다 출입한 제자 가운데 한 사람이다. 일찍부터 퇴계문하에서 학문을 익히던 약포는 남명의 학덕에 대해서 듣고서 앙모仰慕해 오던 중, 1561년 남명이 거주하는 고을인 진주晉州의 교수敎授로 부임하게 되었다. 이에 그는 부임하자마자 곧 남명을 찾아뵙고 폐백幣帛을 갖추고서 제자의 예를 올렸다.

이때는 남명이 삼가三嘉에서 덕산德山으로 막 옮겨 온 때였다. 약포는 남명의 천길 우뚝한 절벽 같은 장중莊重한 기상氣像을 존모尊慕하여 따라 배우려고 노력하였다. 남명도 그가 재주가 영민하고 행동에 과단성이 있는 것이 마음에 들었다.

2년 뒤 약포가 내직에 임명되어 돌아가게 되어 하직인사를 하러 왔을 때, 남명은 그에게 소 한 마리를 주면서 타고 가라고 했다. 그가 남명의 뜻을 이해하지 못하고 어리둥절해하자, 남명은 "자네 언사言辭나 기질氣質이 너무 민첩하니, 묵묵하게 꾸준히 행동하여 원대遠大한 경지에까지 나아가도록 하는 것이 좋겠다. 소처럼 묵묵히 꾸준하게 행동하도록 해라"라고 당부했다. 그가 평생 지조를 굽힘이 없이 꿋꿋하게 살아간 것은 남명의 가르침에서 받은 영향이 많았다고 그의 연보에서 밝히고 있다.

1565년 약포는 사간원정언司諫院正言이 되자 당시 명종 임금의 외숙으로 서슬이 시퍼렇던 윤원형尹元衡이 권력을 독점하여 나라를 그르치는 행위를 탄핵하였는데, 그 말이 칼날 같았다.

남명은 제자들에게 병법까지도 가르쳐 나중에 임진왜란 때 나라를 구제하는 데 크게 기여했으니, 의병활동을 한 제자들뿐만 아니라 약포 같은 인물이 전세를 잘 파악하여 임금을 도와 전쟁 상황을 총지휘하는 데 많은 공헌을 하였다는 사실이 이를 증명하고 있다.

1567년 문정왕후文定王后가 죽고 윤원형이 축출되자 명종 임금은 5월에 남명을 다시 불렀다. 그러나 남명은 나아가지 않았고, 명종은 다시 8월에 상서원판관尙瑞院判官으로 불렀다. 조정이 맑아져 벼슬할 만한 때라 하여 남명에게 부름에 응할 것을 권하는 사람이 많았다. 남명은 명종 임금이 같이 일할 만한 임금인지 한 번 알아보기 위해서 이해 10월에 서울로 들어갔다. 남명은 미리 사람을 보내어 서울에서 벼슬하고 있는 제자 덕계德溪 오건吳健과 약포 등에게 자기가 서울로 가는 사실을 알렸다. 10월 초하루 아침나절에 한강漢江 가에 도착하니 덕계와 약포가 마중을 나와 있어 함께 배를 타고 건넜다.

3일에 남명은 포의布衣를 입은 채로 명종에게 숙배肅拜하였다. 이때 약포는 덕계와 함께 장막을 치고서 곁에서 모시고 앉았다.

약포가 남명에게서 배운 기간은 그가 진주교수로 있던 1년 남짓에 불과하였지만, 그는 남명이 서울에 머무는 동안 제자로서의 예를 깍듯이 차렸다.

남명이 다시 지리산智異山으로 돌아온 지 얼마 되지 않았을 때, 그의 제자들이 하음부河陰婦의 집을 헐어 버린 일이 확대되어 그 사건이 마침내 조정에까지 알려지게 되었다. 이때 내직內職에 있던 기대승奇大升은 남의 집을 헌 유생儒生들의 소행은 유생이 아니라 무뢰배無賴輩의 짓이므로 처벌을 내려야 한다고 강력하게 주장함으로써 남명이나 남명 제자들을 매우 곤혹스럽게 만들었다. 그러나 이 일은 당시 조정에서 벼슬하고 있던 약포와 덕계의 주선으로 큰 탈 없이 넘어가게 되었다.

『약포집藥圃集』에는 남명의 죽음을 슬퍼하여 지은 「만조남명선생輓曹南冥先生」이라는 만시挽詩 한 수를 제외하고는 남명과 관계된 시문이 전혀 없다. 이 만시를 소개하면 다음과 같다.

우리 조부자曹夫子를 우러러 흠모하나니,　　　　　景仰曹夫子
산림山林에 사셔도 도道 절로 높았습니다.　　　　林居道自尊
세 번 초빙한 폐백 끝내 사양하셨고,　　　　　　終辭三聘幣
안빈낙도의 생활 변치 않으셨습니다.　　　　　　不改一簞飧
엄자룽嚴子陵의 절개를 붙들어 일으키셨고,　　　扶起嚴陵節
가의賈誼의 말처럼 세상 편안히 할 대책 있었습니다.　治安賈傅言
두류산 만 길이나 높고 높은데,　　　　　　　　頭流萬仞立
천년토록 선생의 전형典型은 남아 전하겠지요.　　千載典型存

경륜經綸을 갖추고서 출처出處의 대절大節을 지킨 스승 남명에 대한 숭모崇慕의 정情이 잘 나타나 있다.

약포는 짧은 기간 동안 남명에게서 배웠지만, 그의 강직剛直한 기질氣質을 본받아 윤원형 같은 척간戚奸을 축출하는 데 앞장섰고 남명이 중시한 병법을 잘 익혀 임진왜란 등의 위기에서 나라를 구출하는 데 큰 공功을 세웠다. 그리고 출처出處의 대절大節에 어긋남이 없었다. 비록 남명에게서 배운 기간은 길지 않지만, 그의 정신을 잘 배운 제자라 하겠다. 그리고 남명학파에 속한다고 할 수 있는 망우당忘憂堂 곽재우郭再祐, 사호思湖 오장吳長 등을 조정朝廷에 추천하였으니, 남명학파의 발전에도 기여했다고 할 수 있다.

3. 서지적 고찰

약포 정탁은 본래 많은 시문詩文들을 남겼으나 임진왜란을 겪으면서 대부분 산일散佚되어 버린 까닭에 그의 서세逝世 후 155년이 지나도록 그 문집을 출간하지 못하고 있었다. 1756년(영조 32) 가을 약포의 5대손 정옥鄭玉이 좌승지左承旨로 입시入侍했을 때, 영조 임금이 홍문관弘文館에 명하여 약포가 지은 『용만문견록龍灣聞見錄』을 등사謄寫해 올리라고 하였다. 그리고 이 일로 인해서 약포의 문집이 간행되지 못하고 있는 정황을 알게 되자, 정옥을 특별히 지방관으로 보내어 약포의 문집을 간행하도록 조치했다.

정옥은 1759년 황해도관찰사黃海道觀察使로 부임하게 되자, 고향에 사는 후손들의 집에 흩어져 있던 초고草稿를 찾아 모아서 권정택權正宅, 정밀鄭岦과 함께 교정校正을 보아 해주海州에서 목판木板으로 간행하였다. 모두 7권 4책으로, 수록된 시문은 시詩 147수, 서書 42편, 소차疏箚·계의啓議 31편, 제문祭文 9편, 기記·서序·발跋·묘지墓誌·잡저雜著 15편, 「피란행록避亂行錄」 1편, 「용만문견록」 1편이다. 제6권 제17장부터는 부록附錄인데, 황섬黃暹이 지은 행장行狀, 이민구李敏求가 지은 시장諡狀, 신익성申翊聖이 지은 묘표墓表가 수록되어 있다. 제7권은 모두 부록附錄인데, 정온鄭蘊이 지은 묘지명墓誌銘, 조현명趙顯命이 지은 신도비명神道碑銘, 구봉령具鳳齡이 지은 유사遺事, 선조宣祖의 비답批答 3편, 교서敎書 2편, 선조宣祖의 사제문賜祭文을 비롯한 사우士友들의 제문祭文 5편, 도정서원道正書院 봉안문奉安文 1편, 상향축문常享祝文 2편, 만사挽詞 25편, 증행시贈行詩 5수와 『도산급문록陶山及門錄』에 실린 약포 관계 기록을 수록하고 있다. 제4책의 맨 끝에 간행 경위를 밝힌 정옥鄭玉의 발문跋文이 붙어 있다.

이 초간初刊 판본版本은 현재 규장각奎章閣, 성암고서박물관誠庵古書博物館 등에 수장되어 있다.

그러나 초간본을 간행할 때 초고草稿를 널리 수집하지 못한 관계로 누락된 것이 많았으므로, 다시 수집하여 속집續集을 간행하자는 의견이 나왔다. 이에 약포의 종손宗孫 정광익鄭光翊이 영남의 연고 있는 가문들을 찾아가서 물어 하나하나 수집하여 고증考證하였다. 그리고 후손 정필규鄭必奎, 정창운鄭昌運 등이 여러 해 동안 협의하고 편집하여, 유범휴柳範休, 황용한黃龍漢 등의 교감校勘을 거쳐 1818년 약포가 봉안奉安되어 있는 도정서원道正書院에서 목판木板으로 간행刊行하였다. 속집은 모두 4권 2책이었다. 수록된 시문은 시詩 251수, 소疏 6편, 차箚 1편, 계啓 6편, 전箋 3편, 서書 108편, 지識 1편, 제문祭文 4편이다. 제4권은 부록附錄인데, 황여일黃汝一이 지은 행장行狀, 약포의 아들인 정윤목鄭允穆이 지은 가장家狀, 이상정李象靖이 지은 묘표후서墓表後敍, 황여일黃汝一 등 사우士友들의 제문祭文 3편, 조목趙穆 등의 만사輓詞 12수, 퇴계 등의 증별시贈別詩 2수가 수록되어 있다. 제2책 맨 끝에는 정필규鄭必奎의 속집발續集跋이 붙어 있다.

원집原集과 속집續集 모두 사주쌍변광곽四周雙邊匡廓에 세로 21.3cm 가로 16cm, 유계有界, 매면每面 10행, 매행每行 20자, 상하이엽화문어미上下二葉花紋魚尾이다. 1982년 아세아문화사亞細亞文化社에서 『도산급문제현문집陶山及門諸賢文集』에 편입하여 영인출판하였고, 1989년 민족문화추진회民族文化推進會(한국고전번역원 전신)에서 초간본初刊本의 원집과 1818년 간행된 속집을 표점영인標點影印하여 한국문집총간韓國文集叢刊 제39책으로 편입시켜 간행하여 널리 보급하였다.

4. 주요 내용

『약포집』제1권에는 시詩와 서書가 수록되어 있고, 또 남명 조식의 서거를 애도한 「만조남명선생輓曹南冥先生」, 덕계 오건의 서거를 애도한 「만오자강輓吳子强」이 실려 있다. 차운次韻한 시와 만사輓詞 등만 남아 있는 것으로 보아 대부분은 다 산일散佚된 것 같다. 「용만록龍灣錄」이라고 묶은 시는 의주義州에 호종扈從해 가 있으면서 지은 시인데, 이여송李如松, 송응창宋應昌 등 명나라 장수들과 주고받은 시가 많다.

서書 가운데 「상퇴계선생上退溪先生」은 약포가 사헌부司憲府의 관리로 있으면서 문소전文昭殿의 위패位牌 서차序次에 대해 퇴계에게 자문諮問을 구하는 내용이다. 그 밖의 서書는 대부분 퇴계문인들과 주고받은 것인데, 월천月川 조목趙穆과 주고받은 것이 많다. 그 내용 가운데는 퇴계 초고草稿의 보관 문제를 걱정하는 내용, 퇴계문집의 간행고성刊行告成에 참석하지 못하는 사정 등이 들어 있다. 「답김언우조사경김신중금협지김돈서答金彦遇趙士敬金愼仲琴夾之金惇敍」는 퇴계의 부고를 들은 뒤 퇴계의 예장사양禮葬辭讓, 추증追贈, 행장行狀·묘지명墓誌銘·신도비神道碑 등의 찬술撰述 문제에 대해서 도산陶山에 있는 문인들과 의논한 내용으로, 퇴계의 행적을 연구하는 데 필요한 중요한 자료들이다.

「여명유호환與明儒胡煥」은 임진왜란 당시의 조선의 전황과 그 대책을 설명한 글로, 우리나라 전란사戰亂史에 중요한 자료가 된다.

「척화소斥和疏」는 교활한 왜적이 우리 국토에 주둔하고 있는 위협적인 상황 하에서 강화회담講和會談을 하는 것은 옳지 못하다는 견해를 피력하고 있다.

「김덕령옥사계金德齡獄事啓」는 역모逆謀로 몰린 김덕령金德齡 장군의 처벌에 대해 좀 더 증거를 갖추어 처리해도 늦지 않다는 취지의 글을 올려 김덕령을 구출救出하려는 노력을 하고 있는 내용이다.

「이순신옥사의李舜臣獄事議」는 정황을 고려하지 않고 능력 있고 큰 전공戰功을 세운 이순신李舜臣을 함부로 죽여서 왜적을 이롭게 해서는 안 되니, 감사減死하고 다시 전공을 세우게 하여 스스로 자신의 힘을 다하게 하는 것이 조정이 취할 태도라는 내용이다. 선조 임금이 약포의 이 건의를 받아들임으로써 이순신은 사형될 위기에서 감면되어 백의종군白衣從軍하다가 다시 통제사統制使에 임명되었고, 마침내 임진왜란을 승리로 이끄는 주역으로 활약할 수가 있었다.

「판중추이황사제문判中樞李滉賜祭文」은 선조가 치제致祭할 때 내린 제문祭文인데, 실제로는 약포가 지은 것이다. 퇴계를 우리나라의 도학지종道學之宗으로 보고 끊어진 학통을 이어 대성大成하였다고 칭송하고 있다.

「제퇴계선생문祭退溪先生文」은 퇴계의 학덕學德을 흠모하는 약포의 심경이 잘 나타나 있다.

「옥동서원기玉洞書院記」는 퇴계의 관향貫郷인 진보현眞寶縣에 퇴계를 향사享祀하기 위해 세운 서원書院에 건 기문記文이다. 퇴계의 학덕과 옥동서원玉洞書院 창건創建의 전말을 서술하고 있다.

「고평동계경정약문서高坪洞契更定約文序」는 1601년 약포가 고향 마을에 물러나 있을 때 마을의 풍속을 교화하기 위해서 마을 사람들과 의정議定한 동약洞約이다. 당시 유행하던 향약鄉約의 축소판으로, 조선 중기의 향촌사회를 연구하는 데 필요한 중요한 자료이다.

「기효신서절요서紀效新書節要序」는 명나라 척계광戚繼光이 지은 『기효신서紀效新書』를 임진왜란 때 이여송李如松이 갖고 우리나라에 왔는데, 이를 절요節要하여 조선에서 출간할 때 약포가 쓴 서문이다. 임진왜란의 경험을 교훈으로 삼아 왜적의 침략에 대비하자는 취지가 담겨 있다.

「오덕계실적대략吳德溪實跡大略」은 덕계 오건의 위인爲人과 학문學問에 대하여 칭송하고 있다. 특히 약포는 덕계처럼 남명과 퇴계의 양문을 출입하고 같은 시기에 조정에서 벼슬했으므로 덕계와 절친하였으니, 그에 대해서는 누구보다 잘 알았다. 덕계의 학행에 대한 기록이 많이 있지만, 이 글만큼 자료적 가치가 큰 글은 없다고 할 수 있다.

「피란행록避亂行錄」은 1592년 음력 4월 30일부터 1593년 1월 3일까지, 선조의 어가御駕를 모시고 서울을 떠나 피난하는 과정과 행재소行在所에서 있었던 일 등을 날짜별로 기록하였다. 임진왜란 연구에 매우 귀중한 자료이다.

「용만문견록龍灣聞見錄」은 임진왜란 때 행재소 의주義州에서 보고 들은 일을 기록한 글이다. 당시 행재소의 사정과 중국과의 외교관계에 있어서 중요한 자료가 많다.

『속집續集』에서는 원집原集에 빠진 시詩를 많이 수집했는데, 자기성찰시自己省察詩, 경물시景物詩, 연민시憐民詩가 많다.

서書는 월천月川 조목趙穆과 아들 정윤목鄭允穆에게 주는 것이 대부분이다. 월천과는 퇴계의 문집 간행에 관하여 의논한 내용이 많고, 아들에게 준 서간書簡에는 가정대소사의 처리 문제와 위학爲學·행신行身에 대한 훈화訓話가 들어 있다.

『약포집』은 비록 부분적으로 산일散佚되기는 하였지만, 조선 중기 학자정치인의 전형적인 문집이다. 약포가 대신의 지위에 오래 있었던 관계로 임진왜란과 명나라와의 외교관계 등 국가대사에 관계된 자료가 많이 들어 있는 귀중한 문헌이다. 다만 그가 남명의 문인인데도 남명과 관계된 자료가 거의 없는 점은 매우 아쉽다.

5. 결어

조선 중기에 경상좌우도慶尙左右道에서 같은 해에 남명 조식과 퇴계 이황이라는 대학자가 태어난 것을 성호星湖 이익李瀷은 하늘이 우리나라에 복을 내린 일이라고 했다. 그 당시는 물론이고, 한국의 학술·사상·문학·도덕·풍속·교육 등에 끼친 그들의 큰 영향은 표현해 낼 수가 없다.

이런 두 대학자의 학문과 정신을 잘 배운 인물 가운데 대표적인 한 분이 약포 정탁이다. 그는 시문詩文이나 경서經書에 얽매인 고루한 학자가 아니라, 경륜을 갖춘 능력 있는 대신이었다. 단적인 예로 사형에 직면한 이순신 장군을 구출해 낸 분이 바로 약포이다.

그의 문집은 내용이 비교적 풍부하다. 오늘날 우리 시대의 사람들이 이 『약포집』을 잘 읽어 그 훌륭한 학문과 정신을 잘 배워서 되살려 내는 것이 중요하다. 남명학연구원에서 약포 정탁을 특집으로 다루는 의미도 이런 데 있을 것이다.

제2장 약포 정탁의 생애

김 낙 진

1. 약포와 예천

약포藥圃 정탁鄭琢(1526~1605)은 예천에서 태어나 그곳에서 생을 마쳤으나, 그의 선대는 본래 안동 사람이다.[1] 그의 집안이 예천에 입향入鄉하게 된 것은 그의 부친 정이충鄭以忠이 금당곡金堂谷 삼구동三九洞에 살던 평산한씨平山韓氏 한종걸韓終傑의 딸에게 장가갔기 때문이다. 이로부터 서원정씨가 예천에 세거할 기틀이 놓인다. 약포는 금당곡의 외가에서 출생하여 이곳에서 10세까지 성장하였고, 11세 때부터 10년 동안은 안동 동부의 가구촌佳丘村에 거주하였다. 20세 되던 해에 금당실로 돌아갔고,

---

1) 서원정씨의 貫鄉은 충청북도 청주의 金馬面 馬岩里이다. 서원은 청주의 옛 이름이니, 서원정씨는 청주정씨라고도 부른다. 서원정씨의 족보에 올라 있는 고려시대의 선조들은 개경과 청주, 그리고 평안도에 거주하거나 활동하였다. 그 서원정씨의 일파가 영남으로 이주하여 이 지역을 대표하는 성씨의 하나로 성장하기 시작한 것은 麗鮮교체기였다. 여말의 司徒이자 西原伯이던 鄭顗의 아들 鄭琛이 여말선초의 왕조교체를 보고는 절의를 지키기 위해 안동으로 이주함으로써 영남 사람이 되었다고 한다. 정침이 은거지로 굳이 안동을 택한 것은 아버지의 외가이자 할아버지의 처가인 金恂(1258~1321)의 집안이 안동에 있었기 때문이다. 김순은 고려 명장 忠烈公 金方慶(1212~1300)의 아들이다.

22세 되던 해에 예천의 고평에 터를 잡고 살던 거제반씨巨濟潘氏 반충潘沖 (1508~1604)의 딸에게 장가들게 됨으로써 이곳에 터를 잡는다.

33세에는 문과에 급제하였고, 관직에 진출하였다. 이로부터 지방에 잠깐씩 근무하던 시기를 제외하고는 대부분의 기간을 서울에 머문 약포의 일생에서 가장 비중 있는 곳은 한양이었다. 약포의 후손들이 고평에 완전히 정착하기로 결정한 것은 약포의 은퇴기, 즉 임진왜란이 종료된 시점으로 추정된다. 그를 대신하여 집안을 돌보던 둘째 아들 정윤위鄭允偉가 어머니의 고향집에서 살고 있었던 것이다. 대산大山 이상 정李象靖(1710~1781)은 정윤위의 「묘갈명」에서 피난을 갔던 그가 "양양(예천의 별칭)의 고평으로 옮겼고 이에 세거하게 되었다"고 썼다. 그렇다면 약포의 후손들이 고평에 세거한 것은 약포의 노년 은거와 정윤위의 정착에서 비롯된 일이다.

청년 시절을 보낸 고평동으로 돌아온 후 약포는 내성천이 바라보이는 곳에 망호당望湖堂 또는 망호재望湖齋라고 부른 집을 짓고 생활한다. 지금 도정서원道正書院에 부속되어 있는 읍호정挹湖亭도 내성천변에 건축한 정자였다. 망호당의 '호'나 읍호정의 '호'는 모두 도정서원에서 내려다 보이는 내성천을 가리킨다.

2. 약포의 인품

1605년 약포가 사망하자 국왕 선조는 예조좌랑 조정趙靖을 파견하여 조문하도록 하고, 영전에 제사를 지내는 「사제문賜祭文」을 내렸다. 약포의 일생을 평가하는 여러 편의 글들이 남아 있지만, 가장 오래되었고 또한 공적인 문서인 이 글은 일절이험一節夷險과 진퇴무구進退無垢라는 말로 약포를 평가하고 있다. 후대의 평가는 대부분 이 글을 모범으로 삼고 있다.

아! 혼령이시어.	唯靈
인품은 조용하고도 깊었으며,	德宇靜深
타고난 바탕은 온화하고 너그러웠으며,	性資和裕
온순함과 선량함으로 자기를 검속하고,	溫良檢己
움직임은 법도에 따랐다.	動遵規度
일찍부터 호종의 대열에 서니,	蚤列法從
한 시대의 큰 그릇이었다.	爲時偉器
틀은 원만하여 응체됨이 없었고,	機圓不滯
해야 할 말은 부지런히 정성을 다했다.	言論亹亹
도량이 커서 버리는 사람이 없었고,	量大無遺
판단의 크기는 크고도 컸다.	剖判恢恢
세상을 경영하고자 하는 뜻과	經世之志
사물을 질서 잡을 수 있는 재주를 지니고,	鎭物之才
궁궐에서는 온화한 모습을 보였고,	雍容禁闥
경연에 참여하여 국가대사를 상의하였다.	密勿經幄
온종일 게으름 피지 않았고,	夙夜匪懈
생각을 다한 데다 충성스런 마음을 더하였다.	思盡忠益
사헌부의 총마驄馬요,	霜臺驄馬
홍문관의 금련金蓮이라.	玉署金蓮
띠를 드리우고 홀을 바로 하면서,	垂紳正笏
탁월한 행보 끊이지 않았다.	卓步聯翩
나가서 한 지역을 맡아서는,	出寄方面
어진 정치를 베푸니 대낮에도 관청이 고요하였고,	棠陰晝靜
조정에 돌아와 인사권을 잡으니,	入持銓衡

샛길로 다니는 자가 없었다.　　　　　　　　　　李下無徑

벼슬자리 두루 거쳤으나,　　　　　　　　　　　歷試周行

뭇 사람의 바람에 모두 부합되었다.　　　　　　僉望僉符

재상의 자리에 오르고,　　　　　　　　　　　　超登黃閣

중추부에 발탁되었는데,　　　　　　　　　　　擢授鴻樞

치우침도 기울어짐도 없어,　　　　　　　　　　無偏無陂

공도가 저울처럼 공평해졌다.　　　　　　　　　公道衡平

격하지도 않고 부화뇌동하지도 않았으니,　　　不激不隨

훌륭한 평판 오래도록 변치 않으리라.　　　　　令聞永貞

관료들의 모범이었고,　　　　　　　　　　　　群僚是式

과인의 덕은 그대를 우러러 이루어졌도다.　　　寡德仰成

물을 건네주는 배와 같았고,　　　　　　　　　若涉爲舟

가뭄 끝에 내리는 장맛비 같았다.　　　　　　　若旱爲霖

예전에 있었다고 들었던 것,　　　　　　　　　聞諸在古

내 오늘 여기서 보았네.　　　　　　　　　　　見之斯今

창황 중에 말고삐를 잡고,　　　　　　　　　　蒼黃覊靮

잠깐 초야에 피란할 때에,　　　　　　　　　　頃在草莽

경은 나를 수행하면서,　　　　　　　　　　　　卿能隨予

자기 몸은 돌보지 않았다.　　　　　　　　　　匪躬之故

힘과 마음을 다해,　　　　　　　　　　　　　　宣力悉心

동궁을 보호하였으니,　　　　　　　　　　　　保護春宮

편안할 때나 위험할 때나 절의를 한결같이 하여,　一節夷險

처음이 있고 끝이 있었다.　　　　　　　　　　有始有終

오랜 세월 이름을 이정彛鼎에 새겨 전할 만한　百年彛鼎

수많은 공적을 쌓은 후에,　　　　　　　　　　茂績豊功

이에 경은 늙었음을 아뢰었고,　　　　　　　　卿乃告老

사퇴하는 상소가 여러 번 이르렀다.　　　　　　封章累至

내 비록 현인을 탐하지만,　　　　　　　　　　予雖貪賢

경은 참으로 멈춤을 알았으니,　　　　　　　　　　　卿實知止

애써 그대의 진실한 뜻을 따라,　　　　　　　　　　勉循誠意

나랏일에서 벗어나길 허락하였다.　　　　　　　　　許謝機務

시골에서 넉넉하게 한가하니,　　　　　　　　　　　田里優閒

나가고 물러남에 허물이 없었도다.　　　　　　　　進退無垢

비록 그대가 조석으로　　　　　　　　　　　　　　雖非朝夕

나의 옆에 없었으나,　　　　　　　　　　　　　　在予左右

나라에 큰 일이 있으면,　　　　　　　　　　　　　國有大事

자문을 구할 원로로 의지하였다.　　　　　　　　恃爲元龜

어찌하여 이런 노성한 사람을　　　　　　　　　如何老成

하늘은 남겨 두지 않는가?　　　　　　　　　　天不憖遺

나라가 고달픈 상황이라,　　　　　　　　　　邦其殄瘁

그대를 생각하면 마음이 슬퍼지네.　　　　　予懷之悲

사람을 보내 대신 제물을 올리고 술을 따르니,　代奠洞酌

혼령께서는 내 마음을 아시리라.　　　　　　靈必有知

세월이 흐른 뒤에 황여일黃汝一(1556~1622)이 작성한 「행장」과 동계桐溪 정온鄭蘊(1569~1641)이 쓴 「묘지명」이 약포를 절의의 실천자로 평가하는 데 많은 지면을 할애하면서 이험일절夷險一節, 종시일절終始一節 등으로 표현한 것은 「사제문」의 평가를 따른 것이다.

이험일절이란 편안할 때나 위험할 때나 한결같이 절의를 실천하였다는 말이다. 유학은 의리義理의 학문이라고 불릴 만큼 의리 또는 절의를 숭상한다. 의리는 상대자와의 관계에 따라 달리 설정되는 것으로, 지위에 요구되는 직책을 진실하게 정성을 다해 수행하는 태도를 가리키는 말이다. 이를 실천하기 위해서는 경우에 따라 자기 목숨도 바쳐야 한다. 이 절의는 평상시에도 완전히 실천하기 어렵지만, 생명과 소유가 위협당하는 위험한 때에는 더욱 실천하기 어렵다. 그럼에도 불구하고 약포는 초지일관하였다는 것이다.

이와 함께 주목해야 할 평가가 또 있다. 창설재蒼雪齋 권두경權斗經(1654~1726)은 도정서원 상향축문常享祝文에 "위대한 현인의 높은 제자이자 나라를 중흥시킨 충신이다. 연원이 있는 학문을 하고 사직에 공을 세웠다"(大賢高弟, 中興蓋臣. 淵源之學, 社稷之勳)고 썼다. 이 짧은 구절은 두 가지 사실을 지적하고 있다. 첫째는 역사적으로 오래되었고 정통성이 있는 학문을 위대한 스승(대현)에게서 배운 사람이라는 것이고, 둘째는 임진왜란의 극복에 힘써 국가를 중흥시킨 공훈이 있는 충신이라는 것이다. 이 둘은 서로 무관한 사실들을 병렬시켜 놓은 것이 아니다. 연원 있는 학문을 배움으로써 한결같이 의리를 실천하였고 국가를 중흥시키는 큰 공을 세웠다는 뜻으로 이해되어야 한다. 이제 약포의 인격과 활약상을 살펴보기로 하자.

약포는 젊은 시절부터 도량이 커서 큰 인물이 될 것으로 기대되었던 모양이다. 아직 과거에 급제하지 못했던 시절 그는 설월당雪月堂 김부륜金富倫(1531~1598)과 함께 산사에서 독서한 적이 있었다. 어느 날 밤 시를 짓기로 하였는데 약포가 "북두성은 하늘에 있어 온 세상이 우러르고"(星斗在天天下仰)라고 읊자 포부와 기상에 놀란 설월당이 "후일 반드시 조정(廊廟)에 있으면서 태산북두와 같은 중망을 얻을 것이다"라고 찬탄하였다.

이와 유사한 이야기가 집안에 전해 온다. 약포가 장가들었을 때 맏동서가 아우동서인 약포를 얕잡아 보았다. 장인이 하루는 두 사위를 불러 놓고는 등잔불을 가리키며 칠언율시를 짓도록 하였다. 맏사위는 "흰 용이 구슬을 물고 강을 건너온다"(白龍含珠渡江來)라고 읊었다. 등잔 심지를 흰 용으로, 불꽃을 구슬로, 접시를 강으로 비유한 것이다. 다음은 약포의 차례였다. 그는 "모든 나라의 성 안에 한漢나라의 깃발이 꽂혔다"(萬國城中揷漢幟)라고 읊었다. 모든 나라의 성 안은 기름이 담긴 접시이고, 깃발은 심지에 불이 붙어 펄럭이는 모양의 비유이다. 기름이 담긴 조그만 접시를 한 개의 강으로 본 큰동서에 비해 아우인 약포는 접시를 천하에 비겼으니 안목과 포부가 그만큼 컸다고 하겠다.

33세에 문과에 급제한 약포는 다음해 교서관校書館에 배치되었다. 교서관은 서적의 인쇄와 향축香祝·인전印篆의 관리를 맡은 기관이다. 문치를 지향한 조선왕조로서는 꼭 필요했던 기관이었다고 하겠으나, 정치적 실무와는 거리가 먼 한직이다. 그는 이곳에서 서적 인쇄를 맡은 장인들을 감독하고 간행될 서적들을 교정하는 작업을 하였다. 이를 보고 사람들이 "정승감이 교서관에 배치되었다"고 안타까워했으나, 약포는 불만스러워하지 않고 맡은 업무를 성실하게 수행했다. 그의 이런 모습을 보고 후일 큰 인물이 될 것임을 예견하는 사람들이 있었다고 하는데, 타인이나 운명을 원망하고 작은 일에 일희일비하는 속 좁음을 보이는 대신, 큰 도량으로 자기 직무를 받아들여 책임을 다하는 사람임을 알아본 것이다.

남다른 도량을 가졌던 그는 또한 타인에게 관대할 수 있었다. 하담荷擔 김시양金時讓(1581~1643)은 약포의 "사람됨이 따뜻하고 공손하여 노비나 짐승에게도 나쁜 말로 욕을 하지 않았는데, 그 후덕함이 족히 높은 자리에 이를 만하였다"고 하였다. 강원도관찰사로 있으면서 보여 준 인정 많은 정치는 이런 인품이 드러난 일례이다. 관대하고 용서성이 많은 정치를 베푼 그는 형벌을 최대한 피하였고 갇혀 있는 죄수들을 풀어 주려고 노력하였다. 춘천부에 행차하여 식사 대접을 받을 때에는 이런 일도 있었다. 노비가 관찰사의 밥상에 젓가락을 놓는 일을 잊어 작은 소동이 일어났다. 춘천부사가 노비를 징치하고자 하였으나, 그 정도의 일에 개의치 않은 약포는 벌을 주지 않도록 조치하였다. 금강산을 유람할 때는 가마를 메고 가는 승려의 노고를 혜량하고는 식량과 포목을 하사하여 위로하였다. 그는 권력 없는 아랫사람의 노고를 느낄 줄 아는 따뜻한 사람이었다.

그렇다고 무골호인이었다는 말은 아니다. 그는 옳고 그름을 따져야 될 일에 있어서는 누구에게도 굽히지 않는 소신과 기력을 가진 사람이었다. 교서관정자로 근무할 때의 일이다. 그가 향실香室에 숙직하던 밤 명종이 편치 않자 어머니 문정왕후는 부처에게 기도한다는 이유로 향실에 보관된 향을 가져오라고 명하였다. 이에 약포는 "이 향은 하늘과 땅에 제사지낼 때(郊社) 사용하는 향이지, 부처를 공양하기 위한 향이 아니다"라고 하면서 거절하였다. 왕후는 대노하였지만, 여론은 약포의 행동을 옳다고 여겨 일시에 그의 명망이 높아졌다. 너그러우면서도 명분과 원칙에 어긋나는 일과는 타협하지 않았던 그는 의로운 사람이었다. 그가 문정왕후의 비호 아래 월권과 비리를 일삼던 척신정권을 탄핵한 것도 그의 의로움을 보여 주는 실례들이다. 윤원형, 윤백원, 심통원 등이 그의 비판을 받은 권간들이었다.

사람이 어질면서도 의로울 수 있다는 것은 말처럼 쉬운 일은 아니다. 그보다는 타고난 기질이 달라 개인적인 성향의 차이와 인격적인 편차가 있는 것이 사람이다. 흔하게 볼 수 있듯이 성품이 어진 사람은 옳고 그름을 따지는 일(義)에 익숙하지 못하다. 반대로 의로움을 중시하면서 불의를 미워하는 사람들 중에는 남을 긍휼히 여기는 어진 마음씨가 부족한 경우가 많다. 어질지만 의롭지 못한 사람은 나약하기 쉽고, 의롭지만 어진 마음이 부족한 사람은 포악하기 쉽다. 더군다나 어떤 때는 어질다가도 다른 때에는 모질게 남을 대하는 변덕을 부리는 범인들은 일관성 있는 인격 내지 정체성을 갖기 어렵다. 이런 성향들을 유학에서는 기질지성이라고 한다.

기질지성의 특징은 어느 한쪽으로 편향되어 있다는 것인데, 그 반대말이 중용의 성격이다. 다산茶山 정약용丁若鏞(1762~1836)의 말을 들어보자.

> 지금 『서경書經』의 「고요모皐陶謨」편을 살펴보니, 고요가 구덕九德의 조목을 펼쳐보았다. 첫째로 '관대하면서도 엄하다'고 하였는데, 관대함에 치우치지 않고 엄격함을 겸하는 것이 중中이다. 둘째로 '부드러우면서도 자기를 세운다'고 하였으니, 부드러움에 치우치지 않고 자기 줏대 세움을 겸하는 것이 중中이다.…… 다섯째로 '넉넉하면서도 굳세다'고 하였으니, 넉넉함에 지나치지 않고 굳셈을 겸하는 것이 중中이다. 여섯째로 '곧으면서도 따뜻하다'고 하였으니, 곧음에 지나치지 않고 따뜻함을 겸하는 것이 중中이다.…… 요컨대 이것에만 편중되지 않고 반대의 것도 겸한다는 의미이다.

어질면서도 굳세게 의로움을 지향하는 약포의 성향은 그의 일생 전반에서 발견되는 현상이므로 그는 중용의 성향을 인격으로 승화시켰던 사람이다.

물론 비타협적으로 시비를 분별하는 것이 도학을 배운 사람이 마땅히 취할 자세라고 여기는 사람들에게는 그의 이 같은 완곡한 성향은 마음에 들지 않는다. 더욱이 선조 시대는 이전의 척신정치의 폐단을 씻어 내고자 깨끗한 도덕정치를 지향하던 시대였다. 성리학의 도학정신으로 수신한 착한 선비들이 많이 등용되었고, 이들은 옳고 그름을 추상같이, 비타협적으로 분별해 내고자 하였다.

이에 한때 조정이 깨끗해지는 효과를 보기도 하였으나, 종교적으로 정의를 추구함으로써 남의 조그만 잘못도 용서하지 못하는 관용성

부족에 허덕여야 하였다. 그들도 사람인지라 비판을 받은 사람들은 당파를 모아 반목을 일삼게 되니, 맑은 물에는 고기가 살지 못한다는 말과 같이 도덕지상주의의 폐해가 나타났다. 아무리 선의에서 나왔다고 하더라도 관용 없는 원칙론은 돌이킬 수 없는 재앙을 불러왔다. 성리학은 맑고 깨끗한 인물들을 많이 길러 냈지만, 관용성은커녕 정치성부터가 부족하였다는 것은 이미 잘 알려진 흠결이다.

당파의 소속과 관계없이 약포를 비판적으로 보는 실록의 기록이 많이 남은 것은 이도저도 아닌 것으로 비춰지는 약포의 태도가 이들에게는 불만스러웠기 때문이다. 우유부단하였다거나 한 가지도 건의한 것이 없다는 등의 악평이 그것이다. 그러나 약포는 비타협적인 시비분별이 불러올 재앙을 잘 알고 있었으므로, 근원적으로 잘못된 큰 실수가 아니라면 용서할 수 있다는 관용성을 발휘하였다. 또한 그는 근본적으로 남의 잘못을 탓하는 것보다는 자기의 책임을 먼저 따지는 성품이었다.

3. 학통

중용을 실천하지 못하는 인격적인 장애가 있다면 그 편향성을 고치고자 노력해야 한다. 그 노력하는 일련의 과정을 수신修身이라고 하는데, 핵심은 편협한 기질을 변화시켜 본연의 성질이 균형 있게 발휘되도록 하는 변화기질變化氣質이다. 약포가 스승들로부터 배운 학문은 이런 것이었다.

금당곡에서 태어나고 자라던 약포가 안동의 가구촌에 갔던 주된 목적은 배움에 있었다고 짐작된다. 11세라면 본격적으로 취학할 나이이고, 안동 인근에는 좋은 선생들이 많았기 때문이다. 그는 이 마을 출신인 백담栢潭 구봉령具鳳齡(1526~1586)과 함께 삼가현감을 지낸 중부 정이흥鄭以興에게 수학하면서, 금사사金沙寺에 들어가 독서를 하기도 하였다. 17세에는 가구촌에서 가까운 예안의 퇴계 문하에 입문한다. 동문들인 설월당 김부륜, 월천月天 조목趙穆(1524~1606), 서애西厓 유성룡柳成龍(1542~1607) 학봉鶴峰 김성일金誠一(1538~1593), 백담 구봉령은 배움의 동반자이자 서로 도우면서 벼슬한 동지들이었다. 36세에 진주향교의 교수로 부임하여서는 남명南冥 조식曺植(1501~1572)을 사사하였고, 동문 동강東岡 김우옹金宇顒(1540~1603), 덕계德溪 오건吳健(1521~1574)과는 평생 동안 교유의 관계를 맺었다.

그가 연원 있는 학문을 하였다는 말은 퇴계의 문하에서 가르침을 받았다는 뜻이다. 약포 또한 퇴계의 학문을 연원이 있는 학문이라고 생각하였다.

마음을 보존存心함은 오로지 경敬에 있으니,	存心惟在敬
군자는 밥 먹는 잠깐 사이에도 허둥거리지 않는다네.	君子不違食
순임금은 하늘을 우러러 공경하였고,	虞舜仰欽哉
주나라 문왕은 공경하고 삼갔다.	周文思翼翼
공자는 큰 덕이 있어,	仲尼有大德
만고에 사람들이 모두 우러른다네.	萬古人皆仰
......	
사도師道가 오랫동안 쓸쓸하니,	師道久寥寥
긴 세월 후에 주자를 그리워한다.	千秋想紫陽
목소리는 작아져 다시 접할 수 없으니,	音微無復接
구름 같은 세상 내 마음 슬프게 한다.	雲物我心傷
도산의 퇴계선생이 성인의 도를 강론하시니,	陶山講古道

바다 밖에서도 북두칠성처럼 우러른다.　　　　　　　海外皆斗仰

선비들이 옷을 걷고 스승으로 모시니,　　　　　　　函丈士撊衣

우리 동방의 문물이 상실되지 않았구나.　　　　　　　吾東文不喪

　약포 같은 영남의 학자들이 생각하는 연원이란 퇴계에서 주자로, 주자에서 공·맹으로, 공·맹에서 주나라의 문왕과 무왕으로, 최종적으로는 요·순임금으로 소급되는 심법의 전수 과정이고, 그 학문의 정수는 심학心學이었다. 퇴계의 사망을 알리는 부고가 조정에 도착한 날 경연의 저녁 강의에 입시하였던 약포는 "우리나라에 학문하는 사람이 혹간 있었으나, 조예造詣가 정밀하고 깊으며, 실천함이 순수하고 굳센 이는 오직 이 한 사람뿐입니다. 그의 진퇴進退·출처出處·사수辭受·취여取與가 모두 후인들의 모범입니다"라고 말하여 존경심을 표하였다.

　시대가 흐를수록 퇴계만 강조하고 남명의 가르침을 무시하거나 소홀히 여기는 경향이 있었다. 그러나 약포는 그 스스로 남명에게 큰 가르침을 받았다고 인정하였다. 남명으로부터 우뚝 선 천길 벼랑(壁立千仞)과 같은 기상을 배웠으며, 처음부터 끝까지 절의를 온전히 실천할 수 있었던 것은 그에게 배운 것이 많았기 때문이라고 하였다. 빼놓을 수 없는 일화가 있다. 진주향교 교수직 이임 인사를 위해 찾아가자, 남명은 그에게 "우리 집에 소 한 마리가 있으니 끌고 가게"라고 말하였다. 어리둥절해 하는 약포를 향해 남명은 말하였다. "그대는 말과 의기가 지나치게 재빠르니 느리고 둔한 것이 오히려 멀리 갈 수 있는 것만 못하다네!" 사태의 본질을 예리하게 꿰뚫어 보고 재빠르게 비판하는 자세보다는, 오랫동안 꼼꼼하고도 넓게 생각해 본 후에 행동하는 것이 진정한 의기라는 가르침이다. 불의에 대한 저항에 있어서는 누구에게도 뒤지지 않았던 남명마저도 그의 말과 의기의 민첩함을 걱정하고 기질을 바꾸어 중용할 수 있는 성품을 가지라고 권하고 있다.

약포는 이 스승이 돌아가신 후 다음과 같이 조상하였다.

조부자曺夫子를 경앙景仰하노니,　　　　　　　　　　　景仰曺夫子
산림에 거하였으나 도는 절로 높았다네.　　　　　　林居道自尊
세 번의 초빙을 끝내 사양하고,　　　　　　　　　　終辭三聘幣
가난한 삶 속에서의 즐거움을 고치지 않았네.　　　不改一簞飧
엄릉嚴陵의 절개를 일으켜 세우고,　　　　　　　　扶起嚴陵節
가의賈誼의 말로 다스려 편안하였네.　　　　　　　治安賈傳言
두류산처럼 만길 높이 우뚝 서서,　　　　　　　　　頭流萬仞立
천년토록 따를 모범을 보이셨다네.　　　　　　　　千載典刑存

이험일절의 평가를 받게 되기까지는 남명에게서 감발 받은 바가 많았음을 짐작할 수 있다.

그가 받은 가르침은 스승이 다르다고 내용도 달라질 것이 아니었다. 첫 스승 정이흥에서부터 퇴계와 남명에 이르기까지 공통된 가르침은 경의敬義였다. 경공부는 구체적으로 정제엄숙整齊嚴肅, 주일무적主一無適, 기심수렴其心收斂, 상성성법常惺惺法의 네 가지로 제시된다. 예법에 맞게 자신의 신체를 규율하면서 엄숙한 자세를 유지하는 것이 정제엄숙이고, 현재 하는 한 가지 일에 정신을 집중하여 혼신의 힘을 다해야 한다는 것이 주일무적이다. 천 갈래 만 갈래로 날뛰는 마음을 거두어들여 마음을 전일專一하게 하는 것이 기심수렴이며, 정신을 항상 깨어 있고 깨어 있는(惺惺) 상태에 두는 것이 상성성법이다.

우리는 보통 한 사람의 인생을 평가할 때, 그 일생의 대체적인 얼개나 특별한 사건을 중심으로 파악한다. 이렇게 보면 일생의 대부분의 시간은 뭔가 중요한 일을 만나기 전까지 주어지는 여분의 시간이다. 그런데 약포가 수학한 성리학은 이와 다르다. 성리학은 인생의 한마디 한마디가 의미 있는 시간이 되어야 한다고 가르친다. 어떠한 순간에도 정신은 깨어 있어야 하고, 깨어 있는 정신은 법도에 맞게 자신을 통제할 수 있어야 한다. 그를 위하여 남은 알아차리지 못하지만 자기만은 알 수 있는 미세한 의념意念의 순간마저도 진실해야 한다고 강조하였다. 일상생활을 학문과 실천의 대상으로 삼은 유학의 기본적인 정조는 평범하지만, 유학이 추구하는 인격을 갖는 일이 지극히 어려운 것은 이처럼 수신의 목표가 높기 때문이다.

약포는 퇴계와 남명을 사사한 학자답게 마음의 미세한 떨림인 의념의 순간부터 마음가짐이 선한가, 악한가를 정밀하게 살피고, 선을 지향하는 일관성을 가지려고 노력하였다.

의념이 발생하는 기미에 선악이 갈리니,	意幾有善惡
진실하고자 노력하는 것이 가장 귀하다네.	誠之最爲貴
마음의 떨리기 시작하는 처음에 조금이라도 틀어지면,	一關咫尺間
사람이 될지 귀신이 될지가 갈린다네.	千里別人鬼

이런 순간에서부터 경의 자세를 유지함으로써 기질의 편협성은 반성되고, 그 결과는 타고난 양심의 정화와 착한 본성의 온전한 실현으로 나타난다.

그런데 경공부는 단지 마음을 다스리는 데 목적을 두지 않는다. 마음다스림은 무엇보다 의로움을 실천하기 위한 준비일 때 의미를 가진다. 따라서 경공부는 의로움을 실천하는 것으로 나타나야 하니, 경의는 병행되어야 한다고 말해진다. 그렇지 못하면 죽은 경(死敬), 즉 생명력 없는 경공부라고 폄하된다. 경공부를 바탕으로 삼은 의로움의 실천은 그것이 결여된 실천과는 차원이 다를 수밖에 없다. 결과적으로는 의롭더라도 마음가짐이 동기적으로 의롭지 않다면 의로움이 아니라고 생각한 약포와 같은 성리학자들의 의에 대한 고집과 실천에의 집념에는 종교적인 냄새가 짙게 배어 있다. 그만큼 순수한 열정이 있게 되므로, 그 공부가 성공한다면 약포처럼 편안할 때나 위험한 일을 당할 때나 한결같이 의로움으로 일관할 수 있다.

4. 전쟁의 한복판에서

약포가 67세이던 해에 발발한 왜란은 조선인들의 몸과 마음에 깊은 상흔을 남긴다. 67세라면 옛날 사람에 비해 훨씬 건강하게 장수하는 현대인이라도 은퇴의 시기이나, 약포는 우찬성 겸 내의원 부제조로 선조 임금을 호종하여 피란길에 오른 후 7년 동안 편안한 날이 없는 시간을 보낸다.

임란 발생 후 연속되는 패전에 넋이 빠진 조정은 왜적을 피해 도망하기에 바빴다. 백성과 국토를 버리고 안전을 위해 도망치던 집권층들은 임금의 안전을 꾀한다는 이유로 명나라 망명까지 검토하였다. 백성들은 눈물로 항변하거나 임금이 타고 가는 대가(大駕)의 앞길을 막아서고 돌을 던지는 등 저항하였다. 이에 국왕은 나이 든 사람들을 불러 모아 위로하고 교유하지만, 치미는 분노를 다스리지 못한 데다 당쟁에 휘둘려, 쫓겨 가는 와중에도 정승을 탄핵하고 갈아 치우는 국정의 난맥상을 보였다.

그 한 예가 유성룡을 정승에 임명한 지 꼭 하루 만에 파직시킨 일이다.

이들은 임진강 방어 전투가 또다시 실패하자 평양을 버리고 영변을 향해 북상하는데, 최종 목적지는 의주였다. 평양성을 버리려는 국왕을 붙잡고 약포는 눈물로 호소한다.

6월 10일 무술戊戌. 정원에 나아가 평양에 머물기를 청하다. 계啓하여 말하길 "국운이 불행하여 왜적이 힘을 믿고 침범하니 임금님의 수레가 피난을 위해 서쪽으로 거둥하였습니다. 겨우 한 모퉁이의 땅을 보존하고 있으니 신은 슬퍼 통곡하지 않을 수 없습니다. 그러나 이제 평양에 수레를 멈추고 성지城池를 굳게 지켜 회복하기를 도모하는 것이 참으로 득책입니다. 하나 조정의 의론이 일치하지 않아 혹은 적의 칼끝이 이미 가까이 다가왔으니 피하지 않을 수 없다 하고, 주상께서도 또한 옳다고 여기시면서 비록 대신의 말이 있어도 들어주시지 않고, 오늘 어가가 떠난다고 하니, 신은 음식을 먹어도 목구멍에서 내려가지 않습니다. 서울을 지키지 못한 것은 이미 지난 일이니 어쩔 수 없습니다만, 다행히 평양은 성곽이 조잡하나마 완전하고 백성들이 많으며 창고의 식량이 지탱할 만합니다. 대동강은 이른바 큰 강을 낀 천연의 요새이고 인민들은 거둥을 멈추기 위해 힘쓰고 있으며, 모두 적개심을 품은 채 남녀노소가 모두 나가서 성을 지키고 있으니, 이는 진실로 큰 길함이 있을 조짐입니다. 하물며 지금 이일李鎰이 병사를 이끌고 이미 당도하였고, 명나라 군대 또한 와서 구원할 것이니, 이로써 깊이 들어와 있는 적을 깨뜨리면 중흥의 효과를 서서 기대할 수 있습니다. 그러나 이곳을 버리면 대사는 물 건너갑니다. 이것뿐이 아닙니다. 대가가 한 번 움직이면 평양부의 군사와 백성은 일시에 무너져 흩어질 것이고 평양성이 함락될 것임은 필연입니다……엎드려 바라건대 성상께서는 반드시 출발을 멈추기로 결단하여 주십시오

침입한 적에게 공세적으로 대처해야 한다는 주전론은 이 글뿐만이 아니라 약포가 전쟁 내내 견지한 입장이다.

약포를 비롯한 신하들의 반대를 뿌리치고 피난을 떠나는 선조가

그나마 취한 조치는 왕세자로 하여금 임시 파견 정부인 분조分朝를 이끌고 전방에 나아가 전란을 수습하라는 명령이었다(6월 14일) 이 분조의 비중이 결코 적지 않았음을 왕세자와 함께 파견된 사람들의 명단에서 알 수 있다. 영의정 최흥원崔興源, 형조판서 이헌국李憲國, 부제학 심충겸沈忠謙, 형조참판 윤자신尹自新, 동지 유자신柳自新, 병조참의 정사위鄭士偉, 승지 유희림柳希霖들과 함께 세자의 이사貳師인 약포가 소속되어 있다. 영의정 등의 고관과 왕실의 인척이 포함된, 권력을 지닌 실무형 이동 내각이었던 것이다.

이들은 교통과 연락이 단절되고 정보가 부족한 상황에서 임기응변하면서 난을 수습하는 임무를 맡는다. 분조는 왜적에게 함락된 한양의 지근거리에 있는 이천까지 접근하는 위험을 무릅쓴다. 풍찬노숙은 물론 끼니를 거르는 일도 있었고, 적들에게 둘러싸여 안위를 장담할 수 없는 상황이 연출되기도 하였다. 그런 가운데 지방관의 도주나 사망으로 인해 행정과 치안이 마비된 지역에 임시로 지방관을 임명하고 싸움에 나갈 장사들을 모집한다. 행정력이 복원되면서 조정과 연락이 끊어졌던 신하들이 모여들어 질서를 복구할 인력이 충원되었고, 의지할 곳 없던 인심이 결집하는 성과를 거둔다.

1592년 6월부터 다음해 1월 평양성이 수복될 때까지 분조에 근무한 약포는 1593년 한 해 가까이 파병 온 명나라 관리와 장수들을 접대하는 외교관인 영위사迎慰使로 활동한다. 1593년 11월에는 다시 지방에 내려가 전쟁을 지휘하려는 왕세자를 배행하여 1594년 8월까지 근무한다. 전주·공주·홍주(홍성) 일대에서 군사들을 모아 훈련시키고, 민심을 수습할 조치들을 취하는 것이 임무였다.

1597년에 정유재란이 일어나자 그는 다시 적병이 창궐하고 있는 충청과 호남에 내려가 왕명을 전달하고 병사들의 사기를 진작시키는 역할을 자원하였다. 그의 나이가 많음을 걱정한 조정의 만류로 실현되지는 않았으나, 안전한 곳에 숨기보다는 위험할지라도 자기가 필요한 곳에서 책임을 다하고자 한 일관된 태도를 여기서도 볼 수 있다. 정온이 「정간공 서원부원군 정공 묘지명」에서 말했듯이, 그는 "어려운 일을 사양하지 않았고, 위태로운 곳을 피하지 않았다."(事不辭難, 行不避艱)

성리학의 경의敬義공부는 유학의 진리를 몸과 마음으로 체득하고자 목표한다. 그러나 사람마다 그 성취의 정도가 다를 것임은 분명하다. 평상시에는 온순하다가도 위급한 일을 당하면 자기 본색을 드러내는 사람을 흔히 볼 수 있듯이, 평소 말로는 도덕군자였던 사람도 불이익을 당하거나 목숨이 위태로워지면 평생 배운 학문을 저버리는 경우가 많다. 자신과 가족의 안전을 위해 국왕을 버리고 도망하였던 많은 관료들이 대표적인 부류들이다. 약포는 입과 귀로 하는 학문(口耳之學)을 하지 않고, 연원 있는 학문을 온몸과 마음으로 받아들였기에(爲己之學) 배운 것과 행동이 일치했다.

금지옥엽으로 자란 국왕과 관료들은 임진왜란이 발발한 지 얼마 되지 않아 두려움에 휩싸인 채 중국에 귀부하고자 하였다. 영토와 백성을 상실한 그들을 중국 정부가 궁궐의 문지기로나 써 주었을지 궁금하지만, 그들에게 고통 받는 백성은 안중에도 없었다. 이미 전쟁 초기부터 비겁함을 보였던 선조는 전쟁 중 왜국에 사신으로 갔던 황신黃愼이 "가토 기요마사(加藤淸正) 등이 다시 군사를 일으켜 바다를 건너온다"는 보고를 전해오자, 또다시 도망칠 궁리를 하였다. 이 소식을 전해들은 함양 사족 고대孤臺 정경운鄭慶雲(1556~?)은 절망감을 이렇게 적었다.

사근찰방 김지화가 서울에서 돌아와 말하길 "황신이 밀계한 이후 임금이 크게 놀라 드디어 요동을 향해 강을 건너기로 결정하였으니, 죽음을 무릅쓰고 국난을 진압하려 는 의지가 없었다. 사간 김홍미金弘微가 간하길 '임금은 사직을 위해 죽는 것이 의로움 의 바른 것입니다. 전하께서는 여기를 버리면 어디로 가실 수 있습니까?' 등의 말을 하였다. 그러자 왕은 '서서히 의론하는 것이 마땅하겠다'고 전교하고, 사대부의 가속 들로 하여금 임의로 도망하여 숨게 함으로써 앞날에 겪었던 구르고 넘어지는(顚倒) 근심이 없도록 하라고 영을 내렸다. 이 때문에 인심이 흉흉하여 조석朝夕을 보장할 수 없었다. 또한 팔도에 향을 내려 산천의 신령에게 제사함으로써 왜적이 감히 서쪽으 로 향하지 못하게 하라고 영을 내렸다"고 한다. 이것이 과연 나라를 경영하는 계책인 가? 또한 "체찰사에게 하도로 내려가지 말 것이며, 급보가 있으면 세자를 배행하여 북도로 피난하라고 영을 내렸다"고 한다. 한강 이남은 버리는 지역으로 여기니 그 말을 듣고서 나도 몰래 눈물이 흘렀다.

국왕은 희망을 주고 민심을 결집하는 존재가 아니라, 의지할 가치도 없는 절망의 존재였다. 어떤 전쟁도 예외일 수 없지만, 임진왜란 당시에 백성들이 당하였던 고통은 상상하기 어려울 정도였다. 적을 피해 방랑하 는 사람들이 겪었던 풍찬노숙風餐露宿의 괴로움은 말할 것도 없고, 가족과 친지, 친구를 잃는 일이 하루가 멀다하게 일어났다.

외적의 칼날만 무서웠던 것은 아니다. 피란을 다녀야 했던 농민들은 농사일에 전념할 수 없었고, 자연재해까지 겹쳐 실농하는 일이 많았다. 굶주림에 지친 백성들은 도둑이 되어 식량을 훔치기도 하고, 인명을 살상하기도 하였다. 도둑이 될 만한 완력도 없는 사람들은 힘없이 들판에 서 목숨을 놓아 짐승의 먹이가 되었고, 이는 다시 전염병을 불러와 떼죽음이 났다. 사족이던 정경운마저도 "천리千里가 텅 비어 있고, 눈에 가득한 것은 쑥대밭이며, 굶주린 백성이 들판에 가득한데, 매일 수많은 사람이 죽어서 구덩이를 채우는 것이 목격되고, 길에서는 사람들이 근심하고 혀를 끌끌 차고 다니면서 삶을 즐겁게 여기는 생각이 없으니, 인민의 곤궁함이 극에 달하였다. 피난 가 있는 임금은 만 리 밖의 이런 사정을 알기나 하는지?"라고 원망을 쏟아 내었다.

이런 와중에도 백성을 하시하던 것이 버릇이 된 권력자들은 토색질과 권력남용을 일삼았으니, 폭력적인 강제 부역에 시달린 백성들은 통치권에서 도망하는 것을 구명책으로 삼았다. 고위 관료들은 접대가 소홀하다고 트집 잡아 일선에서 민생을 돌보고 전쟁을 지원하던 고을 수령에게 곤장을 가하여 온몸을 만신창이로 만들어 놓았고, 자신들은 전쟁의 와중에도 주육으로 배를 채웠다. 전쟁에 필요하다는 이유로 백성들의 식량을 강탈하고, 군사를 충당하기 위해 강제로 수색하기도 하였다. 이에 더해 원병으로 온 명나라 군사들 역시 민가에 난입하여 식량과 집물을 강탈하였고, 저항하는 사람들은 반상을 막론하고 구타하였다. 이에 정경운은 내부의 적에 대한 미움을 "외적과 무엇이 다른가?"라는 말로 한탄하였다. "이 세상을 살아가는 일이 어찌 이리도 불행한지!" "인생에 이런 비극이 있는가?"라고 울분을 토하기도 하였다. 이몽학의 반란은 백성들의 불만을 불씨로 전쟁 중에 일어난 민란이었다.

외침과 내분이 겹칠 때 망하지 않는 나라가 없다는 역사의 교훈에 비춰 볼 때, 백성들이 삶을 즐겁게 여기지 않는 상황은 위기상황이었다. 이를 피부로 느낄 수 있던 지방 사족들 중에는 위기를 타개하고자 발 벗고 나선 사람들이 있었는데, 그들에게 의지할 곳은 광해군의 분조였으나 그들이라고 뾰쪽한 대안이 있을 리 없었다.

약포가 경험한 임진왜란의 참상은 눈물 없이 볼 수 없는 것이었는데, 무기력함을 느끼면서 통곡하는 심정으로 다음과 같은 시를 쓰기도 하였다.

왜적이 감히 난을 일으키니,	倭奴敢稱亂
조선의 재앙이 되었다.	毒此朝鮮殃
여염집들은 분탕질에 괴롭고,	閭閻苦焚蕩
논밭은 오랫동안 황폐하구나.	田野久荒蕪
잔인하게 내몰린 숱한 사람들,	忍驅億萬人
적의 칼날과 살촉에 횡액을 당하였다.	橫罹鋒鏑傷
쌓인 시체 구덩이를 메우고,	積屍溝壑內
효수된 머리가 길가에 걸려 있다.	懸首路岐旁
살아남은 백성들은 놀란 새처럼 흩어지고,	遺黎驚鳥散
굶주리는데 술지게미 구하기도 힘들다네.	饑餒艱糟糠
시끄러이 급하게 먹을 것을 기대하면서,	嗷嗷待哺急
분주하게 병사들의 행렬을 뒤따른다.	奔走隨兵行
군대의 비축도 겨우 자급할 정도니,	軍儲僅自給
어찌 여분의 식량이 있으랴.	何得有餘粮
어지러이 많은 늙은이와 애들이,	紛紛多老稚
유영柳營(유성룡의 부대 주둔지)의 주변에 엎어져 있다.	顚仆柳營傍
밤낮으로 수십 명이,	日夕數十人
머리를 나란히 하고 죽어 간다.	駢首皆淪亡
순찰하다 때로 보고 받으면,	邀巡時一報
흐르는 눈물 옷을 적신다.	涕淚欲沾裳
매장꾼을 급히 불러,	亟呼椎埋夫
여우나 토끼 밥이 되지 않게 하라 당부한다네.	毋令狐兎場
슬프구나! 숨이 붙어 있는 자들이여,	哀妓殘喘者
백방으로 간장 한 병 마련하고,	百計備壺漿
다시 구걸한 멥쌀을 겸하여,	更乞兼稻米
죽을 끓여 급히 살리지만,	作粥活恓惶
잠시 죽음을 늦출 뿐,	少緩須臾死
개인이 은혜 베풂을 어찌 늘 할 수 있으랴.	私惠詎能常

차마 듣고 볼 수 없으나,   不忍於見聞

부족하나마 내 마음을 다할 뿐이네.   聊以罄吾腸

약포가 홍주에서 시행한 성실한 기민 구제는 이런 마음이 실천된
행동이었다. 1,000여 명이 넘는 기민으로 들끓던 이곳에서 비바람을
무릅쓰고 마음을 다해 진휼을 관장함으로써 살아난 사람이 많았다고
전해진다. 늙은 스승이 애쓰는 것이 안타까웠던지 광해군은 젊은 관료에
게 임무를 대신하도록 조치하였다.

약포를 소개하는 글들은 일률적으로 그가 다양한 분야에 뛰어난
학자였음을 강조한다. 천문·지리·상수·복서·음양·병법 등 여러
분야에 능통했다고 말한다. 그러나 이런 말들 때문에 그를 몇 가지
기능을 지닌 선비로 알아서는 잘못이다. 사실 그는 실무적인 인물은
아니었다. 다분히 당파적 악의가 개입되었다고 보이지만, "우의정 정탁
은 본시 성품이 오활하고 재주도 낮다"는 『조선왕조실록』의 기록이
있고, 좌의정에 임명되었을 때는 노골적으로 부적합한 사람임을 지적한
사람도 있었다.[2]

그는 실무관료이기 전에 유학에 해박하고, 그 학문이 요구하는 인격을

---

2) 다음과 같은 『실록』의 기록은 약포에 대한 악평에는 당쟁에 의한 악의가 개입되
어 있음을 알려 준다. 『선조수정실록』, 33년 2월 1일(을해), "정탁을 좌의정으로
삼았다. 지평 尹宖이 아뢰기를, '정탁은 성품이 본래 오활한 데다 나이도 노쇠하
니, 이 어렵고 걱정 많은 때에 衰亂을 撥興시킬 책무를 이 사람에게 맡길 수가
없습니다.…… '라고 하였다.…… 정탁은 이때 남쪽 지방에 있었는데 사양하는
글을 두 차례 올려 면직이 되었다. 이때 홍여순의 무리들이 用事를 하여 그 무리
를 재상의 반열에 둘 계책을 세워, 무릇 자기와 뜻이 다른 사람들은 반드시 배척
하여 내쫓고야 말았다. 윤홍은 단지 홍여순의 사주를 받는 매나 개일 따름이니,
정탁이 탄핵을 받게 된 것은 조금도 괴이할 것이 없는 일이다." 홍여순은 대북
파 소속이었고, 梧里정승 李元翼으로부터 "이 사람을 쓰다가는 국가에 큰 화가
미치겠다"는 극단의 논평을 받았던 인물로, 광해군 즉위 후에 진도에 귀양 가서
그곳에서 죽었다.

지닌 관료, 즉 유신儒臣이었다. 약포는 30여 년간 경연에 출입할 정도로 경서에 밝은 사람이었는데, 그와 함께 경연에 입시한 고봉高峯 기대승奇大升(1527~1572), 우복愚伏 정경세鄭經世(1563~1633), 김우옹의 면면만 보더라도 당대 최고의 학자들과 어깨를 나란히 하였음을 알 수 있다. 그의 지식과 인품은 실무에 맞는 실용적인 것은 아니되, 그런 능력을 지닌 사람들을 이끌어 주고 보호하는 바탕이었다. 본래 재상은 그 같은 사람이 담당하는 자리였다. 조선왕조의 기틀을 정립한 삼봉三峯 정도전鄭道傳(1342~1398)은 『경제문감經濟文鑑』에서 재상의 직무를 다음처럼 제시하였다.

위로는 음양을 조화시키고 아래로는 백성들을 어루만져 편안케 한다. 안으로는 백성들을 공평하게 다스리고, 밖으로는 사방의 오랑캐들을 누른다. 국가의 벼슬과 포상, 형벌이 그로 말미암아 판결되고, 천하의 정치와 교화, 명령이 그로부터 말미암아 나온다. 임금의 바로 아랫자리에서 국왕과 도덕을 논의하며 보좌하고, 조정의 윗자리에서 권력을 잡고는 만 가지 사물을 주재하니 그 임무가 어찌 가벼운가? 국가의 치란과 천하의 안위가 항상 반드시 그로 말미암으니 진실로 그 사람을 쉽게 바꿀 수 없다.

재상은 온갖 일을 주재하지만, 주재하는 방법은 사람들을 두루 어루만지고 안아 주며 도덕적 시비와 상벌의 칼자루를 쥐고 통제하는 것이지, 특정한 분야의 기능에 밝아야 되는 것은 아니다.

이 재상관에 입각하여 약포가 지닌 재상의 풍도를 잘 설명한 글이 귀록歸鹿 조현명趙顯命(1690~1752)이 쓴 「정간공 약포 정선생 신도비명」이다. 그는 『서경』의 「진서秦誓」, 즉 진시황의 조상인 진목공秦穆公이 신하와 백성들에게 맹세한 글의 한 구절을 압축 변형하여 약포의 인품을 그려낸다. "만일 한 지조 있는 신하가 있어 마음을 오로지하여 변치 않으면, 비록 다른 기량이 없어도 마음이 넓고 편안하여, 남이 기량 있음을 마치 자기가 가진 것처럼 해서, 능히 우리 자손과 여민들을 보존할 수 있다." 조현명은 약포가 이 말에 가까운 사람이었다고 단언하였다.

약포는 사람을 두루 사랑하고, 재능과 덕성을 지닌 인물들을 알아보며, 선비들에게 자신을 낮추고 너그러이 대하는 옛 대신의 풍모가 있었다. 이런 그의 인품은 임진왜란 기간에 빛난다. 1594년 9월 약포는 10가지 항목에 해당하는 인재를 천거하라는 왕명에 부응한다. 곽재우郭再祐, 김덕령金德齡, 권인룡權仁龍, 박명현朴名賢, 홍경신洪慶臣, 이광윤李光胤, 성협成浹, 정기남鄭基南, 한백겸韓百謙, 안숭검安崇儉, 오장吳長, 최운우崔雲遇, 승려 유정惟政(사명대사), 이기옥李璣玉, 양극선梁克選, 금응훈琴應壎, 홍춘수洪春壽, 정경란丁景蘭, 변홍달卞弘達, 이영도李詠道, 안몽열安夢說, 남서통南瑞通, 박이직朴而直, 정몽헌鄭夢獻, 박지인朴至仁, 남서신南瑞臣이 약포가 천거한 인물들이다. 이들 가운데에는 전란을 극복하고 국가를 재건하는 데 큰 역할을 한 사람이 많아 약포의 지인지감이 널리 칭송되었다.

그는 인재를 천거하는 데만 능한 사람이 아니었다. 억울하게 죽는 사람을 살리는 데에도 큰 역할을 하였다. 전쟁이 진행되는 가운데에도 이념적 공론이 만연하고 당쟁이 심각하여, 실수를 문책한다는 핑계로 재능 있는 사람들을 희생시킨 일이 많았다. 그 한 예가 충장공忠壯公 김덕령金德齡(1567~1596)이다. 우계牛溪 성혼成渾(1535~1598)의 문하생이었던 그는 1593년 전라도 담양에서 의병을 일으켰다. 진주로 진출하여서는 곽재우郭再祐와 함께 권율權慄의 휘하에서 서부 영남을 방어한다. 여러 차례 적의 대군을 격파하였고 고성固城에 상륙하는 왜군을 격퇴하니, 왜적들이 그를 매우 두려워하였다. 전주에 있던 세자로부터 호익장군虎翼將軍을, 선조로부터는 초승장군超乘將軍의 칭호를 받았다. 그러했던 그가 1596년 도체찰사 윤근수尹根壽의 노비를 때려 죽였다 하여 투옥된다. 전선 사정에 밝았던 약포는 장수가 필요한 때임을 강조하는 상소를 올려 그를 구명한다. 그가 다시 이몽학의 난에 연루되어 압송되자 조사의 부실함을 지적하는 상소를 올리고자 하였으나, 고문의 후유증으로 사망하여 상소를 포기한다.

그의 활인 의지가 가장 빛을 본 것은 충무공忠武公 이순신李舜臣(1545~1598)을 구명하여 큰 공을 세울 수 있게 한 일이다. 원균과 갈등이 있던 이순신이 정유재란이 일어났던 해에 체포되어 국문을 받은 일은 널리 알려진 사건이다. 당파로 분열되어 비난을 일삼던 조신들의 모함과 이순신을 제거하기 위한 왜적들의 이간책에 말려든 조정은 유공한 장군인 그를 체포하여 투옥시킨다. 왜적 섬멸을 원했던 선조의 진격 명령을 거부한 그를 임금은 "추호도 용서할 수 없다"는 말을 거듭하면서 미워하였다. 임금의 진노와 반대 세력의 기세 때문에 누구도 그를 변호할 상황이 아니었으나, 약포는 위험을 무릅쓰고 구명에 나선다. 「신구차伸救箚」가 그 증거인데, 시조 시인 이은상에 의해 번역된 글의 한 구절을 살펴보자.

그러하온대 인재란 것은 나라에 보배로운 그릇이라 비록 통역관이나 회계 맡은 사람에 이르기까지라도 진실로 재주와 기술이 있기만 하면 모두 다 사랑하고 아낌이 마땅하옵거늘 하물며 장수의 자질을 가진 자로서 적을 막아 내는 데 가장 관계 깊은 이에 대해서 오직 법률만 가지고 논하고 조금도 용서함이 없을 수가 있사오리까. 순신은 참으로 장수의 자질을 가졌사옵고, 또한 해전과 육전에 재주를 겸비하여 못하는 일이 없사온바, 이러한 인물은 쉽게 얻지 못할 것일 뿐더러 변방 백성들이 의지하는 바요, 또 적들이 무서워하는 사람이온대, 만일 죄명이 엄중하대서 조금도 용서할 도리가 없다 하고서 공로와 허물을 서로 비교해 볼 만한 점도 묻지 않고,

또 공로를 더 세울 만한 능력이 있고 없음도 생각하지 않고, 그리고 그간 사정을 찬찬히 살펴봄도 없이 끝내 큰 벌을 내리는 데까지 이르게 하오면, 앞으로는 다른 모든 공로 있는 자들도 스스로 더 나아가지 않을 것이요, 능력 있는 자들도 또한 스스로 더 애쓰지 않을 것입니다.

이런 노력들이 합쳐져서 이순신은 목숨을 건지고 백의종군한다. 백호白湖 윤휴尹鑴(1617~1680)는 「통제사 이충무공의 유사」(統制使李忠武公遺事)에서 이때의 상황을 이렇게 기록하였다.

마침내 2월에 순신이 체포되었다. 이원익李元翼이 또 치주馳奏하기를, "적이 두려워하는 것은 수군이요, 수군이 믿는 사람은 순신이니, 순신은 움직여서는 안 되고, 원균은 써서는 안 됩니다" 하였으나, 듣지 않았다. 순신이 결박된 몸으로 길에 오르자, 군민軍民 남녀노소가 모두 나와 길을 막고 부르짖어 통곡하며 말하기를, "우리는 죽게 되었다"고 하였다. 마침내 순신을 하옥하여 고문하고 장차 사형에 처하기에 앞서 상이 뭇 신하들에게 묻자, 판중추부사 정탁이 말하기를, "군사 기밀의 이해관계는 멀리서 헤아릴 수 없습니다. 순신은 명장이니, 그가 요격하지 않은 데는 반드시 어떤 의도가 있었을 것입니다. 온 강역이 조용하지 못한 이때에 까닭 없이 대장을 죽이는 것은 국가의 원대한 계책이 아닌 듯하니, 청컨대 우선 용서해 주어 후일의 성과를 책임지우소서" 하니, 상 또한 그의 노고를 생각하여 이에 감사減死하고 관직을 삭탈하여 백의종군하면서 스스로 공을 이루도록 명하였다. 이에 순신은 도원수 권율의 막하로 들어갔다.

이순신이 겨우 12척 남은 함선을 이끌고 명량해전에서 대승을 거두어 제해권을 회복한 것은 다음의 일이니, 약포의 구명이 없었다면 해전의 승리도 없었다.

이순신의 구명에만 주목하면 그가 원균 또한 변호하였음을 간과하기 쉽다. 그는 현장 경험이 많은 원로답게 원균의 가치를 잘 알고 있었다. 왜적이 가장 두려워하는 것은 수군이고, 원균은 그 수군의 사졸들이 따르니 기용할 만한 장수라고 그는 보았다. 그래서 그의 잘못을 물어 벌을 주면 수군들이 무너져 앞날을 장담할 수 없다고 주장한다. 이순신과 원균 모두 탁월한 장수이니 둘 중의 하나를 선택해서는 안 되고, 둘 다 중용해야 한다는 것이 그의 견해였다.

이 외에도 그는 정여립 모반사건이 일어난 뒤, 정여립을 천거하였거나 같은 집안이라는 이유로 죄를 뒤집어쓰고 파직되었다가 사망한 노수신 盧守愼(1515~1590)과 정언신鄭彦信(1527~1591)의 억울함을 임금 앞에게 거론하여 후일 누명을 씻는 단초를 마련하였다. 임진왜란 발생 직후 국도를 북쪽으로 옮겨 보존을 도모하자는 주장을 수창하였다가 탄핵을 받고 재상에서 파직되고 귀양을 갔던 이산해李山海(1539~1609)의 사면도 주선한다. 권율과 같은 사람이 탄핵을 당할 때마다 약포는 그들을 위해 호소함으로써 사면이 되거나 감형되도록 하였다.

그가 형조판서에 임명되었음을 기록한 「연보」 63세조는 천성이 진실하고 공정하며 자상하고 슬퍼할 줄 아는 약포가 누차 형조와 사헌부에 들어가서 관대한 처벌을 건의하거나 형벌을 바로 잡았음을 특기하고 있다. 그래서 옥에 갇혀 앞날을 알 수 없는 사람도 "오직 약포공 만이 나를 살릴 수 있다"는 믿음을 가졌다고 전한다. 이런 일은 사람을 살리고자 하는 어진 마음, 일신의 안위를 돌보지 않는 굳센 의로움과 용기가 없다면 할 수 없다. 임진왜란의 와중에서 더욱 그의 어질고 의로움이 빛을 발하였으므로, 그가 사망하고 나서 곧바로 작성된 「사제문」은 이험일절이라는 말로 그를 평가하였다.

5. 만년의 삶

이해타산을 고려치 않고 오로지 최선을 다해 도의를 실천하여야한다는 의리 사상의 소유자들은 이해의 첨예한 대상인 자기 생명과가족, 재물과 관직 등에 대해 어떤 태도를 취하는가에 주목한다. 특히이익을 얻는 가장 막강한 수단으로 악용될 수 있는 관직에의 진출과물러남을 뜻하는 출처出處에 어떠한 태도를 보였는가가 그 사람을 평가하는 기준으로 사용되었다. 약포가 나가고 물러남에 더러움이 없었다(進退無垢)는 것은 벼슬에 나가고 물러남에 있어서 한결같이 의리에 맞도록했다는 말이다.

정온은 특히 이 점을 높이 평가하여 "만년의 절개(晚節)에 이르러서는또한 능히 자신의 몸을 보존하여, 물러나 산림에서 편안하여 마치 세상의일에 뜻이 없는 사람과 같았으나, 조정의 득실에 대한 소문을 들으면근심하고 기뻐함이 마치 조정에서 그 직책을 맡은 사람과 같았다"고하였다. 『조선왕조실록』에 실린 약포의 「졸기」 역시 "임금을 뒤따른공(扈聖功)으로 높은 자리(崇品)에 오르고 얼마 후에 재상으로 발탁되었다.이에 상소하여 물러가기를 청하였으니 고인들이 벼슬에서 물러나던(致仕) 기풍이 있었다. 작위를 탐하여 늙어도 물러가지 않는 자에 비하면차이가 크다"라고 칭찬하였다.

70살이 되면 벼슬을 그만두는 것이 쉽지 않았음은 그런 인물이 드물었다는 사실에서 짐작할 수 있는데, 이수광李睟光(1563~1628)은 『지봉유설芝峯類說』에 다음과 같이 썼다.

> 70세에 치사하는 것이 법이었는데, 조종조 이래로 치사한 자가 대개 드물었다. 대신이
> 연로하여 물러가기를 청하면 안석과 지팡이를 하사할 뿐이었다. 근세에 재신宰臣으로

서 치사한 자는 오직 팔계군八溪君 정종영鄭宗榮, 영부사領府事 심수경沈守慶·정탁鄭琢, 영원군寧原君 홍가신洪可信뿐이었다.

따라서 70세에 치사하는 인물은 욕심을 버린 깨끗한 인물로 칭송되었고, 약포는 그런 인물 중의 한 사람이었다.

이런 태도는 자기 버림이 없이는 불가능한 일이다. 욕심이 많은 이는 어질게 남에게 베풀거나 포용력을 발휘할 수 없고, 자기 안전과 이익이 위협을 받는 상황에 처하면 용기를 발휘할 수 없다. 그래서 마음을 비워야 한다고 말한다. 그러나 이때의 자기 버림 또는 마음을 비움이란 줏대도 없어야 한다는 말이 아니다. 옳고 그름에 대한 확신만큼은 마음속에 굳게 갖추고 있어야 한다는 말이다. 그런 확신이 없는 관용의 능력은 필부의 관용이다. 약포는 말한다.

부귀, 이익과 출세함은 운명에 달린 것이다. 단지 나에게 있는 것을 다할 뿐이다. 배우는 자는 항상 '먹음에 배부르길 구하지 않고 처함에 편안함을 구하지 않으며 일에는 민첩하고 말은 삼가고 도道가 있는 곳에 나아가 바르게 살겠다'고 마음먹을 뿐이다.

버려야 할 것은 사심, 사욕이고, 굳게 가져야 할 것은 나에게 있는 것인 도 즉 진리이다.

그가 사욕이 없는 청빈한 삶을 몸소 실천하였음을 『조선왕조실록』은 공인하였다. "사람됨이 청렴하고 소탈하여 욕심이 적어 남과 다투는 일이 없었다. 그러므로 재상으로 있다가 물러나 시골에서 늙어도 사람들이 그가 그전의 상공相公인 줄을 알지 못하였다." 자기 버림의 의식이 강했던 그는 남에게 권위를 가지고 군림하고 싶어하지 않았다. 그가 고평에서 말년을 보낼 때의 이야기는 그의 이 같은 성품을 잘 보여 준다.

자주 내성천에서 낚시를 하면서 소일하던 그는 어느 날 저녁 해가 넘어갈 때까지 낚시를 하고 있었다. 어디서 온 초립동이가 약포를 몰라보고 불렀다. "저기 낚시하는 노옹老翁, 저 건너에 약포가 사는가?" "그렇습니다만……", 약포가 대답하였다. 초립동이가 말하였다. "내가 약포에게 볼일이 있어 가는데 나를 좀 업어 건너 주게나." 초립동이는 허름하기 짝이 없는 촌로의 모습을 보고 그가 전임 정승인 줄은 꿈에도 생각하지 못하였다. 약포는 초립동이를 업고 물을 건네주었다. 거의 다 건너갈 즈음 초립동이가 물었다. "요새 약포는 무슨 일로 소일하시는가?" 약포는 태연하게 대답했다. "요새는 낚시를 즐기다가 초립동이도 업어서 물을 건너 준답니다."

이런 태도는 일시적인 것이 아니었다. 당쟁의 와중에 서 있으면서도 초연한 입장을 취한 것 역시 자기 없음을 실천하였다는 증거이다. 퇴계와 남명의 문인으로 동인에 속했으나 중립을 취했던 그는 서인의 영수 오음梧陰 윤두수尹斗壽(1533~1601)와 도의지교道義之交가 두터웠다고 한다. 당파보다는 국사와 진리가 우선이라는 그의 신념은 「이동변異同辨을 심공직沈公直 충겸忠謙(1545~1594)에게 준다」는 글에 잘 나타난다. 심의겸沈義謙(1535~1587)의 아우이자 부제학으로 분조에 함께 근무하였던 심충겸은 약포와 사적으로는 좋아하고 공경하는 사이였지만, 의견이 달라 충돌하는 일이 많았다. 남들이 두 사람 사이가 멀어질까 걱정하자, 약포는 "천하에 진리는 무궁하니 사람의 소견이 간혹 같지 않을 수 있다"고 하여 이견이 있음을 당연시한다. 그러고는 "군자는 두루 포용은 하되 아첨은 하지 않는다"는 『논어』의 격언이 옛날의 도가 아니냐고 심충겸에게 동의를 구하고 있다.

벼슬을 그만두고 그리운 고향에 돌아왔다고 해도 전란의 후유증을 수습하기 위해 약포가 해야 할 일은 많았다. 고향으로 돌아가는 약포를 전송하며, 간이簡易 최립崔岦(1539~1612)이 읊은 시에 다음과 같은 구절이 있다.

역로에 즐비한 참담한 광경 가는 곳마다 놀랄 텐데,　　　驛路動驚多慘怛

집안의 뜨락에 들어서도 옛 모습 보시기 어려우리.　　　丘園行見少依俙

　임진왜란이 초래한 사회경제적인 피폐와 극복의 노력에 대해서는 이미 많은 연구서들이 나와 있지만, 전쟁의 참상은 일상의 크고 작은 일에까지 어두운 그림자를 드리우고 있었다. 유교적 가치관을 습속으로 받아들인 조선인들이 더욱 용서할 수 없었던 전쟁범죄는 사람을 죽여 자손이 끊기도록 했거나 조상의 사당과 묘소를 파괴한 일이었다.

　전쟁 기간 중 집안 일가나 친구의 부고에도 대응할 수 없었던 약포가 고향에 돌아와 제일 먼저 한 일은 선대의 묘소에 성묘하는 일이었다. 그런 후에 그는 외조부모의 사당을 재건하고 제사를 모신다. 후사가 없이 죽어 며느리의 친정에 가 있던 외조부모의 신주를 모셔올 사당을 새로 짓고, 외손봉사를 위한 제위답을 배정하는 등의 조치를 취함으로써 외조부모의 사랑에 보답하고자 한다. 그는 고평 마을을 위해서도 여러 업적을 남긴다. 내성천이 범람하면 물에 잠기던 고평의 들에 제방을 쌓는 일을 주도한 것이 그 하나이다. 지금도 약포종가 앞의 내성천 북안에 고평제가 남아 있어 그 옛날 재상이 기울인 노고를 느낄 수 있다.

　또한 중국의 여씨향약과 퇴계의 예안향약을 참고하면서, 시대적 상황에 맞게 변경한 고평향약을 제정하고 고평동계를 조직한다. 본래 농암聾巖 이현보李賢輔(1467~1555)의 넷째 아들로서 강원감사를 지낸 이중량李仲梁(1504~1582)이 만들었으나, 병화로 망실되었던 것을 다시 제정한 것이 고평동향약이다. 오륜을 미덕으로 여기고 가족과 이웃의 화목과 상조를 도모한다는 점에서는 다른 향약과 다를 바 없다. 다만 전쟁으로 황폐해진 향촌사회를 재건하는 조치들을 첨가하였다는 점에서 남다른 특징이 발견된다. 다른 향약에서는 쉽게 볼 수 없는 근왕의 마음과 통치 질서 회복 의지를 강조하고 있다.

권면조勸勉條에서 애국심을 고취한 조목은 다음과 같다.

충성을 다하여 임금을 섬긴다.(盡忠事君)
자기를 잊고 국가와 운명을 같이한다.(忘身殉國)
창의하여 왜적에 복수한다.(倡義復讐)
공을 먼저 하고 사를 뒤로 한다.(先公後私)
국가에 바치는 부세賦稅를 삼가 납부한다.(愼納賦稅)
용기 있게 의를 행한다.(勇於爲義)

금제조禁制條도 애국심 내지 복종심을 강조하는 가운데 상민들의 권익을 보호하려는 의지가 드러난다. 이와 관련된 조항만 보면 다음과 같다.

망령되게 조정의 시비를 논하는 일.(妄議朝廷是非)
고을 수령의 득실을 경솔하게 논하는 일.(輕論州縣得失)
관의 명령을 어기는 일.(違犯官令)
금지된 산의 나무를 마음대로 벌목하는 일.(擅伐禁林)
토지의 경계를 무단 침범하는 일.(侵占田疆)
곡식을 기르는 곳에 방목하는 일.(放牧禾稼)
남의 재산을 빼앗는 일.(攘奪人財)

이 무렵에 그의 제자이자 외손녀 사위인 황여일이 군수로 부임해 왔으니, 약포의 고평 활동에 많은 도움을 주었을 것으로 추측된다. 사망하기 1년 전(79세, 선조 37) 서원부원군, 호성공신 3등에 봉해졌고,

광해군 5년(1613)에는 위성공신 1등과 영의정이 추증되었다. 인조 13년
(1635)에는 정간공貞簡公의 시호가 내려졌다.

<정탁의 주요 이력>

나이	연도	관직
1	1526(중종 21)	출생
27	1552(명종 7)	생원시에 합격
33	1558(명종 13)	문과 급제
35	1560(명종 15)	교서관정자
36	1561(명종 16)	성천 및 진주향교 교수
40	1565(명종 20)	전적 및 정언
41	1566(명종 21)	예조정랑
42	1567(명종 22)	부수찬, 병조좌랑, 예조좌랑, 헌납, 지평, 수찬, 부교리, 교리
43	1568(선조 1)	헌납, 지평, 병조정랑
47	1572(선조 5)	이조좌랑
48	1573(선조 6)	이조정랑, 사인, 장령, 사간, 집의
49	1574(선조 7)	부응교, 동부승지
50	1575(선조 8)	도승지, 예문관직제학 상서원장
52	1577(선조 10)	대사성, 예조참의, 강원도관찰사
54	1579(선조 12)	도승지
56	1581(선조 14)	대사헌, 이조참판
57	1582(선조 15)	한성판윤, 진하사進賀使로 중국에 감
58	1583(선조 16)	대사헌, 공조판서
60	1585(선조 18)	예조판서, 대사헌, 이조판서
63	1588(선조 21)	형조판서, 이조판서
64	1589(선조 22)	병조판서, 우의정의 임시 직함(假銜)을 가지고 중국에 사신으로 감
65	1590(선조 23)	예조판서, 지중추부사
66	1591(선조 24)	우찬성 겸 지경연춘추관사
67	1592(선조 25)	임진왜란 발발, 세자이사世子貳師로 분조 호종
68	1593(선조 26)	명나라 장수 위로하는 영위사迎慰使, 명나라 사신 맞는 원접사遠接使, 『용만문견록』 상신, 11월 세자 호종
69	1594(선조 27)	우의정
71	1596(선조 29)	김덕령 구명, 중국 사신 전위사餞慰使

나이	연도	관직
72	1597(선조 30)	이순신 구명
73	1598(선조 31)	기로소耆老所에 들어감, 낙향
75	1600(선조 33)	좌의정(부임하지 않고 사직), 판중추부사
76	1601(선조 34)	고평동 계약문契約文 작성, 읍호정 건축
78	1603(선조 36)	영중추부사, 치사 윤허
79	1604(선조 37)	서원부원군, 호성공신 3등
80	1605(선조 38)	고종考終
	1613(광해 5)	위성공신 1등, 영의정 추증
	1635(인조 13)	정간공貞簡公 시호

참고문헌

『국역 조선왕조실록』, 서울시스템 주식회사, 1997.

金時讓, 남만성 옮김, 『荷潭破寂錄』, 『국역 大東野乘』, 민족문화문고발간회, 1985.

盧思愼 편저, 『東國輿地勝覽』, 명문당, 1981.

예천군지편찬위원회, 『예천군지』 상·중·하, 예천군, 2005.

예천향교, 『예천향교지』, 2004.

李象靖, 『大山集』, 한국문집총간본, 1999.

이수건, 『영남학파의 형성과 전개』, 일조각, 1998.

李重煥, 이익성 옮김, 『擇里志』, 을유문화사, 1991.

鄭慶雲, 『孤臺日錄』, 남명학연구원, 2009.

丁若鏞, 『與猶堂全書』, 여강출판사, 1992.

鄭 玉, 『牛川集』, 국립중앙도서관 DB.

鄭 琢, 『藥圃先生文集』, 한국역대문집총서, 경인문화사, 1993.

鄭 琢, 『龍蛇雜錄』, 국사편찬위원회, 1994.

鄭 琢, 이위응 역주, 『藥圃 龍蛇日記』, 부산대학교 한일문화연구소, 1962.

鄭 誧, 『雪谷集』, 한국문집총간본, 1988.

鄭必奎, 『魯庵先生文集』, 국립중앙도서관 DB.

蔡濟恭, 『樊巖集』, 한국문집총간본, 2001.

청주정씨대동보간행위원회, 『청주정씨대동보』, 2002.

한국국학진흥원, 유교넷.

한국고전번역원, 한국고전종합DB.

김낙진, 「약포 정탁의 정주학 수용 양상」, 『남명학연구』 제24집, 경상대학교
　　　남명학연구소, 2007.

김병륜, 「한국의 병서 용사잡록」, 국방일보, 2010. 7. 21.

도정서원, 『도정서원지』, 2007.

박근노, 『예천이 낳은 조선의 명재상 약포 정탁』, 한빛, 2008.

설석규, 「壁立千仞에서 관용의 이치를 터득한 정승 - 藥圃 鄭琢」, 『선비문화』
　　　제9집, 남명학연구원, 2006.

안동대학교 안동문화연구소, 『예천 금당실·맛질 마을』, 예문서원, 2004.

여운필, 「藥圃 鄭琢의 삶과 詩世界」, 『韓國漢詩作家硏究』 제6집, 한국한시학회,
　　　2001.

이상필, 「壬亂時 在朝 南冥 문인의 활동」, 『남명학연구』 제2집, 1992.

정경수, 『조선의 명재상 약포 정탁』, 청주정씨 예천종친회, 2011.

‖『예천 약포 정탁 종가』의 일부 내용을 수정 게재함.

제3장 약포 정탁의 삶과 철학

추 제 협

1. 서론

정탁鄭琢(藥圃, 1526~1605)은 이황과 조식의 두 문하에서 수학했던 대표적인 인물이다.[1] 그는 33세 때 과거에 합격하여 교서관校書館 정자正子를 시작으로 67세 때에 임진왜란을 당하여 내의원 부제조로서 임금과 세자를 호종했으며 이후 여러 관직을 거쳐 좌의정左議政에까지 오르는 등 생애의 대부분을 벼슬길에서 보냈다. 말하자면 학자보다는 정치가로서의 삶을 살았다고 할 수 있다. 정온鄭蘊은 이런 그를 다음과 같이 기억한다.

공은 성품이 맑고 밝으며 마음이 화락하고 이해심이 많았다. 그래서 사람들은 일찍이 공으로부터 거칠거나 사나운 발언을 들은 적이 없었고, 공으로부터 능멸하거나 업신여기는 기색을 받은 적도 없었다. 공의 태도는 언제나 고결하기가 마치 들판의 학이

---

[1] 「연보」에 의하면 정탁은 17세 때 이황의 문하에 나아갔고, 36세 때 조식을 찾아 학문을 물었다고 한다. 鄭琢(이하 생략), 『藥圃先生文集』, 「藥圃先生年譜」, "二十一年壬寅[先生十七歲]. 游退溪李先生之門."; "四十年辛酉[先生三十六歲]……移授晉州教授. [先生在晉日, 從南冥曺先生游, 深被推許, 見得壁立千仞氣像……]."

새들 가운데서 빼어난 듯하고 온화하기가 마치 아름다운 옥이 광채를 머금고 있는 듯하였다. 온화하면서도 휩쓸리지 않았고 강직하면서도 마찰을 빚지 않았다.2)

그의 이 말은 유성룡柳成龍과 정구鄭逑, 조우인曹友仁 등 다른 벗들의 기억에서도 비슷하게 나타난다. 그런데 『조선왕조실록』의 기록에서는 사뭇 다른 언급들이 보인다.

정탁은 양선良善함으로 이름을 얻어 장구히 청망淸望을 띠었다. 단, 성품은 우소迂疎한 듯하되 처세는 잘하여 평생 동안 조정에 있었다. 오직 부드러운 태도만을 취하였을 뿐 실로 정승의 기국이 아니었으므로 그가 정승의 자리에 오르자 물론物論이 시끄러웠다.3)

정탁은 예천 사람으로 유성룡과 친해서 재상이 되었으나 매사 우유부단하였다. 그러다가 성룡이 조정에서 떠나자 탁도 해직하고 고향으로 돌아가 나이가 차서 치사하였는데, 이때에 이르러 집에서 병으로 죽었다.4)

정탁은 사람됨이 공검恭儉하고 질직質直한데 초야에서 일어나 재상의 지위에까지 이르렀다. 그러나 정승이 되어서는 건백建白한 것이 없어서 사람들이 이 때문에 그를 낮게 평가하였다.5)

---

2) 『藥圃先生文集』, 권7, 「附錄, 貞簡公西原府院君鄭公墓誌銘」, "唯公稟質, 淸明樂易. 多恕人, 未嘗見其麤厲猛起之發, 物未嘗被其陵駕悔慢之色. 亭亭若野鶴之出羣, 溫溫如美玉之舍輝, 和而不流, 直而不激."
3) 『宣祖實錄』, 권60, 선조 28년 2월 15일, "琢以良善得名, 長帶淸望. 但性似迂踈, 而善於涉世, 平生立朝, 唯以脂韋取容, 實非公輔之器. 新升鼎司, 物議譁然."
4) 『宣祖修正實錄』, 권39, 선조 38년 10월 1일, "琢, 醴泉人, 與柳成龍友善, 取相位, 唯事(婥阿)[婥婀]. 及成龍去朝, 琢亦解職還鄕, 引年致仕, 至是病卒于家."
5) 『仁祖實錄』, 권31, 인조 13년 8월 1일, "琢, 恭儉質直, 起自草萊, 致位宰相. 及至台揆, 無所建白, 人以此少之."

세자인 광해군의 입장에 선 그의 정치적 노선이 『선조수정실록宣祖修正實錄』에 그리 우호적이지 않았을 것이라는 점을 감안하더라도, 이렇게 사관의 평가는 그리 긍정적이지 않았다. 인용문에서 보는 바와 같이 성격이 우유부단하고 우활하며 윗사람에게 건의하는 것이 없었다는 지적 외에도 재주가 없고 한미한 가문 출신이며 문학文學과 재국才局이 모두 일시의 명류名流에 미치지 못하다거나 말실수를 하여 임금에게 책망을 듣는 등 뜻밖의 말들이 곳곳에 보인다.6)

이러한 그의 평가를 어떻게 이해해야 할까? 우리는 조식曺植과의 다음 일화에서 이를 짐작해 볼 수 있을 듯하다.

젊은 시절 정탁이 조식을 만났는데, 떠나갈 때 조식이 "내 집에 소 한 마리가 있는데 자네가 끌고 가게"라고 말했다. 정탁은 무슨 말인지 알 수 없어 어리둥절하였다. 조식이 웃으며 "자네의 말투가 너무 민첩하고 날카로우니 날랜 말은 실패하기 쉬운지라 더디고 둔한 것을 참작해야 비로소 멀리 갈 수 있지. 그래서 내가 소를 준 것이네"라고 말했다.7)

이기옥李璣玉(賓巖, 1566~1604)의 일기에 전하는 이야기이다. 정탁이 조식

---

6) 『宣祖實錄』, 권19, 선조 18년 9월 20일, "判書鄭琢, 器冗淺寡, 初授本職, 已有不稱之譏, 久冒非據, 益來徇私之誚, 請命遞差.";『宣祖實錄』, 권63, 선조 28년 5월 13일, "司憲府啓曰, '……. 右議政鄭琢, 性本迂疎, 才分淺短. 台鼎之望, 不愜於人, 勢難苟據. 請命遞免.'";『宣祖修正實錄』, 권25, 선조 24년 4월 1일, "……, 禮曹判書鄭琢, 都承旨[逸其名], 失辭違禮, 上責之.";『宣祖修正實錄』, 권29, 선조 28년 2월 1일, "琢, 本嶺外寒族, 少無名稱, 以嘗遊李滉之門, 被同輩薦引, 遂躋通顯. 文學, 才局皆不逮一時名流, 惟卑順謙恭, 無怨惡於人, 故至於大拜. 持身如山僧, 貌亦如之, 人稱僧相.";『宣祖修正實錄』, 권34, 선조 33년 2월 1일, "以鄭琢爲左議政. 持平尹宖啓曰, '鄭琢性本迂疎, 年且衰耗, 當此艱虞之日, 撥亂興衰之責, 不可付之此人.……."

7) 李肯翊(이하 생략), 『燃藜室記述』, 권18, 「宣祖朝故事本末」, "藥圃相公言君少時見南冥, 臨別南冥忽曰, '我有一隻辭牛.' 君可牽去某不省所謂南冥笑曰, '君辭氣太敏銳, 歷塊之足, 易於一蹶奈以遲鈍, 乃能致遠. 吾所以贈牛也."

을 만난 것은 그의 나이 36세 때로 과거에 합격한 후 진주교수로 있을 때였다. 아마 이때는 그가 "민첩하고 날카로웠던"(敏銳) 모양이다. 조식은 그런 그에게 "더디고 둔할 것"(遲鈍)을 권했다. 그와 절친한 사이였던 이기옥은 정탁이 수십 년 동안 큰 잘못 없이 지낸 것이 이런 스승의 충고 덕분이라고 했다.[8] 실제로 그는 '비순卑順'과 '겸공謙恭'의 삶을 살았다.[9] 즉 겸허하고 공손하여 남과 갈등을 빚는 일이 없었고 대체大體를 우선하여 명분을 바로잡았다.[10] 그러나 비록 스승의 말이라 하더라도 오명을 감내하면서 자중의 길을 택하기가 쉽지 않으며, 그런 만큼 여기에는 자신의 남다른 깨달음과 노력이 없지 않았을 것이다. 따라서 그 깨달음과 노력이 무엇인지가 궁금하지 않을 수 없다. 이는 그의 삶을 지탱하는 철학적 기반과 긴밀히 연관될 것이라는 점에서 더욱 그러하다. 이 글은 정탁의 철학을 이러한 측면에서 살펴보고자 한다.

그에 대한 논의는 여러 방면에서 이루어졌지만[11] 그 양과 질이 풍부하지 않고 더욱이 철학에 관해서는 거의 찾아보기 힘들다. 그나마 그의 정주학 수용양상에 대한 연구[12]가 그 선구적 역할을 하고 있을 뿐이다. 이렇게 된 데에는 무엇보다 눈여겨봐야 할 철학적 저작이 없다는 데 그 이유가

---

8) 『燃藜室記述』, 권18, 「宣祖朝故事本末」, "後數十年幸無大過, 是先生之賜也."

9) 『宣祖修正實錄』, 권29, 선조 28년 2월 1일, "……, 惟卑順謙恭, 無怨惡於人, 故至於大拜. 持身如山僧, 貌亦如之, 人稱僧相."

10) 『藥圃先生文集』, 권7, 「附錄, 追錄」, "謙虛沖遜, 好賢樂善, 不肯詭隨, 不事厓異. 有經世之志, 當事則先大體, 正名分, 進言則振士氣, 扶國綱."

11) 대표적인 선행 연구들은 다음과 같다. 이상필, 「임란시 재조 남명 문인의 활동─약포, 동강, 한강을 중심으로」, 『남명학연구』 2집(경상대 남명학연구소, 1992); 여운필, 「약포 정탁의 삶과 시세계」, 『한국한시작가연구』 6집(한국한시학회, 2001); 설석규, 「壁立千仞에서 관용의 이치를 터득한 정승─약포 정탁」, 『선비문화』 9집(남명학연구원, 2006); 정병호, 「약포 정탁의 현실인식과 대응─『약포집』 소재 상소문을 중심으로」, 『동양예학』 31집(동양예학회, 2014).

12) 김낙진, 「약포 정탁의 정주학 수용양상」, 『남명학연구』 24집(경상대 남명학연구소, 2007).

있을 것이다. 선행 연구 또한 이러한 어려움에 시를 비중 있게 다루었다. 이 글 또한 상황은 마찬가지이다. 그렇기에 여기서도 시를 적극적으로 활용하려고 한다. 그의 시는 단순한 심미적 차원이 아닌 도학道學 즉 철학적 사유를 내포한 시들이 다수를 차지하기에 이것이 그의 철학을 이해하는 단서가 될 수 있다는 판단에서이다. 따라서 이를 적극적으로 해석하여 앞서의 물음에 대한 답을 찾아보기로 한다.

2. 자중自重의 삶 – '비순卑順'과 '겸공謙恭'

정탁은 1600년 그의 나이 75세에 비로소 벼슬길에서 물러난다. 이미 몇 해 전부터 마음먹었던 일이 이제야 이루어진 셈이다. 그는 고향에 머물면서 읍호정揖湖亭이란 작은 정자를 짓고 벗들과 산수 유람하며 모처럼의 여유를 누리게 되었다. 그러나 마음 한편에는 알 수 없는 공허함이 자리하고 있었던지 지난날 자신의 삶을 이렇게 표현했다.

> 책을 읽음에 늘 세상을 구제하리라 마음먹었는데,
> 풍진 속에서 돌아다닌 세월 몇 해이던가.
> 칠 년의 왜란에 하나의 계책도 내지 못하고,
> 백발에 비로소 고향에 돌아옴이 도리어 부끄럽네.[13]

정탁의 짙은 회한이 느껴진다. 시란 뜻을 말하는 것이자 성정性情에서 흘러나오는 것으로, 그 진실을 부화浮華하게 꾸미지 않는 것이라는 자신

---

13) 『藥圃先生文集』, 권1, 「詩, 寓懷」, "讀書常擬濟時艱, 奔走紅塵幾暑寒, 寇亂七年無一策, 還慚白髮始歸山."

의 시관을 그대로 보여 준다.14) 그는 젊은 시절 세상에 대한 비판적 시선과 이를 구제하리란 열망을 갖고 있었던 듯하다. 그는 언관으로 있을 때 윤원형이 제멋대로 독단하여 나라를 그르치게 한 죄가 있다고 탄핵하거나 경연에서 임금에게 잘못을 지적하는 등 직언을 주저하지 않았다고 한다.15) 앞서 언급한 조식이 우려했던 것이 바로 이러한 모습이 아니었을까. 정작 조식 또한 직언에 스스럼이 없었음에도 이렇게 말한 것은 제자를 걱정하는 스승의 모습이 아닐 수 없다.

대개의 현실이 그러하듯 그는 자신의 기대와는 달리 갖은 혐의와 모함의 말들로 마음고생이 심했던 것으로 보인다. 구체적으로 드러나지는 않지만 벗들에게 보낸 편지에서 벼슬길에 나아간 후 모든 일에 마음을 쓰다 병이 자꾸 생긴다고 했던 말이 이를 짐작하게 한다.16) 거기다 7년간의 전란은 상황을 더욱 암담하게 만들었다. 현재 문집에 수록된 시 대부분이 임란이 일어난 후에 지어진 것으로17) 이러한 점을 생생하게 전달해 준다. 그 중 한 편의 시 일부를 인용해 보자.

왜놈들이 감히 난을 일으켜
조선의 재앙이 이처럼 컸네.
민가는 분탕질에 괴롭고

---

14) 『藥圃先生文集』, 권1, 「詩, 上通判陶爺行臺 幷序」, "詩, 言志而已, 流出性情, 貴在不浮其實."

15) 『藥圃先生文集』, 「藥圃先生年譜錦堂」, "四十四年乙丑[先生四十歲]……. 以言事罷, 未幾紋, 又拜正言. [先生入言地, 遇事敢言, 有古諍臣風. 首劾尹元衡專擅誤國之罪, 繼論李戡, 尹百源, 沈通源等, 朝著肅然畏憚……四十五年丙寅[先生四十一歲]……. 復爲修撰, 副校理校理. [先生處經幄, 首尾垂三十年. 隨事啓沃, 盡忠畢懷, 不以激觸取名, 一以誠意, 感動上心, 上亦虛己受之.]"

16) 『藥圃先生續集』, 권1, 「書, 與趙士敬 癸亥」, "僕自入塵臼, 受惱萬狀, 疾病侵尋, 舊業荒落殆盡, 反承推美至此, 豈非警覺之深意耶?"

17) 여운필, 「약포 정탁의 삶과 시세계」, 61쪽.

전야는 황폐한 지 오래라네.

억만 백성 잔인하게 내몰려

뜻밖의 칼날과 화살을 맞으니.

구렁텅이 안에는 시체가 쌓이고

갈림길 옆에는 머리 걸렸네.······ 18)

　전란의 참혹함이 고스란히 전해진다. 어떤 계책도 내놓지 못했다19)는 자조는 실제로 그렇다기보다는 피할 수 없이 맞닥뜨려야 하는 절박한 체념에서 비롯된 것이라 생각된다.20) 그에 대한 비아냥거림에 가까운 비판은 바로 이러한 태도와 맞물려 있다. 여기에 신하로서의 책무, 그 무게감에서 오는 비참함이 더해져 더욱 고통스러웠을 것이다. 그렇다고 해서 그가 넋 놓고 바라보기만 한 것은 아니었다. 평양성을 버리고 의주로 향하려는 선조에게 눈물로 호소하기도 하고, 전란에 굶주림으로 고통 받고 있는 백성들을 위해 쌀을 구하여 죽을 끓이는 등 구휼을 멈추지 않았다. 그러나 사세가 나아질 리 없었다. 이 상황에서 그에게 간절했던 것은 시 후반부에 말한, 원군이 빨리 이르러 상황이 변화되는 것이었다. 그것만이 유일한 방책이자 희망이었다.

　여기에 전쟁의 상흔을 뒤로 하고 이번에는 많은 벗들이 그 책임을 빌미로 좌천되거나 낙향하는 불운이 이어졌다. 특히 유성룡柳成龍의

---

18) 『藥圃先生續集』, 권1, 「詩, 憫饑(古風)」, "倭奴敢稱亂, 稔此朝鮮殃, 閭閻苦焚蕩, 田野久蕪荒. 忍驅億萬人, 橫罹鋒鏑傷, 積屍溝壑內, 懸首路岐旁······."

19) 실제로 그는 곽재우, 김덕룡, 권인룡 등 인재들을 천거하는가 하며 이순신, 김덕룡 등이 곤경에 처했을 때 청원하여 구명하는 데에도 적극적이었다. 「李舜臣獄事議」, 「論救李舜臣箚」나 「金德齡獄事啓」 등이 그러한 상황에서 작성된 것이다. 이에 대해서는 정병호, 「약포 정탁의 현실인식과 대응—『약포집』 소재 상소문을 중심으로」, 130~133쪽 참조.

20) 『藥圃先生文集』, 권1, 「詩, 次李仲尙韻」, "喪亂悠悠幾日平, 相尋無策各傷情, 鬢毛老去三分白, 明鏡看來一倍驚······."

낙향은 정탁에게는 가슴 아픈 일이었다. 비록 자신의 입장과는 달리 명군의 화친 제안을 수용했지만, 전란에서 중추적인 역할을 했을 뿐만 아니라 동문이자 가장 의지했던 사람이기도 했기 때문이다. 그는 이별의 아픔과 아쉬움을 한 편의 시에 담아 이렇게 전송하고 있다.

> 큰 집이 기울어지려 할 때
> 온 마음으로 한 나무를 지탱했네.
> 홀로 수고하심은 모든 사람이 잘 알고
> 외로운 충정은 주상께서도 아신다네.
> 오랜 우정 때문에 넋이 나가고
> 새로 이별하려니 눈물이 쏟아지네.
> 어느 곳 눈서리 덮인 길을
> 끝없이 홀로 가고 있을까?[21]

이러한 상황에서 그가 선택할 수 있는 삶의 태도는 그리 많지 않았으리라 짐작된다. 여기에 스승 조식의 충고는 긴요했다. 바로 '비순卑順'과 '겸공謙恭'의 삶이다. 즉 매사에 자신을 낮추고 삼가며 늘 겸양하는 마음과 태도를 잃지 않는다면 비록 드러나지는 않지만 그런 대로 온전한 삶을 살 수 있다고 여겼을 듯하다.

> 평탄한 큰 길이 있으니
> 일상에 마땅히 밟아야 할 길이라네.
> 날 새면 꼭 삼갈지니
> 생과 사의 길목이라네.

---

21) 『藥圃先生文集』, 권1, 「詩, 寓懷 [柳西厓被論下鄕時作, 戊戌冬.]」, "大廈將傾日, 專心一木支, 獨賢萬人諿, 孤忠聖主知. 魂因舊好斷, 淚以新別滋, 何處氷霜路, 迢迢獨去遲."

누가 다시 춘광春光을 차지할까
봄날을 한순간에 놓쳤네.
올해는 지난해가 아니고
내일은 오늘이 아니라네.

이 몸은 부모님이 남겨 준 것이니
온전히 죽는 것이 자식의 마음이라네.
때문에 증삼이 경계하였으니
얼음을 밟듯 연못에 다가선 듯이 하라네.22)

　　자경自警, 스스로 경계하여 조심한다는 이 시의 제목처럼 정탁 자신이
살아가는 데 어떠한 삶의 태도를 취했는지를 압축적으로 보여 준다.
모든 사람들이 희구하는 벼슬길이 오히려 생사를 가르는 길목이었음을
깨닫고 늘 삼가는 마음으로 살았던 기억을 떠올린다. 좋은 시절은 한순간
이고 온전히 목숨을 다하는 것이 효이기에, 이를 행하기 위해서는『논어』
에 나오는 증삼曾參의 말인 "두려워하고 조심하며 삼가기를 깊은 못가에
서 있는 듯, 얇은 얼음을 밟듯 하라"(戰戰兢兢, 如臨深淵, 如履薄氷)는 충언을
가슴에 새기고 사는 것뿐이었음을 술회하고 있다. 이는 그가 벗들에게
하는 말에서도 빈번하게 나타나는 것으로 보아23) 그냥 하는 말이 아닌
자신의 뼈저린 경험의 결과로 얻은 삶의 태도였음을 알 수 있다. 말하자면
40여 년을 관직에 몸담았고 그 과정에 전란의 상황이 있긴 했지만 비교적

---

22)『藥圃先生續集』, 권1,「詩, 自警 [三絶]」, "坦夷有大道, 日用所當由, 起晴要須愼, 生死之
　　路頭. 誰復占韶華, 靑陽轉眄失, 此年非去年, 來日非今日. 膚髮親之遺, 全歸人子心, 曾參
　　所以戒, 如履復如臨."
23)『藥圃先生續集』, 권1,「詩, 無欲速 [二絶]」, "欲速則不達, 敬之無欲速, 二氣自混茫, 晝夜
　　認相屬…….";『藥圃先生文集』, 권1,「詩, 偶題示友生」, "……. 好把淵氷恒律己, 肯將
　　非僻少生心.……"

순탄한 삶을 살았다고 할 만한데, 스스로에게는 그러한 모나지 않는 삶이 모두 처세의 방법을 철저히 견지한 결과라는 것을 보여 주고 있는 것이다.

이러한 삶의 태도를 유지하기 위해서는 끊임없는 수양의 과정이 필수적이다. 그런 점에서 그는 마음공부 즉 근독의 자세를 철저하게 지키는 것을 가장 중요한 공부법으로 생각하고 있었다. 이에 대해서는 다음 절에서 구체적으로 살펴보기로 한다.

3. 중용中庸의 철학 – '집중執中'과 '근독謹獨'

정탁은 학문에 대한 애착이 남달랐다. 그는 인생에서 배움이 가장 귀하다고 여겼고 이를 잠시도 멈춰서는 안 된다고 하였다.[24] 이는 스승인 이황의 간곡한 당부도 있었지만 어렸을 때부터 그러한 기질이 있었고 관직에 있으면서도 자기 스스로 배움에 대한 기쁨을 포기할 수 없었던 듯하다. 그래서인지 손자 시형時亨에게도 시간을 낭비하지 말고 『중용中庸』에 나오는 "남이 한 번에 알았다면 자신은 백 번을 읽어야 한다"(人一能之, 己百之)는 말을 되새기며 항상 학문에 힘쓸 것을 당부하고 있다.[25]

그 학문의 출발점은 하학下學에 있었다. 흔히 유학에서 하학상달下學上達이라 하여 학문의 출발은 비근한 데에서 시작해야 한다고 했다. 그 또한 도는 본래 평이平易하니, 높아서 이를 수 없다고 성급히 말하지

---

24) 『藥圃先生續集』, 권1, 「詩, 閒居感興 [十二絶]」, "其一. 人生貴典學, 不學竟何爲, 時習然後說, 亦豈徒學而."; 『藥圃先生續集』, 권1, 「詩, 觀書寓感 [二絶]」, "力學不能已, 流年須更惜, 古人志有在, 時來佐明辟."
25) 『藥圃先生續集』, 권3, 「書, 答孫時亨」, "蕭寺寥聞, 冬夜且長, 惟望明燈勤讀不輟, 人一已百, 幸幸甚甚."

말고 일상의 평범한 곳에서부터 찾아 들어가다 보면 충분히 알 수 있다고 강조한다.[26]

그리고 여기서 말하는 도란 당연히 스승으로부터 전승된 도학道學을 의미하며 그 본령은 '심학心學'이다. 1542년 이황의 문하에 있으면서 심학의 요체를 들었고 실천하는 공부를 더하였다고 한 언급이 그 근거이다.[27] 물론 이 심학을 발전적으로 계승했는지는 알 수 없다. 다만 그를 언급할 때 학문의 연원이 있다고 한 것을 보면 이를 실천하려고 했던 것만은 분명하다.

그런 점에서 정탁은 모든 유학자들이 지향하는 위기지학爲己之學이 무엇인지를 알아 실천하는 공부를 하였다는 지적은 틀린 말이 아니다.[28] 위기지학이란 내면적 덕성과 이에 따른 도덕적 실천으로, 어떤 인위적인 것이 없이 저절로 그렇게 되는 것을 말한다. 이는 마치 깊은 산속에 있는 난초가 절로 봄바람에 자라 맑은 향기를 내뿜는데 스스로는 그것이 향기로운 것인지도 모르면서 멀리 퍼져 나가는 것과 같다.[29] 수기치인修己治人이란 말은 이러한 맥락에서 언급된다. 수기를 통해 자연스레 치인의 길로 이어져야 한다는 것이다. 즉 수신의 도리를 치인하는 가운데 확립하고 치인의 도리를 수신하는 방법까지 적용해야 한다는 뜻이다. 그가 학문의 순서를 "자기로 말미암아 남에게 미루고 집에서 시작하여 나라에

---

26) 『藥圃先生續集』, 권1, 「詩, 觀書寓感 [二絶]」, "大道本平易, 從來不遠人, 始終惟一貫, 功力實相因."; 『藥圃先生續集』, 권1, 「詩, 書示同遊諸君」, "大道本平夷, 休言高莫及, 求之不在他, 篤學便能立."; 『藥圃先生續集』, 권1, 「詩, 次韻. 呈趙月川士敬道契 書示同遊諸君」, "洞門花信起吾儕, 道不窮源死不休, 乞須直截尋花源, 更信窮源自下流."

27) 『藥圃先生續集』, 「藥圃先生年譜錦堂」, "二十一年壬寅[先生十七歲]. 游退溪李先生之門. [先生卯角登門, 得聞心學之要, 加踐實之功, 不以口耳爲事.]"

28) 『藥圃先生續集』, 권7, 「附錄, 貞簡公西原府院君鄭公墓誌銘」, "師事退溪, 南冥兩先生, 多有薰陶之益, 於是, 知有爲己之學, 而加踐實之功, 不以口耳爲事."

29) 『藥圃先生續集』, 권1, 「詩, 述懷贈友人 [五絶]」, "幽蘭在空谷, 不採亦何害, 只自長春風, 馨香期遠大."

미친다"30)라고 한 것도 이와 다르지 않다.

문제는 이렇게 되기 위해서는 수기가 선행되어야 하고 거기에는
철저한 실천적 방법이 뒤따라야 한다. 먼저 이 수신의 방법에 마음의
문제가 긴요하게 자리하고 있다는 점에 주목해 보자. 그는 스스로 경계하
는 시에서 다음과 같이 언급한다.

사람들은 모두 칠정七情을 갖추었으나
친애하여 간혹 치우침이 있다네.
군자가 경계하여 더욱 살피면
공부의 소재를 알게 되리.31)

애초에 백성들의 타고난 성품은
하나라도 천성이 아님이 없었네.
어쩌다 외물에 부림을 당해
본래의 성품을 점점 잃어 가는가.32)

정탁은 맹자孟子의 성선性善을 따르고 있다. 그는 리와 기의 운행을
통해 만물이 형성되는데 인간은 그 타고난 본성이 하늘에 근본하고
있기에 본래 선하다고 했다. 그러나 외물에 의해 그 본성을 잃어버리면
성에서 발현된 칠정이 어긋나게 될 수 있다. 바로 여기에서 선과 악의
갈림이 일어나니 경계하지 않을 수 없다고 했다.

---

30) 『藥圃先生續集』, 권1, 「詩, 閒居感興 [十二絶]」, "其十二. 工夫有次序, 君子是能勗, 由己
可推人, 自家便及國."
31) 『藥圃先生續集』, 권1, 「詩, 警學」, "人皆具七情, 偏或在親愛, 君子戒加察, 工夫認所在."
32) 『藥圃先生續集』, 권1, 「詩, 齋居詠懷」, "厥初民稟賦, 無一不全天, 胡奈役外物, 浸浸喪本
然." 시 해석은 이기훈 외 역, 『약포집1~3』(안동대 퇴계학연구소, 2013)을 따르
되 필자가 자구를 수정한 부분도 있다.

익히 알다시피 사단칠정논쟁에서 이 감정의 치우침이 중요한 문제로 등장했다. 이황은 이것을 그 근원인 성에서부터 구분이 있음을 전제하고 칠정의 중절을 시도했다면, 기대승은, 성은 하나이며 이것이 정으로 발현될 때 사단에 대한 부중절한 칠정이 존재한다고 했다. 서로의 물러섬이 없이 8년의 기나긴 논쟁은 끝났지만, 이황이 칠정과 분별된 사단이란 도덕적 마음을 지키고자 하는 의도만은 관철된 셈이다.[33)

그는 바로 이러한 스승의 견해를 이어받았을 것이며, 그 연장선상에서 공심公心과 사심私心의 관계로 이를 이해하고 있음을 알 수 있다. 즉 마음에 먼저 들어가는 것이 주재主宰가 되는데, 사심이 먼저 들어가면 공심이 이를 이길 확률이 희박하다고 했다. 앞서 언급한 어긋남이란 바로 사심이 먼저 들어가는 경우를 말한 것이다. 다음 시에서 이를 확인할 수 있다.

먼지 닦으니 거울이 다시 밝고
바람 자니 물결 절로 그치네.
누가 당초의 마음을 회복할까
물결 그치면 밝은 거울이라네.

먼저 들어가는 것이 주가 되니
사심이 먼저 들어가게 하지 말라.
공심이 사심을 충분히 이기는 경우는
백에 하나 천에 열도 없다네.[34)

---

33) 추제협, 「이황의 사단칠정론과 마음공부」, 『안동학』 13집(한국국학진흥원, 2014), 140~146쪽 참조.
34) 『藥圃先生續集』, 권1, 「詩, 心體 [二絶]」, "塵磨鏡還明, 風靜波自止, 誰復厥初心, 止波明鏡矣. 先入者爲主, 勿使私先入, 公心足勝私, 百千無一十."

거울과 물결은 마음을 나타낸다. 이러한 비유에서 마음은 언제나 가려지고 움직일 수 있는 것임을 짐작할 수 있다. 그 마음에 먼지와 바람은 외물에 해당하며, 이는 공심인 마음을 사심으로 만들고 마니 경계해야 할 대상이다. 하지만 이를 원천적으로 차단하는 것은 불가능하기에 스스로 절제하는 노력이 필요하다. 그래야 당초 가졌던 마음을 회복할 수 있는 여지도 생기기 때문이다.

그럼 어떻게 이를 경계해야 하는가? 이러한 맥락에서 중요하게 부각된 것이 바로『중용中庸』과『대학大學』이다. 정온의 말에 따르면 그는『소학』을 독실히 공부하였고 경전經傳과 사서史書에 두루 통했는데, 특히『중용』과『대학』을 애독했다고 한다.[35]

『소학』과『대학』을 중시하는 것은 대개의 도학자들에게서 나타나는 공통된 현상이다. 일찍이 이황은 "덕성을 기르고 근본을 세움은『소학』에 달려 있고, 규모를 넓히고 줄기와 가지에 통달하게 하는 것은『대학』에 달려 있다"[36]라고 하고, 또 "『소학』은 터전을 닦아 바로 잡고 재목을 갖추는 것이라면,『대학』은 그 터전 위에 커다란 집을 짓는 것이다"[37]라고 하였다. 수기치인의 관점에서 둘의 상보적 관계를 언급한 것이다.[38]

정탁 또한 이와 비슷한 맥락에서 이 두 책을 중시했을 것으로 짐작된다.

---

35) 鄭蘊,『桐溪先生文集』, 권4,「墓誌, 貞簡公西原府院君鄭公墓誌銘」, "師事退溪, 南冥兩先生, 多有薰陶之益. 於是知有爲己之學, 而加踐實之功, 不以口耳爲事. 於經史, 無不貫通, 而尤好庸, 學, 至老猶默誦不輟. 篤信小學書, 常擧許魯齋敬之如神明, 尊之如父母之語曰, 學者苟如此, 何患不至聖賢?"

36) 李滉,『退溪先生文集』, 권42,「記, 開寧鄕校聖殿重修記」, "養德性而立根本, 在乎小學, 廣規模而達幹支, 在乎大學. 充之以三書五經, 博之以諸史百家, 正學不外於是, 而正道其在於斯."

37) 李瀷,『李子粹語』, 권3,「窮格」, "小學則如修正基址, 而備其材木也, 大學則如大廈千萬間結構於基址也. 此外雖講他書, 而其工夫皆爲大廈千萬間修粧所入矣."

38) 추제협,「한훤당 김굉필의 도학과 퇴계학」,『영남학』25집(경북대 영남문화연구원, 2014), 234쪽.

여기에 『중용』은 이황의 비유를 빌리면 그렇게 세워진 집의 내부에 해당하는 것으로, 말하자면 이 두 책의 존립 근거를 제공한다는 점에서 빼놓을 수 없다. 이러한 이유에서 그는 유가의 도가 『중용』과 『대학』에 있다고 말했던 것이다. 이에 근거하여, 그는 마음에 선악의 기미가 생길 때 '집중'과 '명성'을 병진함으로써 경계해야 한다고 주장한다.

유가의 도는 중용에 있으니
어찌 지나치거나 모자라게 하랴.
군자가 되는 길은
선을 가려 굳게 지키는 것이라네.

대학의 도는 명성에 있고
본성은 통하고 막힘이 없다네.
나는 보잘것없다 말하지 말고
남이 하나 할 때 나는 백을 하소[39]

지나치거나 모자라지 않는 것을 '중中'이라 하니, 『중용』의 도는 '집중執中' 즉 중을 지키는 데에 있다. '성誠'은 몸과 마음을 성실히 하는 것이니, 『대학』의 도는 '명성明誠' 즉 성을 밝히는 데 있다.[40] 그는 바로 이 중과 성으로써 선을 악으로부터 가려낼 수 있고 본선의 가림을 막을 수 있다고 생각했던 것이다. 물론 그 중에서도 가장 힘써야 할 것은 바로

---

39) 『藥圃先生續集』, 권1, 「詩, 閒居感興 [十二絶]」, "其九. 吾道在中庸, 奈何過不及, 所以爲 君子, 擇善而固執. 其十. 學道在明誠, 人稟有通塞, 休言我葲劣, 他一已當百."

40) 조식의 영향이 감지되는 부분이다. 엄역석은 "성이 인도의 실천적 덕목이 될 때는 성실함이 유지될 때 경건할 수 있다는 점에서 경과 밀접하게 결합된다."라 고 하였다. 이에 대한 자세한 논의는 「虛와 誠의 관점에서 본 남명의 수양론」, 『국학연구』 10집(한국국학진흥원, 2007), 450~460쪽 참조.

'집중'에 있다. 그 이유는 그 갈라지는 지점에서부터 모든 것이 결정된다고 보았기 때문이다. 그래서 그는 공심이 먼저 마음의 주재가 될 수 있게 중을 지키는 방법을 고민하지 않을 수 없었을 것이다. 마음공부 즉 수양의 필요성이 이러한 맥락에서 제기되며, 이때 강조되었던 것이 바로 경공부敬工夫이다. 이 지점에서 『중용』은 '심학心學'과 자연스럽게 교차된다.

마음을 보존함은 경敬에 달려 있어서
군자는 밥 먹을 겨를도 없었네.
순임금은 우러러 흠모하였고
문왕은 생각하고 삼갔다네.

공자께선 큰 덕이 있어서
만고의 사람이 다 같이 우러르네.
일월과 함께 높고 밝아서
유학이 길이 없어지지 않으리.

천년토록 진유가 없으니
멀도다 우하의 시대여.
신·한은 난잡하였으니
실추된 도를 누가 다시 찾을까.

양·묵은 각자 한쪽으로 치우쳤으니
중도를 잃은 것 똑같네.
중간만을 잡는 것도 옳지 않은데
자막은 도리어 중간을 잡았다네.

사람의 마음은 참으로 죽지 않으니
만고에 또한 한결같이 다스렸네.
알겠구나 어지러운 이 세상에도
이 도가 실추된 적 없었음을.

은미한 말 누가 다시 전하겠는가
지극한 도는 입으로 전수받기 어렵네.
정자의 문정에 서서 눈 맞은 후에도
이 즐거움 알기가 어려웠네.

스승의 도 오래도록 적막하여
천추에 자양(朱子)을 그리워하네.
아름다운 말씀 다시 접할 수 없으니
풍경이 내 마음을 아프게 하네.

도산에서 옛 도를 강론하니
바다 밖에서 모두 북두처럼 우러르네.
스승 앞에서 선비들 옷깃 여미니
우리나라에 사문이 없어지지 않으리.41)

심학의 도통이 요순에게서 공자, 주희를 거쳐 이황에게까지 이르렀음
을 언급하고 있다. 그 사이에 신불해와 한비, 양자와 묵자가 세상을
혼란스럽게 하여 도가 끊어질 뻔했다고 한다. 이들이 말하는 것이 모두

---

41) 『藥圃先生續集』, 권1, 「詩, 慕古 [八絶]」, "存心惟在敬, 君子不遑食, 虞舜仰欽哉, 周文思
翼翼. 仲尼有大德, 萬古人皆仰, 日月幷高明, 斯文永不喪. 千載無眞儒, 遠哉虞夏世, 申韓
紛雜亂, 誰復尋墜緖. 楊墨各偏倚, 失中斯所同, 執中亦不可, 子莫還執中. 人心信不死, 萬
古亦一治, 從知板蕩世, 斯道未嘗隳. 微言誰復傳, 至道口難受, 程門立雪後, 此樂知難又.
師道久寥寥, 千穐想紫陽, 音徽無復接, 雲物我心傷. 陶山講古道, 海外皆斗仰, 函文士摳
衣, 吾東文不喪."

중에 대한 과過와 불급不及에 치우친 사상이었기 때문인데, 이황으로 인해 다행히 희미했던 도를 이어 사문을 보존할 수 있었다고 했다. 그러나 정탁은 정작 하고 싶은 말은 하지 않았다. 바로 자신이 이러한 이황의 심학을 이어받고 있으며, 마음의 중을 지키고자 경공부를 강조한 것은 그 핵심적 내용에 해당한다는 사실이다.

이렇게 보면 그가 애독한『중용』은 심법의 전수를 기록하여 심학에서 매우 중요한 지침서가 되며,『심경』은 바로 이러한 심법을 좀 더 풍부하게 집성해 놓은 책이라 할 수 있다. 그가 말년에 권욱權旭과 함께『심경』을 강론했다[42]는 기록이 있는 걸 보면 퇴계학파의 인물들이 대개 심학적 경향을 보이는 것과 무관하지 않다.[43]

물론 이러한 중용의 모습이 인간의 마음에만 국한되는 것은 아니다. 자연을 비롯한 이 우주 모든 것이 그러한 질서 속에 공존한다고 보았다.

대 아래 물고기들 자유로이 노니니
비늘 번득이고 지느러미 흔들며 쉴 줄 모르네.
다시 생각하니 지극한 이치 천지에 가득하여
나는 솔개와 함께 위아래에서 유행하네.[44]

지극한 도 은밀한 곳에 감추어져
온갖 만물을 어지럽게 낳네.
그 종류 비록 백천 가지지만
그 이치는 하나에서 근본한다네.

---

42) 『藥圃先生文集』,「藥圃先生年譜錦堂」, "三十年壬寅[先生七十七歲]. 二月甲子, 與權梅 堂旭, 講論心經."
43) 김낙진,「약포 정탁의 정주학 수용양상」, 90~91쪽 참조.
44) 『藥圃先生續集』, 권1,「詩, 桃村八詠裴臨淵三益別墅」, "臺下羣魚自在游, 揚鱗縱鬣不知 休, 仍思至理盈天地, 倂與鳶飛上下流."

천지가 또한 어찌 말을 하랴
만물은 질그릇과 같다네.
조화에는 주재자가 있으나
중간에는 다만 하나의 기라네.45)

앞의 1수는 연비어약鳶飛魚躍46)으로 자연 속에 발현되는 리의 세계를
표현하고 있다. 여기에 나는 인식의 주체로서 물고기, 솔개라는 인식
대상과 하나가 되어 유행하는 경험을 하게 되는데, 이것이 바로 '심여리일
心與理一'의 경지이다. 즉 내 마음의 리와 자연에 현현하는 리가 하나가
되는 것으로 중中의 상태이다. 이는 자신의 끊임없는 마음의 성찰과
외물에 대한 인식공부를 성실히 함으로써 가능한 일이다.47) 뒤의 2수는,
세상은 하나의 기로 생성 및 운행되지만 그 근원에는 주재자인 리가
존재한다는 내용이다. 여기에 만물의 다양성 속에 분수의 리가 있지만
이는 하나의 리에 근거하며 이것이 조화를 이루어 천지를 운행하는
것이 바로 중中이다.

여기에 『주역周易』은 중요한 의미로 작용한다. "사계절이 차례로 가고
오니 / 추위와 더위 그칠 때가 없네. / 하늘의 도 진실로 이와 같으니 /
부지런히 군자가 본받을지니라"48)라고 한 것에서 알 수 있듯이, 인간의

---

45) 『藥圃先生續集』, 권1, 「詩, 讀邵子易 [四絶]」, "至道藏於密, 紛紛生事物, 厥類雖百千,
   其理本乎一. 天地亦何言, 萬物猶陶器, 造化有眞宰, 中間只一氣."
46) 연비어약을 통해 리의 현현을 표현한 시로는 다음과 같은 것들도 있다. 『藥圃先
   生續集』, 권1, 「詩, 鳶魚吟」, "飛而鳶戾天, 躍而魚在淵, 飛躍不自知, 俯仰理不玄.";『藥
   圃先生續集』, 권1, 「詩, 次東浦十六景題韻 [一疊入元集]」, "淵心魚躍片光寒, 鳶戾層霄
   幾萬竿, 喫緊聖孫千古意, 憑君休做等閒看. [右坐石觀魚]"
47) 추제협, 「근기퇴계학의 형성에 관한 연구」(계명대 박사학위논문, 2012), 42～46
   쪽 참조.
48) 『藥圃先生續集』 권1, 「詩, 讀周易 [七節]」, "……. 四序送往來, 寒暑無時已, 天道固如
   此, 乾乾君子以."

마음 또한 이러한 우주적 이치에 합일되지 않을 수 없기에 중의 실천은 중요한 삶의 지침이자 철학이 되어야 한다고 보았다.

아무튼 그는 『중용』의 관점에서 외물의 유혹에 중을 지킴으로써 사심에 앞서 공심이 마음의 주재가 되고자 했다. 자중의 삶은 바로 이러한 데서 연유하는 것으로 근독謹獨의 자세를 매우 중요한 마음공부로 인식하는 계기가 되었다. 다음 시가 이 점을 구체적으로 표현하고 있다.

> 의로 인한 기미에 선악이 있으니
> 정성스럽게 함이 가장 귀하다네.
> 하나의 관문 지척 사이지만
> 천리만큼 인과 귀가 구별되네.
>
> 시인은 옥루屋漏를 경계하였고
> 군자는 성성惺惺으로 훈계하였지.
> 하늘이 푸르다고만 말하지 말게
> 높은 하늘은 매우 밝네.
>
> 털끝만큼도 속여서는 안 되니
> 근독謹獨이 귀중한 것이라네.
> 선에 힘쓰고 악을 그르게 여겨야
> 비로소 인귀됨을 면하리라.49)

마음에 선악의 기미가 있고 이 둘은 생각보다 가까워 정성스럽게 하는 것이 무엇보다 중요하다. 이는 바로 경공부의 근거가 되니, 사람이

---

49) 『藥圃先生續集』, 권1, 「詩, 閑居感興 [十二絶]」, "其六. 意幾有善惡, 誠之最爲貴, 一關咫尺間, 千里別人鬼. 其七. 詩人戒屋漏, 君子訓惺惺, 莫道但蒼蒼, 昊天其甚明. 其八. 一毫不可欺, 謹獨斯爲貴, 幽明貴與非, 始得免人鬼."

보이지 않는 곳을 더 경계하고 늘 마음의 각성 상태를 유지하도록 가르쳤다. 근독이란 이렇게 마음을 삼가는 것이며 이를 통해 선에 힘쓰는 것이다. 물론 이것이 쉽지 않고 현실 또한 만만치 않다. 그래서 편안할 때나 위험할 때나 한결같이 이를 실천할 의지가 중요하다. 그를 '진퇴무구 進退無垢'와 '일절이험一節夷險'으로 표현한 것50)은 바로 이를 변함없이 실천하였음을 말한 것이라 생각된다. 마치 자신을 표현하는 듯한 다음 시는 어떤 상황에서도 변하지 않는 지조를 보여 주고 있다.

솔과 대가 정기를 온전히 하여
마침내 만물 중에 뛰어나네.
풍상을 두루 겪은 뒤에야
지조가 굳셈을 알 수 있네.51)

솔과 대를 시인이라고 보면 현실 속에서 겪는 오랜 풍상은 그에게 더욱 굳건한 지조를 갖게 했던 듯하다. 여기에는 중용의 정신을 통한 선의 분별과 근독의 자세가 안받침 되고 있음은 물론이다. 이는 상황이 나빠질수록 더욱 큰 힘을 발휘한다. 그러니 그는 우유부단하지도 우활 하지도 않은, 오히려 자신의 소신과 지조를 지키며 살아온 전형적인 도학자이다.

---

50) 『藥圃先生文集』, 권7, 「附錄, 祭文」, "宣勞悉心, 保護春宮, 一節夷險, 有始有終, 百年彝鼎, 茂績豐功. 卿乃告老, 封章累至, 予雖貪賢, 卿實知止. 勉循誠意, 許謝機務, 田里優閒, 進退無咎.";『藥圃先生文集』, 권7, 「附錄, 追錄」, "進退一義, 夷險一節." 김낙진은 정 탁의 평가 중 이 두 가지를 매우 중요하게 다루었다. 『예천 약포 정탁 종가』(예 문서원, 2013), 49~50쪽 참조.
51) 『藥圃先生續集』, 권1, 「詩, 松竹吟」, "松篁全正氣, 終是物中賢, 百遍風霜後, 方知所 守堅."

4. 결론

지금까지 정탁에 대한 연구가 매우 제한적으로 이루어졌고, 특히 철학 방면은 거의 찾아볼 수 없는 상황이었다. 이 글은 그의 벗들이 남긴 말들과는 달리 『조선왕조실록』에 기록된 상이한 평가에 주목했다. 거기에 기록된 그는 비록 영민하고 온화한 인품의 소유자였지만 우유부단하고 우활한 인물이었다는 오명으로 가득했다. 이는 스승이었던 조식이 당시 그의 민첩하고 날카로웠던 성품에 더디고 둔함을 권한 데에서 비롯되었다. 이후 그는 철저히 비순과 겸공의 삶을 살았는데, 여기에는 비록 스승의 말이라 하더라도 그렇게 하게 된 자신만의 깨달음과 노력이 없지 않았을 것이라는 생각이 든다. 이 글은 바로 이러한 물음에 답을 찾아보고자 했다. 또한 이것은 그의 철학을 이해하는 매개가 될 수도 있으리라는 판단도 작용했다.

정탁은 당대 최고의 학자였던 이황과 조식에게서 모두 배우는 행운을 누렸던 인물이다. 일찍부터 벼슬길에 나아가 40년이란 세월을 관직에 있었지만 학문에 대한 애착은 남달랐다. 특히 『소학』을 비롯해 『대학』과 『중용』을 늘 가까이 두고 애독했다. 흔히 도학자들에게서 보이는 『소학』과 『대학』의 중시, 여기에 그 존립 근거로서의 『중용』을 가까이함으로써 그의 삶 또한 이러한 철학적 기반 위에 존재한다고 하겠다.

그는 리와 기의 운행을 통해 형성된 만물 가운데에 인간이 존재한다고 말한다. 이 우주적 이치를 인간이 따르지 않을 수 없고, 인간의 본성은 바로 여기에 근거하여 선하다고 했다. 이러한 선함이 외물에 의해 흔들릴 수 있는데 여기에 중용의 관점이 작용한다. 즉 집중, 외물의 유혹에 중을 지킴으로써 마음에 일어나는 선악의 기미를 잡아 사심에 앞서 공심이 마음의 주재가 되도록 했다.

그러나 현실은 우리의 예상과는 달리 혐의와 모함으로 암담함의 연속이었고, 7년의 전란은 체념에 가까운 절망으로 다가왔다. 처음 벼슬길에 나아갔던 때의 비판적 어조는 우유부단함과 우활하다는 오명에도 스스로 자중의 삶을 선택하도록 했다. 마음에 일어나는 선악의 기미도, 현실 속에 맞닥뜨리는 수많은 일들도 모두 "못가에 서 있는 듯, 얇은 얼음을 밟듯" 늘 경계하며 삼가는 근독의 자세, 즉 경공부로 일관하고자 했다.

결국 그를 '진퇴무구進退無垢'와 '일절이험一節夷險' 즉 편안할 때나 위험할 때나 한결같이 자신의 소신과 지조를 지키며 출처한 인물이라고 말할 수 있었던 것은 이러한 자중의 삶에 내재한 중용의 철학이 있었고 이를 몸소 실천하였기에 가능한 것이 아니었나 생각된다. 그의 철학 또한 당대 인물들의 철학과 대비하면 두드러진 점을 발견하기란 쉽지 않다. 다만 두 스승의 학설을 충실히 계승함으로써 학설이 아닌 자기 삶을 지탱하는 철학적 기반으로 삼았다는 점에서 자신이 진정 추구하고자 했던 도학의 의미를 만들어 가고 있다는 데 그 의미를 찾을 수 있을 것이다.

제4장 약포 정탁의 교유관계와 학문 형성 배경

권 경 열

1. 머리말

약포藥圃 정탁鄭琢(1526~1605)은 조선 명종조明宗朝, 선조조宣祖朝의 학자이자 문신이다. 예천醴泉 용문龍門과 안동安東 가구佳丘에서 유년기를 보냈고, 오랜 관직생활을 마치고 치사致仕한 뒤에는 예천 고평高坪에서 자적하였다.

그는 훈구세력과 외척에 의한 명종조의 혼란스러운 상황과, 조선을 망하기 직전까지 몰고 갔던 임진왜란壬辰倭亂이라는 국난의 현장에 서 있었다. 걸출한 스승이면서 학문적 성향이 판이하게 달랐던 퇴계退溪 이황李滉과 남명南冥 조식曹植 두 스승의 문하에서 수학하여 그 지결旨訣을 얻었고, 경세가經世家로서 국난을 극복하는 데에 크게 기여하고 재상으로서 나라를 안정시켰다. 또한 당시 퇴계문하를 중심으로 성리학적性理學的 학술활동에 매진했던 일반적인 유학자들과 달리 상수학象數學, 천문지리天文地理, 병법兵法 등에도 관심과 조예가 깊었다. 한마디로 특이한 이력을 지닌 매력적인 인물이라고 할 수 있다.

그럼에도 불구하고 그에 대한 연구는 의외로 미진하다고 할 수 있다. 그 동안 간헐적으로 몇 편의 논문들이 발표되었으나, 여운필의 「약포藥圃 정탁鄭琢의 삶과 시세계詩世界」, 김낙진의 「약포藥圃 정탁鄭琢의 정주학程朱 學 수용 양상」을 제외하고는 대체로 문집에 대한 개략적인 해제나 생애를 소개하는 정도에 그쳤다. 교유관계나 학문의 형성 배경은 약포를 온전히 이해하기 위해서는 반드시 다루어져야 하는 기초적인 부분이지만, 그 동안 구체적으로 다루어지지 않았다.

이에 본고에서는 약포의 교유관계와 학문의 형성 배경에 대하여 살펴보고자 한다. 다만, 교유관계는 자료 확보의 한계로 인해 그의 문집文集에 기록된 인물들을 위주로, 시기별로 대표적인 인물들만으로 한정하여 살펴볼 것이다. 학문의 형성 배경은 약포의 학문에서 보이는 특징적인 면을 바탕으로 그 사문師門과의 연관성을 살펴볼 것이다. 특히 그 동안 간과되었던 유년기의 교육에도 주목하여 의미를 찾아보고 자 한다.

2. 교유관계

교유관계를 논할 때면 언제나 제기되는 문제이지만, 사실 수백 년 전 인물의 교유관계를 파악하는 것은 쉬운 일이 아니다. 본인이 특별히 교유관계를 정리해서 기록으로 남기지 않는 한, 어차피 현재 남아 있는 문집 등의 기록에서 보이는 인물들을 중심으로 추론할 수밖에 없다. 그러나 그런 방법을 통해 그 인물의 교유관계를 정확히 파악할 수 있는가 하는 것은 장담하기 어렵다. 인간적인 교유관계들이 그런 기록에 모두 담길 수는 없기 때문이다. 가령 편지는 멀리 떨어져 있어서 자주 접하지 못하는 사람과 주고받는 것이라는 점을 감안하면, 가까이에서 친하게 지내던 사람이 오히려 친한 교유 인물에서 배제되는 결과가 나타날 수도 있다.

또한 문집文集이라는 것도 그 인물의 모든 것을 온전히 담아냈다고 보기 어렵다. 문집은 대체로 사후에 후손이나 문인들 같은 후대의 타인에 의해 수집, 편찬되기 때문이다. 그 당시의 정치적 상황이나 지식인들의 가치관, 학문적 조류, 후손 간의 친소관계 등에 의해 영향을 받지 않을 수 없다. 그 대표적인 예가 춘정春亭 변계량卞季良의 문집인『춘정집春亭集』이다.『춘정집』은 초간본과 중간본의 내용이 크게 다른데, 중간본에는 초간본에 있는 불교 관련 저술들이 빠져 있다. 이런 사실은 중간본 간행 시기에는 이미 성리학적 학문체계가 지식인층에서 정착된 이후이므로 문집 간행자들이 불교와 관련된 내용을 의도적으로 수록하지 않았기 때문인 것으로 추정할 수 있다.

『약포집藥圃集』에 수록된 시문들은 대부분 36세 이후에 저술된 것들이다. 문집 소재 시나 서간들은 창작 시기별로 배열되어 있는데, 시의 경우 원집元集에는 홍문관부수찬이던 42세 때 지은 「옥당추야玉堂秋夜」라는 시가 가장 앞에 수록되어 있고, 속집續集에는 약포가 45세 때 사망한 김취문金就文을 애도하는 만사가 수록된 것으로 볼 때, 그 이전의 시들은 전하지 않는다는 것을 알 수 있다. 서간의 경우에도 속집에 수록된 조목趙穆에게 보내는 편지가 36세 때로 연대가 가장 앞선다.

이에 본고에서는 문집의 제목에 보이는 인물들을 추출하여 그 빈도를 감안하여 분석하고, 그 이전 시기의 경우『연보年譜』의 기록과 다른 이들의 기록을 참조하는 방식으로 보완하고자 한다. 또한 모든 인물들을

대상으로 분석하기에는 무리가 있으므로, 시기별로 가장 대표적인 인물
들 위주로 소개해 보겠다.

元集

詩 : 曹植, 金富倫, 吳健, 趙穆, 吳澐, 金宇顒, 具鳳齡, 宋經略, 李提督, 任時彦, 眞一子,
尹仁涵, 李蓮, 李民覺, 洪溶, 李齊閔, 沈守慶, 曹友仁, 趙壽朋, 李埈, 尹義貞, 李春
英, 丁胤禧, 宋贊, 金農

書 : 李滉, 趙穆, 柳成龍, 金誠一, 金富弼, 趙穆, 金富儀, 琴應夾, 金富倫, 胡煥, 鄭士誠,
鄭崑壽, 權好文, 宋福基, 李磯玉, 琴蘭秀

祭文 : 李滉, 權撥, 柳仲郢, 具鳳齡, 裵三益, 李構, 金宇顒, 李賚

元集(他人 所著)

祭文 : 柳成龍, 鄭述, 金玏, 曹友仁, 金涌

輓詞 : 柳成龍, 李德馨, 尹承勳, 李元翼, 沈喜壽, 李好閔, 柳根, 洪進, 李光庭, 韓應寅,
姜紳, 許筬, 盧稷, 申欽, 朴弘老, 李廷龜, 洪履祥, 金玏, 吳億齡, 崔峾, 鄭經世,
黃暹, 洪慶臣, 李埈, 曹友仁

贈行詩 : 具鳳齡, 尹斗壽, 崔峾, 李埈, 丁景蘭

續集

詩 : 鄭惟一, 琴蘭秀, 金就文, 柳仲郢, 李寪, 金富仁, 裵三益, 沈守慶, 金宇顒, 柳雲龍,
趙穆, 金富倫, 具鳳齡, 全夢奎, 趙穆, 黃應奎, 成浹, 黃璡, 金汝慶, 黃汝一, 惟政,
吳澐, 具思孟, 丁胤禧, 徐華峯, 許震

書 : 趙穆, 金誠一, 權好文, 鄭崑壽, 金富倫, 琴蘭秀, 琴應夾, 沈喜壽, 韓百謙, 權暐,
申應凱, 李閎道, 李時發, 李光胤, 鄭士誠

祭文 : 金應南, 鄭以興, 鄭惟一, 安霔

續集(他人 所著)

祭文 : 黃汝一, 權春蘭, 權任

輓詞 : 趙穆, 李恒福, 李山海, 尹根壽, 金晔, 琴應壎, 尹昉, 吳百齡, 申之悌, 金允安,
　　　鄭楷, 安崇儉
贈行詩 : 李㴲, 金宇顒

　위의 인물들은 크게 스승, 동문, 동료 관원, 후배, 명나라 장수들로
구분할 수 있다. 이들과의 만남을 시기 순으로 상정하여, 크게 지역적인
인연을 기반으로 교유관계가 형성된 경우, 동문으로서의 교유관계,
관로에서의 교유관계로 분류하여 분석해 보도록 하겠다.
　가장 이른 시기의 교유는 역시 성장기의 지역적인 인연을 기반으로
한 관계일 것이다.
　약포는 예천醴泉 금당곡金堂谷의 삼구동三九洞이라는 곳에서 태어났다.
『연보』에 의하면 11세에 부친인 의정공議政公 정이충鄭以忠을 따라 안동安
東 가구촌佳丘村으로 옮겨 갔다가 20세에 다시 예천으로 돌아왔다. 이
시기에 교분을 맺었던 대표적인 인물로는 안동 가구촌에서 이웃해
살았던 동갑내기 백담栢潭 구봉령具鳳齡이 있다.
　백담은 서애西厓 유성룡柳成龍, 학봉鶴峯 김성일金誠一과 함께 퇴계문하
의 대표적인 제자로 칭해지던 인물[1]이다. 약포의 연보에 의하면 13세이
던 무술년에 금사사金沙寺에서 백담과 함께 독서를 하였다는 내용이
있다. 이런 인연 이외에도 백담은 14세 때이던 기해년에 이웃의 정이흥鄭
以興에게서 수학하였는데, 그가 바로 약포의 중부仲父였다. 약포 또한
17세 때 퇴계문하에 들기 전에는 중부에게서 수학하였으므로, 이들은
자연스레 동문이 되었다. 특히 백담은 정이흥의 문하에 든 뒤로는 매일
새벽 일찍 그 집 문밖에서 아침이 되기를 기다릴 정도로 지성으로

---

1) 『栢潭先生續集』, 권4, 「諡狀」, "世云退溪之門人西栢鶴爲首. 則西厓柳文忠公成龍及栢潭
　公. 鶴峯金公誠一也."

수학하였고,[2] 정이홍이 졸卒한 뒤에는 직접 행장을 짓기도 했다. 창석蒼石 이준李埈이 지은 백담의 행장에 다음과 같은 기록이 있다.

어려서 일정한 스승이 없이, 격몽擊蒙은 권팽로權彭老, 정이홍鄭以興에게 하였고 도를 묻는 것은 퇴계선생退溪先生께 하였는데, 모두 아버지와 같이 섬겼다. 그분들이 돌아가신 뒤로는 애통해하기를 친상親喪과 같이 하고, 상복喪服을 입고 제자로서의 복제服制를 마쳤으며, 기일忌日에는 반드시 재계를 하고 소찬素餐을 먹었다.[3]

이로 미루어 볼 때 약포와의 관계는 자연히 돈독했을 것으로 보인다. 실제로 백담의 문집에 실린 어록語錄에 다음과 같은 말이 있을 정도로 그들은 평생의 지기知己였다.

교유하는 사람들 중에는 선하고 악한 이가 있어서 친소親疏, 호오好惡의 구분이 없을 수 없다. 내 평생 벗한 이는 오직 자정子精 한 사람뿐이니, 어려서 장난치며 놀던 시절에 옷을 서로 함께 입으면서 네 것 내 것을 따지지 않았다.[4]

기록에는 보이지 않지만, 백담 외에도 안동安東, 예안禮安을 중심으로 가까운 거리에 살면서 일찍부터 친교를 맺은 이들이 많았을 것이다. 특히 17세라는 어린 나이에 퇴계의 문하에 들어 비교적 이른 시기에 이미 동문同門이라는 관계가 겹쳐지게 되면서 교유하는 사람이 더욱 많아졌으리라는 사실은 자명하다. 약포가 각별하게 지낸 성성재惺惺齋

---

2) 十八年己亥 先生十四歲, "先生又受業於隣長三嘉縣監鄭公以興. 每於昧爽. 造于門外. 坐立待朝. 雖雨雪不廢. 日以益勤. 鄭嘆其誠篤. 亦夙興敎誨不怠. 且期以步武長遠."

3) 『栢潭集附錄』, 「行狀」, "少無常師, 擊蒙則權彭老, 鄭以興, 問道則退溪先生也, 皆事之如父. 其歿也, 哀痛如親喪, 服素盡義制, 忌日必齋素."

4) 『栢潭先生文集』, 권10, 「遺語」, "交遊有善惡, 不可無親疏好惡之辨. 余平生所友, 唯子精一人, 少時游戲, 與共衣裳, 不知有彼我也."

금난수琴蘭秀가 12세 때 이미 청계靑溪 김진金璡의 문하에서 수학하면서 그 자제인 약봉藥峯 김극일金克一, 구봉龜峯 김수일金守一 등과 일찍부터 교분을 맺었고[5] 20세 때에 청량산淸涼山 상선암上仙庵에서 백담과 독서를 함께하였으며,[6] 23세 때 현사사玄沙寺에서 월천月川 조목趙穆, 인재忍齋 권대기權大器, 지산芝山 김팔원金八元, 백담과 더불어 수계修禊하는 등[7] 다양한 관계를 맺고 있는 것이 그 예이다.

퇴계문하의 동문들 중에서는 월천 조목과 성성재 금난수가 유독 각별하였다. 월천은 약포보다 2살이 많았고 성성재는 4살이 어렸지만, 지연적 요소와 퇴계문하의 동문이라는 인연이 결합하여 남다른 우정을 과시하였다. 약포는 이들 둘 중 하나에게 편지를 보낼 때면 반드시 다른 사람의 안부를 함께 물어보곤 했다.

월천은 서로 주고받은 시문이 수십 편이 되는 것에서 그 친소관계를 충분히 알 수 있다. 다만, 현재 문집에 수록된 내용들을 살펴보면, 학문적인 토론의 비중은 많지 않고, 일상적인 안부나 사우師友의 소식, 초야에서 청흥淸興을 즐기며 학문을 하는 월천에 대한 부러움, 조정으로 나오기를 권유하는 내용 등이 다수를 이루고 있다. 그러나 약포가 자신이 성균관에 있을 때 구해서 애지중지하던 『계몽전의啓蒙傳疑』를 선뜻 넘겨 준 것을 보면, 월천의 학문을 깊이 인정한 것만은 틀림없다.[8]

---

5) 先生十二歲, "往拜內舅漁隱南公. 蓋臣, 因受學于靑溪金公. 璡○時金公構書堂於傅巖之傍. 敎授子弟及鄕秀才. ○嘗以秋山錦命題賦詩. 金公大加稱賞. 與藥峯克一, 龜峯守一諸公, 已結童卯之交. 以器量義氣相許."

6) 先生二十歲, "冬讀書于淸凉山上仙庵. 具柏潭鳳齡, 李暘谷國樑諸公. 分栖諸庵. 約日相會講論所讀書."

7) 先生二十九歲, "春, 中生員會試. 時先生外舅家欲設慶席. 先生固止之. 十一月. 修禊于玄沙寺. 與權大器, 金八元, 具鳳齡, 琴蘭秀, 修禊立議."

8) 『藥圃先生文集』, 권4, 「書啓蒙卷端贈趙士敬」, "在泮. 嘗得此本. 實之重之. 不願輕與於人. 感君好古出於誠. 故終不敢自以爲私. 持以爲君贈焉."

월천의 매제妹弟인 성성재와도 친분이 남달랐다. 성성재가 진주교수晉州敎授로 있던 약포를 찾아가 진주 촉석루矗石樓에서 노닐 적에 남명을 예방禮訪한 적이 있는데, 여기에는 당시 남명을 스승으로 섬기던 약포의 권유가 크게 작용했을 것으로 보인다. 그는 약포가 서울에서 편지로 안부를 묻자, 동문同門의 의리에 감격해했다.

낙양성 동쪽에서 벼슬하는 친구가	故人遊宦洛城東
적막한 물가에서 은거하는 내 안부를 묻네.	問我幽棲寂寞濱
동문의 정의가 가장 중한지라	最是同門情義重
편지를 펼치며 서둘러 병든 몸을 일으키네.	披書遽起病中身

이들 외에도 퇴계문하의 동문들 중에는 설월당雪月堂 김부륜金富倫, 송암松巖 권호문權好文, 학봉鶴峯 김성일金誠一, 서애西厓 유성룡柳成龍 등이 막역한 교분이 있었으나, 여기서는 일일이 소개하지 않는다.

약포와 교유가 깊었던 이들 중에는 남명문하의 동문도 있었다. 남명문하의 제자들 중에서는 덕계德溪 오건吳健, 동강東岡 김우옹金宇顒, 한강寒岡 정구鄭逑 등과 특히 교분이 두터웠다. 이들은 퇴계문하의 동문이기도 했기 때문에 더욱 각별했다고 할 수도 있다.

특히 동강에 대해서는 남다른 정이 있었다. 사림의 중망重望을 받던 동강이 죽자, 그는 이기옥李璣玉에게 보낸 편지에서 깊은 안타까움을 토로하면서 자신과의 친분을 술회하였다.

동강東岡이 갑자기 죽음에 이르렀다네. 동강은 나에게 있어 의분義分이 가장 깊어 다른 사람들의 사귐과는 비할 수 없으나, 병중에 부고를 들어서 직접 가서 통곡할 수도 없네.

한강 정구 또한 약포를 애도하는 제문에서, 자신의 형인 서천부원군西
川府院君 정곤수鄭崑壽와 동강, 약포가 서로 막역한 사이였다는 것을 말하
면서 이런 관계를 확인해 주고 있다.

저와 가형家兄과 공, 숙부肅夫는 모두 막역한 사이로서, 비록 옛사람의 아교풀이나
옻칠과 같다는 비유도 이보다 더할 수는 없을 것입니다. 그런데 가형이 세상을 떠난
이듬해에 숙부가 떠났고, 또 3년이 지나 공께서도 저를 버렸습니다. 외로이 남은
이 세상에 지기知己가 영원히 없어졌으니, 의지할 데 없는 고단한 심정을 누구와
함께 이야기하겠습니까?

관로에서는 특별히 친교를 보이는 인물은 없다. 그러나 만사輓詞의
면면을 보면 구사맹具思孟 등 서인西人들과도 두루 원만하게 지냈음을
알 수 있다. 이는 당파黨派를 짓기 싫어하는 약포의 원만한 성품에서
비롯된 것이기도 하지만, 한편으로는 국난을 함께 극복한 동료로서의
동지애가 작용한 결과일 수도 있다.

이때 조정의 관료들이 당黨을 나누어 서로 공격하여 동인東人, 서인西人, 남인南人,
북인北人이라는 명색名色이 있게 되었으나, 공은 무너지는 세파 속에 우뚝 서서 시종
편당을 짓지 않았다. 이 때문에 이쪽을 출입하거나 저쪽을 출입하거나 구분 없이
무릇 어진 사람이라면 모두 형제처럼 친애하였고, 고상한 척하면서도 일 만들기를
좋아하여 기회를 틈타 한 시대의 이름을 취하려는 자는 공이 아주 미워하여 상대도
하지 않았다.9)

왜란을 당해 의주義州로 피난 가 있을 당시 약포는 진일자眞一子라는

---

9) 『續集』, 권4, 「行狀」, "時朝紳分黨相攻, 至有東西南北之名, 公卓然自立於頹波之中, 終
始不爲黨. 是以無出入彼此, 凡其賢者, 莫不親愛之如兄弟, 其有偃蹇喜事, 乘機抵巇, 以取
名一世者, 公深惡之, 不借以色辭."

이와 매우 깊은 교분이 있었는데, 약포가 전장戰場의 번민을 노래할 때마다 진일자가 차운시를 지어 위로해 주었다. 그는 약포의 충고를 평생토록 명심하겠다는 시를 지어 줄 정도로 약포의 인품과 학덕에 매료되어 있었다.

젊은 날 도산에서 이러한 흉금을 길러	少日陶山養此襟
고정의 무너진 도통을 다시 찾았네.	考亭墜緒得重尋
봄 햇살 만물에 비치듯 온화한 덕 지니셨고	春陽著物溫溫德
높은 산 하늘에 닿듯 애쓰는 마음 지니셨네.	喬嶽參天塞塞心
세밀한 공부로 학문이 반듯하였고	細細功夫爲學正
차근차근 설득함은 남들의 공경심을 일으켰네.	諄諄誘掖起人欽
아름다운 말들 어찌 천금의 값어치만 되리오	嘉言豈直千金贈
평생 동안 마음에 귀신이 임한 듯이 여기리다.	佩服一生神鬼臨

인명을 밝히지 않은 것으로 보아 명나라에서 구원병을 이끌고 나온 장수들을 따라 나온 사람일수도 있으나, 정확한 것은 미상이다.

3. 학문 형성 배경

전통시대 인물들의 학문을 연구할 때 부딪히는 문제는 범주의 설정이다. 하나는 학자의 범주를 어디까지로 설정할 것인가 하는 문제이고, 다른 하나는 학문의 범주를 어디까지로 설정할 것인가 하는 문제이다.

오늘날 학자의 범주는 대학大學을 중심으로 한 전업 연구자로 국한되어 있다. 전통시대의 학자상에 비해서는 많이 다르다고 할 수 있다. 옛날에는 학문이 원숙해지면 과거科擧를 통해 관료로 진출하여 국가를 위해 경세제

민經世濟民의 경륜을 펼치는 것이 하나의 수순이자 지식인으로서의 책임이었다. 조정에 나아간 뒤에도 학식이 높은 사람들은 경연經筵이라는 공간에서 꾸준히 임금을 학문으로 감화시켜야 했기 때문에 학문적인 노력을 게을리할 수 없었다. 그렇기 때문에 초야에서 학문에 정진하는 사람만을 학자라고 하는 것은 협의狹義의 범주 설정이라고 할 수 있다. 대다수의 선현들은 학자이면서 관료였고, 관료이면서 학자였다. 때로는 학자이면서 병법가, 장수이기도 하였다.

학문이라고 하면 어떤 것을 대상으로 할 것인가? 연구자들은 흔히 조선 중기 이후 성리학 중심의 이론적 사유만을 학문 활동으로 규정하는 경향이 있다. 병법兵法, 천문天文, 역학曆學 등은 아예 잡학雜學으로 치부하였다. 그렇다면 성리학적인 자료가 남아 있지 않은 경우에는 학자가 아닌 것인가?

기존의 연구에서 보듯이 약포는 분명 성리학자는 아니다. 그의 문집에는 퇴계의 문인들이나 비슷한 시기 학자들의 문집에서 흔히 보이는 변변한 성리性理 관련의 글이 보이지 않는다. 그렇다고 그가 성리학에 대한 이해가 없었던 것이라고 말할 수는 없다. 그는 대신 시에다 성리학의 개념들을 담아 노래하였다. 또한 그는 경세적인 학문에도 조예가 깊었다.

약포의 학문적 특징은 묘지명墓誌銘을 지은 동계桐溪 정온鄭蘊의 표현에 모두 담겨 있다고 해도 과언이 아니다. 여기에서 그의 학문 형성의 배경을 파악할 수 있다.

경전經傳과 사서史書를 관통하지 않은 것이 없었고, 특히 『중용中庸』과 『대학大學』을 좋아하여 노경에 이르러도 여전히 암송하는 것을 그만두지 않았다.

『소학小學』을 독실하게 믿어, 항상 노재魯齋 허형許衡의 "공경하기를 신명神明과 같이 하고 높이기를 부모父母와 같이 한다"라는 말을 들어서 말하기를 "학자가 진실로 이와 같이 한다면 성현聖賢의 경지에 이르지 못할 것을 어찌 걱정하겠는가?"라고 하였다. 여러 글에서 초록抄錄하여 『소학연의小學衍義』를 만들어서 입교立敎, 명륜明倫, 경신敬身의 뜻을 넓히고자 하였으나 완성하지는 못하였다.

천문天文과 지리地理와 상수象數와 병가兵家에 관한 서적들을 두루 섭렵하여 그 귀취歸趣를 터득하였으며, 선비가 병법을 알지 못하면 큰 임무를 감당할 수 없다고 여겨 팔진법八陣法과 육화법六花法 등에 더욱 관심을 두었다.

즉, 약포의 학문은 사서史書를 통해 쌓은 경세經世의 학문과 『대학』, 『중용』을 바탕으로 한 정주학程朱學, 『소학』을 바탕으로 한 실천적 도학道學, 기타 천문天文, 상수象數, 병법兵法 등 실용 학문의 특징을 모두 구비하고 있다. 그렇다면 이런 학문적 다양성은 언제, 누구를 통하여 형성된 것인가? 각 분야의 정치精緻한 내용에 대해서는 기존 연구로 대체하기로 하고, 본고에서는 그 동안의 연구에서 간과되었던 부분을 가지고 검토해 보도록 하겠다.

약포의 수학 과정을 보면, 어릴 때는 가정에서 중부仲父인 삼가현감三嘉縣監 정이흥에게 학문을 배웠고, 17세 때 퇴계 이황의 문하에 들었으며, 36세 때 남명 조식에게 집지執贄하였다. 특이하게도 이 3인은 각각 학문적인 성향이 뚜렷이 달랐다. 바로 이들의 학문적인 성향이 약포의 학문 성향을 형성하는 결정적인 역할을 하였다고 할 수 있다.

묘지명墓誌銘 첫 구절의 "경전經傳과 사서史書를 관통하지 않은 것이 없었다"라는 말은 그의 초년 교육의 공효功效를 묘사한 말이다. 『연보』의 15세조에 있는 다음 기사와 흡사한 표현이다.

어린아이 때부터 중부인 삼가현감 휘諱 이흥以興에게 수학하여, 나이 겨우 15살 때 이미 경서經書에 통하고 『주자강목朱子綱目』 등의 책을 두루 열람하였다.10)

여기서 주목할 것은 15세라는 비교적 어린 나이에 『주자강목朱子綱目』
이라는 책을 읽었다는 것이다. 이 책은 중국 송나라 때의 대학자인
주희朱熹가 주周나라 위열왕威烈王 23년(BC 403)부터 후주後周 세종世宗 현덕
顯德 6년(959)까지 1362년간의 역사를 편년체로 기술한 사마광司馬光의
『자치통감資治通鑑』 294권을 가지고 59권의 강목체綱目體로 새로이 정리한
『자치통감강목資治通鑑綱目』을 가리킨다. 기존 역사를 『춘추春秋』의 의리
론적義理論的 사관史觀에 입각하여 정통正統과 비정통非正統으로 나눈 뒤
대요大要를 뽑은 '강綱'과 세부 내용을 기술한 '목目'의 체제에 따라 포폄褒
貶을 가하는 방식으로 서술하였다.

그런데 조선조에서는 어릴 때는 이 책을 읽히지 않고, 이른바 『소미통
감少微通鑑』 즉 중국 송宋나라의 학자 소미선생少微先生 강지江贄가 방대한
사마광司馬光의 『자치통감資治通鑑』을 줄여서 편년체로 엮은 『통감절요通
鑑節要』를 주로 읽혔다. 그러나 너무나 천편일률적으로 읽혔기 때문에,
조선 후기의 학자 다산茶山 정약용丁若鏞은 「통감절요평通鑑節要評」을 지어
그 폐해를 논할 정도였다.[11]

이 두 책을 읽고 난 뒤의 결과는 단순한 역사적 사실을 습득하느냐,
춘추의 의리義理에 입각해 사실을 분석할 수 있는 능력을 배양하느냐의
차이에 있다. 물론 주희의 『강목』도 학자들에 따라서는 역사적 사실
관계를 소홀히 했다는 문제를 지적하기도 하지만, 두 책의 수준 차이가

---

10) 先生十五歲, "先生自鬐齔, 受業於仲父三嘉縣監諱以興, 年纔志學, 通經書, 歷覽朱子綱目
等書."

11) 然此三年之中. 夏苦熱 春秋多佳日. 童稚好嬉游. 皆不能讀書. 唯自九月至二月一百八十
日. 爲讀書日字. 通計三年. 爲五百四十日. 又除歲時娛戲及疾病憂患之害. 其實幸而讀書
者. 大約三百日也. 此三百日顆顆珍珠. 箇箇金玉. 而朝鮮之童. 皆以少微先生通鑑節要十
五冊. 充此三百日之糧. 卽平生讀書. 止此一帙. 其餘雖讀他書. 皆汗漫不能專. 不足數也.
少微先生不以道學文章稱. 不過三家村裏都都平丈也. 二百年來. 奉之如六經. 尊之如五典.
何意哉.

매우 크다는 것은 부인할 수 없는 사실이다.

　조정의 경연經筵은 기본적으로 군주에게 경사經史를 가르쳐 유학의 이상정치를 실현하려는 목적으로 마련된 장치이다. 그 자리에서 가장 대표적으로 강론하는 것이 바로 『자치통감강목』이고, 이런 경향은 선조宣祖 당시에도 마찬가지였다. 지난 역사를 귀감으로 삼을 수 있는 것은 물론이고, 주자학적 사유체계를 형성하게 만들 수 있는 효과가 크기 때문이었다.

　약포가 천문天文, 상수象數, 병법兵法 등 실용 학문에 밝았던 것도, 중부 정이홍의 영향이 컸던 것으로 보인다. 『연보』에 의하면, 13세 때 백담 구봉령과 더불어 금사사에서 독서하였다는 기사의 주석에 다음과 같은 백담의 술회가 기록되어 있다.

> 약포藥圃가 13세 때 학질에 걸려 위독하였는데, 내가 몰래 병소病所로 들어가 보니 통증이 겨우 진정되었는데도 일어나 앉아 산대(算)를 온 방안에 늘어놓고 기삼백碁三百, 기삭氣朔, 치윤置閏에 관한 법을 시험하고 있었다.[12]

　기삼백碁三百, 기삭氣朔, 치윤법置閏法 등은 성인 학자들조차도 이해하기 어려워하던 내용인데, 어린 나이에 이미 그 이론들이 수록되어 있는 『서경書經』을 익숙히 읽었다는 것을 알 수 있다. 약포는 이때의 공부를 바탕으로 57세 되던 해에는 이조참판吏曹參判으로 있으면서 흠경각欽敬閣 수리를 감독하기도 하였다. 흠경각은 조선시대에 경복궁景福宮 안에 있던 건물로, 천문시계인 옥루玉漏를 설치해 둔 곳이다. 역시 『연보』에

---

12) 先生十三歲, "與柏潭具公鳳齡, 讀書金沙寺, 柏潭嘗曰, 某與藥圃, 同年同閈, 契愛甚篤. 藥圃十三歲, 患瘧症劇, 某潛入病所, 則纔痛定起坐, 布算滿房, 考驗碁三百氣朔置閏之法, 其才之穎敏早成如此, 而過自韜晦, 世與知者云."

다음과 같은 기록이 있다.

> 선생은 상수학象數學에 정통하여 젊은 시절 퇴계의 문하에서 이미 혼천의渾天儀를
> 만드는 방법에 대해 알고 있었으며, 조정에 들어가서는 임금의 명을 받들어 선기옥형
> 璇璣玉衡을 제작하였다. 그러므로 선묘宣廟께서 내린 교지敎旨에 "기형璣衡을 묘령妙齡
> 에 만들었다"(璣衡創妙齡)라는 구절이 있다.13)

이처럼 조정에서 천문학과 관련한 일들을 맡고 행장行狀의 표현처럼
경연經筵에서 전후로 거의 40여 년을 강론할 수 있었던 것은, 바로 초년기
의 이런 학문적 기반이 형성되어 있었기에 가능한 일이었다고 할 수
있다. 그러므로 약포의 학문의 형성 배경을 논할 적에 중부인 정이홍의
학습 방법을 결코 간과해서는 안 될 것이다.

다음 구절의 "특히 『중용』과 『대학』을 좋아하여 노경에 이르러서도
여전히 암송하는 것을 그만두지 않았다"라는 말은 바로 퇴계의 문하에서
충실하게 배웠던 정주학적 기반을 표현한 것이다. 송나라 때 정자程子,
주자朱子를 위시한 이른바 신유학新儒學이 새로운 패러다임을 형성할
때, 이들이 이론적 근거로 중시했던 책이 바로 『중용』과 『대학』이다.
퇴계 또한 평생토록 이 두 책의 연구에 침잠하였음은 물론이다. 약포는
「모고慕古」 8수에서 퇴계를 요순堯舜 때부터 이어지는 도통道統에 포함시
킬 정도로 그의 학문에 경도되어 있었다.

| 도산에서 옛 도를 강론하니 | 陶山講古道 |
| 해외에서 모두 북두처럼 우러르네. | 海外皆斗仰 |

---

13) 先生五十七歲, "監修欽敬閣, 先生精於象數之學, 少時陶山門下, 已曉渾儀制度, 及立朝,
　　承命造璣衡. 故宣廟敎書中, 有璣衡創妙齡之句."

스승 앞에서 선비들 옷깃 여미니   國丈士攝衣
우리나라에 도가 없어지지 않으리.   吾東文不喪

그런 그가 요堯와 순舜이 서로 전한 심법心法의 요체가 담겨 있는
이 책들을 중시한 것은 당연한 일일 것이다. 이 책들에 담긴 개념들은
「한거감흥閒居感興」 12수라는 시에 잘 녹아 있다.

유가의 도는 중용에 있으니   吾道在中庸
어찌 과불급을 하랴.   奈何過不及
군자가 되는 길은   所以爲君子
선을 가려 굳게 지키는 것이라네.   擇善而固執

이 외에도 「도촌팔영桃村八詠」, 「재거영회齋居詠懷」 등의 시에서 그는
연비어약鳶飛魚躍, 리기理氣의 이치 등을 담아 노래하고 있다. 이러한
그의 학문은 오직 퇴계를 만남으로써 형성될 수 있었다고 보아야 할
것이다.

다음 구절의 "『소학』을 독실하게 믿고, 『소학연의』를 만들어서 입교立
敎, 명륜明倫, 경신敬身의 뜻을 넓히고자 하였다"라는 말에서는 남명에게
서도 일정한 학문적 영향을 받았음을 알 수 있다.

『소학』은 주희가 그 제자 유청지劉淸之를 시켜 편집한 책이다. 초학자들
이 쇄소灑掃·응대應對·진퇴進退 등 어린아이의 처신하는 절차에서부터
인간의 기본적인 도리, 유학적인 개념을 순차적으로 익힐 수 있게 만든
책으로, 주희는 『소학』은 집을 지을 때 터를 닦고 재목을 준비하는
과정에 해당하고 『대학』은 그 터에 재목으로 집을 짓는 역사에 해당한다
는 비유를 들어 『소학』이 인간교육의 바탕이 됨을 강조하였다.

이 책은 조선 초기부터 매우 중시되었는데, 특히 한훤당寒暄堂 김굉필金宏弼은 소학동자小學童子를 자처하면서 평생 동안 손에서 놓지 않았다고 한다. 물론 퇴계도 또한 『소학』을 중시하기는 하였으나, 어디까지나 『대학』, 『중용』처럼 학문의 심화를 위한 대상으로서의 성격이 강했다고 할 수 있다.

그러나 『소학』은 엄연히 실천유학에 더 가까운 책이다. 남명 또한 이 책을 매우 중시하였다. 퇴계가 사변적인 학문인 데 비해 남명은 실천적 학문을 중시하였던 것에 비추어 볼 때, 적어도 실천이나 절의와 관련한 학문적 영향은 남명에게서 더 많이 받았을 것으로 보인다.

4. 맺음말

이상에서 약포 정탁의 교유관계와 학문 형성 배경에 대해 고찰해 보았다.

교유는 크게 성장기의 지역적 인연을 기반으로 한 교유, 동문으로서의 교유, 관로에서의 교유로 분류하여 보았다. 지역적 인연은 백담 구봉령이 대표적이고, 동문으로는 퇴계문하에서는 월천 조목, 성성재 금난수, 남명문하에서는 동강 김우옹을 들 수 있다. 관로에서는 특별히 두드러진 교유는 자료에 보이지 않으나, 당파 짓기를 싫어하는 성품과 함께 국난을 극복한 동지애에 따라 두루 원만한 교유를 하였음을 알 수 있었다.

학문 형성은 크게 세 번에 걸쳐 확립되었다고 볼 수 있다. 3인의 스승을 만난 것이 계기가 된 것인데, 중부仲父인 정이흥, 퇴계 이황, 남명 조식이 그들이다.

유년기에는 유가의 경전과 사서史書, 기삼백朞三百, 기삭氣朔, 치윤置閏에 관한 이론을 가르쳐 준 정이흥의 영향이 매우 컸다고 할 수 있다. 특히 이 당시 읽었던 『자치통감강목』은 훗날 오랜 세월 동안 조정의 경연에서 선조를 계도할 때 큰 힘이 되었다.

17세 때 퇴계의 문하에 들어가 심학의 요체를 배운 것은 평생토록 내면을 검속하고 천리를 궁구하는 자산이 되었다.

36세 때는 남명의 문하에 들어가 절의와 실천적 학문을 배웠는데, 문정왕후文貞王后의 청을 거절한 것과 위험을 피하지 않고 국난 극복을 위해 분투한 원동력은 모두 이때 형성된 것이라고 할 수 있다.

이상의 고찰에서 아쉬운 점은, 문집에 수록된 인물 위주로 교유관계를 살펴볼 수밖에 없었다는 것이다. 또한 남명의 문하에서 배운 학문적 영향에 대해 보다 구체적인 근거를 제시하지 못하고 추론할 수밖에 없었다는 것이다. 이런 점들은 앞으로 더 많은 연구가 필요하리라고 본다.

제5장 남명학파와 퇴계학파 사이의 정탁

김 경 수

1. 약포 정탁, 그 생애의 특징

정탁(1526~1605)은 호가 약포藥圃이다. 그의 호를 약포로 한 것이 그 자신의 뜻이었는지 다른 사람의 영향이 있었는지, 나아가 왜 그와 같은 호를 사용하게 되었는지에 대해서 어떤 분명한 설명도 찾을 수가 없었다. 그러나 그가 살아간 일생을 추적해 보면, 또한 약포라는 이름만큼 어울리는 호도 없을 듯하다.

33세에 과거에 급제한 이후 젊은 시절에는 한미한 직책에 부임하고서도 묵묵히 자기의 직무에 충실하여 그 역할을 다하면서 필요한 존재로서의 가치를 드러내었으며, 벼슬이 더해짐에 따라서는 국가의 요직을 두루 거치면서 자신의 소신을 펼쳤고, 임진왜란이라는 국난을 당해서는 국가의 원로로서 국난극복을 위한 헌신적인 노력으로 선공후사先公後私의 모범을 보였다. 또한 국난이 지난 후에는 치사致仕를 청해서 윤허받아 고향에 퇴거하여 만년을 보냄으로써, 전례 없는 출처의 엄정한 대의를 몸소 실천한 전형으로 꼽힌다.

임진왜란 중에 약포가 김덕령과 이순신을 구명한 일은 역사에 남은 훌륭한 업적이라고 할 수 있다. 뿐만 아니라, 그는 기축옥사에 대해서도 그 억울함을 말하였고, 그 밖의 여러 옥사에서도 일을 공평하게 다룰 것을 건의하였다. 즉 그가 억울하게 죄를 뒤집어 쓴 사람들을 구한 것은 그 이전에 이미 널리 세간에 알려졌다. 그의 「연보」 63세조에는 다음과 같은 내용이 있다.

> 무자년 봄에 형조판서에 제수되었다. 선생은 천성이 충성스럽고 신의가 있으며 공평하고 관대하며, 자애롭고 자상하며 불쌍하고 슬피 여겼다. 여러 차례 형조와 사헌부에 들어가 옥사를 다스리고 죄수를 신문했으나 매번 관대한 논의를 하여 많은 사람이 공평함으로 돌아갔다. 그리하여 사람들이 혹시 무고로 죄가 헤아리기 어려우면 비록 소원한 사이이고 추구하는 바가 다르더라도 반드시 말하기를 "오직 약포공만 나를 살릴 것이다"라고 하였다.[1]

이를 보면 그가 억울하게 죽게 될 사람을 구한 것이 한두 번이 아님을 알 수 있다. 사람을 대하는 그의 근본적인 자세는 바로 활인活人이었던 것이다.

그런데 여기서 잠시 『조선왕조실록』에 전하는 정탁의 70세 이후의 행적에 대하여 사신史臣들이 기록하고 있는 평을 살펴보자. 먼저 그의 죽음에 대한 기록인 「서원부원군 정탁의 졸기」에는 "서원부원군西原府院君 정탁鄭琢이 졸하였다"라고 하고서, 사신의 평에 다음과 같이 기록하고 있다.

---

1) 『약포집』, 「연보」, 63세조, "十六年戊子先生六十三歲春, 拜刑曹判書. 先生天性忠信公恕, 慈詳, 惻怛. 屢入秋部及憲府, 治獄按囚, 每傳寬議, 多所平反. 故人或陷罪叵測, 雖疏逖異趣, 必曰, 唯藥圃公, 活我云."

탁은 인품이 유순하고 온후한 사람인데, 등과했을 당시에는 명망이 없어 오랫동안 교서관校書館에 머물러 있었다. 일찍이 향실香室에 직숙直宿하던 날 문정왕후文定王后가 향香을 가져다가 불공을 드리려고 하자, 탁이 불가한 일이라고 고집하면서 끝내 향을 올리지 않았다. 이로 인해 당세에 중시되고 이어 현로顯路에 통하게 되었으며, 뒤에 호성공扈聖功으로 숭품崇品에 오르고 얼마 후에 재상으로 발탁되었다. 이에 상소하여 물러가기를 청하였으니 고인들의 치사致仕하던 기풍이 있었다. 작위를 탐하여 늙어도 물러가지 않는 자에 비하면 차이가 크다.2)

여기서 사신은 정탁의 특징을 몇 가지로 압축하여 정리하고 있다. 첫째는 그의 성품이 유순하고 독실하였다는 점, 둘째는 올곧은 성품으로 문정왕후의 명을 거역하면서 명망을 얻어 현달하게 되었다는 점, 셋째는 임진왜란을 당하여 임금을 호종한 공으로 호성공신에 오르고 재상에까지 발탁되었다는 점, 넷째는 그가 나이 들어 욕심을 버리고 치사하여 물러났다는 점으로, 사신을 이러한 점들을 높이 평가하고 있음을 알 수 있다.

『실록』의 이와 같은 기록은 오늘날 일반적으로 평가하는 정탁의 업적과는 사뭇 다르다. 이러한 관점은 그가 치사를 청하고 고향으로 퇴거한 이래 몇 차례 더 보인다.

위인이 공근恭謹하고 지려智慮가 있었다. 물러가 구학丘壑에서 노닐면서 교유交遊를 일삼지 않았으니, 옛사람이 '나라에 도道가 없으면 어리석다' 한 것이 이 사람에 근사하다.3)

---

2) 『선조실록』, 38년 을사(1605, 만력 33) 10월 2일(계묘)조. 이하 『실록』의 인용은 한국고전번역원의 조선왕조실록 국역서비스에서 발췌하였음을 밝힌다.
3) 『선조실록』, 33년 경자(1600) 3월 18일, 사신평.

정탁은 조정에 나온 지 50년 동안 볼 만한 정치가 하나도 없었으니, 국가에 중요한 인물이 아니라는 것을 알 수 있다. 그러나 80에 가까운 나이로 물러나서 영남嶺南의 향가鄕家에 있었으니, 늙은 몸으로 권세를 탐하고 무리를 심어 스스로의 위치를 견고히 하는 자와 비교하면 훌륭하다 하겠다.[4]

위인이 단아하고 지조가 있었는데 삼공三公의 지위에까지 이르러 노년에 물러났다. 건백建白한 것은 없었지만 그렇게 큰 잘못도 없었다.[5]

『실록』의 사신평은 "건백(국사에 대하여 건의하거나 진술함)한 것은 없었다"라는 말이 대변하듯이, 정탁의 정치적 업적을 평가하지 않고 있음을 볼 수 있다. 다만 그의 인물됨과 늙어서 스스로 치사를 청하고 물러난 것에 대해서는 상당히 긍정적으로 말하고 있다.

사신의 평은 젊은 신진학자들의 견해라고 볼 수 있다. 그렇지만 젊은 관료들의 관점에서 본 것이라고 할지라도, 정탁이 이미 늙은 나이에 임진왜란을 당하여 왕을 호종하고 또한 분조를 따라 광해군을 보필하면서 역경을 헤치고 행한 일들과, 나아가 이순신을 구원하는 상소를 올린 일 등에 대해서 전혀 언급하지 않고 있다는 사실은 오늘날의 관점에서는 이해하기 힘들다. 하나의 사실을 두고서 역사적 평가가 다를 수는 있지만, 정탁에 대한 사신의 평은 그 당시의 그에 대한 정치적 평가라는 점에서 의미하는 바를 찾아야 할 것이다.

한편, 그의 죽음을 듣고서 선조가 예조좌랑 조정趙靖을 보내어 제사 지내면서 내린 「사제문」에서는 그의 특징을 다음과 같이 묘사하고 있다. "언론이 사람을 감동시킴이 있었고, 도량이 커서 버리는 것이

---

4) 『선조실록』, 33년 경자(1600) 12월 13일, 사신평.
5) 『선조실록』, 35년 임인(1602) 4월 23일, 사신평.

없었다"(言論亹亹, 量大無遺), "편안할 때나 위험할 때나 한결같고, 시작이 있고 마침이 있었다"(一節夷險, 有始有終), "고향에서 한가로이 소일하니, 나아가고 물러남에 허물이 없었다"(田里優閒, 進退無咎)와 같은 표현이다. 이는 그의 도량과 인품이 성대함을 말하고 있으며, 특히 그의 언론이 사람을 감동시킴이 있었다고 분명히 적시하고 있다. 또한 나라의 위기를 당해서도 한결같은 자세로 임하였고 일에는 시작과 끝이 분명하였다고 하고 있다. 무엇보다도 그가 만년에 치사한 일에 대해서는 진퇴무구 進退無咎라고 하여 극찬하고 있다. 게다가 "물을 건넘에 배와 같고 가뭄에 단비 같다는 말, 옛날 일로 들었더니 오늘 그를 보는구나"(若涉爲舟, 若旱爲霖, 聞諸在古, 見之斯今)라고 하여, 그를 거의 고인의 출처대의에 알맞은 인물로까지 평가하고 있다.

물론 죽은 사람에 대한 글에서는 '기림'(襃)을 위주로 하고 '비판'(貶)은 하지 않는다는 원칙이 있지만, 임금이 내린 이 '사제문'은 실제로 그의 사후 각종 추모의 글에서 한 전형이 되는 만큼 중요한 의미를 지닌다. 조현명趙顯命이 지은 「신도비명」에서는 "일을 논함에는 대체를 끌어오고 명분을 중히 여겨, 국가를 위하여 논의한 바가 모두 원대한 규모와 계획이었다"[6]라고 하고 있다. 또한 향현사의 상향축문에는 "도는 스승으로부터 들었고, 공은 사직에 있다. 나아가고 물러남을 바름으로 하였으니, 향리와 나라에서 그 덕을 사모하네"[7]라고 하였고, 도정서원 상향축문에서는 "대현의 높은 제자이자 나라 중흥의 충신이다. 연원 있는 학문에 사직의 공신이다"[8]라고 하였다. 병자호란 때 절의로 유명한 동계 정온은 「묘지명」에서 "공은 난리에 호종하면서 종시토록 한결

---

6) 『약포집』, 권7, 「신도비명」, "論事, 引大體, 重名分, 所建白, 皆遠大規畫."
7) 『약포집』, 권7, 「향현사상향축문」, "道聞先師, 功存社稷, 進退以正, 鄕邦慕德."
8) 『약포집』, 권7, 「도정서원상향축문」, "大賢高弟, 中興藎臣. 淵源之學, 社稷之勳."

같았네. 일은 어려움을 사양하지 않았고 행동은 위험을 피하지 않았네"[9]라고 하고 있다.

이러한 평가는 그의 출처진퇴가 거의 도에 가까웠다는 말이며, 관료로서의 그의 업적이 적지 않다는 말이기도 하고, 특히나 왜란을 당하여 노구에도 불구하고 처음부터 끝까지 백성과 사직을 위하여 헌신한 공로를 충분히 인정한다는 말이며, 나아가 그의 학문이 훌륭한 스승으로부터 연원하여 규모를 이루었음을 말하는 것이다. 약포에 대한 연구는 몇 가지 분야에서 이루어졌지만,[10] 그의 정주학 수용양상을 분석하고 그 집안의 종가문화를 연구한 김낙진 교수는 약포의 특징을 '실무형 관료가 아니라 학자형 관료'라고 평가하고 있다.[11] 이는 그가 기대승, 정경세, 김우옹 등과 함께 경연經筵에 30년 동안이나 나아갔다는 사실이 입증하고 있는 바이기도 하다.

한 가지 눈길을 끄는 것은, 그의 묘지명을 동계 정온이 지었는데 그 명銘 가운데 "공종우란公從于亂, 종시일절終始一節, 사불사난事不辭難, 행불피얼行不避範"이라는 구절이 있음이다. 약포는 1605년에 세상을 떠났고, 동계는 「묘지명」을 지으면서 그 서두에 '정간정공기몰지삼십유일년貞簡鄭公旣歿之三十有一年'이라고 하였으니 바로 1636년이다. 이해는 바로 병자호란이 일어난 해이다. 병자호란은 12월에 발발하였는데,

---

9) 『약포집』, 권7, 「정간공서원부원군정공묘지명」, "公從于亂, 終始一節. 事不辭難, 行不避範."

10) 김낙진, 「약포 정탁의 정주학 수용양상」(『남명학연구』 제24집, 경상대학교 남명학연구소, 2007); 김정운, 「정탁의 『용사일기』와 왜란 극복 활동」(『한국사상과 문화』 제61집, 2012); 장학근, 「수군통제사 이순신과 우의정 정탁」(『이순신연구논총』 제11호, 2013); 황만기, 「정탁의 병법 수용 양상 연구」(『영남학』 제25호, 2014) 등.

11) 김낙진, 「약포 정탁의 정주학 수용양상」, 『남명학연구』 제24집, 85쪽 참조. 약포의 종가에 대한 연구는 김낙진, 『어질고도 청빈한 마음이 이어진 집, 예천 약포 정탁 종가』(예문서원, 2013)로 출판되었다.

동계가 약포의 사손嗣孫인 시형時亨에게서 「묘지명」을 부탁받아 지은 것은 병자호란이 일어나기 직전임을 알 수 있다. 병자호란이 일어나기 직전에 동계는 위와 같은 구절을 약포의 「묘지명」에 포함하였으니, 그가 청나라에 항복을 끝까지 반대하다가 어전御前에서 할복한 사실과 연관지어 보면 그 맥이 상통함을 알 수 있다. 동계는 약포에게서 절의정 신節義精神을 읽었던 것이다. 그리고 동계는 남명의 사숙인 중에서 대표적 인물이다.

2. 약포의 스승, 퇴계와 남명

약포의 「연보」에 의하면, 그는 8세부터 공부를 시작하였는데 15세조에는 다음과 같이 기록되어 있다.

선생은 어릴 때부터 중부인 삼가현감 정이홍에게서 수업하였다. 선생의 나이 겨우 지학志學(『논어』의 '十有五而志于學'에서 따온 말로 15세를 뜻함)에 경서를 통달하였고, 주자의 『자치통감강목』 등의 책을 두루 읽었다.[12]

그의 학문은 처음 중부인 정이홍에게서 시작하였다고 하여, 가학家學에 근원하고 있음을 밝히고 있다. 그런데 정이홍이 삼가현감이라고 한 점이 특이하다. 정이홍이 삼가현감을 마지막으로 벼슬에서 물러났는지는 모르지만, 여기서 그렇게 기록한 것은 우연인지 필연인지 약포가 남명과 사제의 인연이 있음을 암시하는 듯한 느낌을 받을 수 있다.

---

12) 『약포집』, 「연보」, 15세조, "先生自髫齓, 受業於仲父三嘉縣監諱以興. 年纔志學, 通經書, 歷覽朱子綱目等書."

삼가는 남명의 고향이다. 물론 약포의 나이 15세 때에 남명은 40세로서 김해에 거주하고 있었다. 그러나 삼가는 남명의 고향으로서 선대의 묘소가 있는 곳이고, 여전히 아우인 조환曺桓이 살고 있었으니, 남명이 가끔씩 다녀갔을 것이라는 점은 의문의 여지가 없다. 또한 당시 삼가에서는 남명의 외가인 인천이씨가 일정한 세력을 형성하고 있었으며, 더불어 남명의 부친과 숙부가 과거에 급제하여 벼슬에 나아갔으니 향촌에서의 영향력은 상당했을 것으로 추정할 수 있다.

약포의 사승관계에 대해 동계가 지은 「묘지명」에서는 다음과 같이 서술하고 있다.

> 퇴계와 남명 두 선생을 스승으로 섬겨서 훈도의 도움이 많았다. 이에 위기지학을 알고 실천의 공을 더하여 입과 귀의 일을 일삼지 않았다. 경전과 역사에 대해서는 관통하지 않음이 없었는데, 더욱 『중용』과 『대학』을 좋아하여 늙음에 이르도록 오히려 묵송하기를 그치지 않았다. 『소학』책을 독실하게 믿어 항상 노재 허형을 높이어 그를 공경하기를 신명과 같이 하고, 존경하기를 부모의 말씀과 같이 하여 말하기를 "배우는 자는 마땅히 이와 같아야 하니 어찌 성현에 이르지 못함을 근심하겠는가?"라고 하였다. 여러 책에서 초록하여 『소학연의小學衍義』를 만들어 입교立敎와 명륜明倫과 경신敬身의 뜻을 넓히고자 하였으나 마침내 이루지 못하였다. 천문, 지리, 상수象數, 병가兵家에 이르기까지 곁으로 섭렵하지 않음이 없어 그 요체를 얻었다. 선비가 병법을 알지 못하면 큰 임무를 맡기에 부족하다고 여긴 까닭에 팔진八陳과 육화六花의 진법에 대해서도 더욱 뜻을 더하였다.[13]

---

13) 『약포집』, 「묘지명」(정온 찬), " 師事退溪南冥兩先生, 多有薰陶之益. 於是, 知有爲己之學, 而加踐實之功, 不以口耳爲事. 於經史, 無不貫通, 而尤好庸學, 至老猶默誦不輟. 篤信小學書, 常擧許魯齋, 敬之如神明, 尊之如父母之語, 曰, 學者苟如此, 何患不至聖賢. 欲抄羣書, 爲小學衍義, 以廣立敎明倫敬身之義, 而不果成. 至於天文地理象數兵家之流, 無不旁通涉獵, 得其歸趣. 以爲士不知兵, 不足以當大任, 故於八陣六花等法, 尤加意焉."

퇴계 이황과 남명 조식 두 스승을 섬겼다는 점을 분명히 밝히고 있다. 그러나 그 뒤의 내용을 자세히 분석해 보면, 약포의 학문적 특징이 거의 남명의 특징을 그대로 계승한 것처럼 묘사하고 있음을 알 수 있다. '위기지학'이나 '천실지공'은 이른바 남명에게서 강하게 드러나는 개념이거니와, 남명이 『중용』과 『대학』을 중시했다는 사실도 이미 주지하는 바이다.[14] 또한 남명이 『소학』적 실천을 중시하여 언급했던 "손으로는 물 뿌리고 비질하는 절차도 모르면서 입으로는 천상의 이치를 말한다"(手不知灑掃之節, 而口談天上之理)[15]라는 말은 한국성리학사에서 남명의 전매특허처럼 된 느낌이 있다. 나아가 남명은 25세 때에 『성리대전』을 읽다가 허형의 "이윤이 뜻한 바를 (나의) 뜻으로 하고, 안연이 배운 바를 (나의) 배움으로 한다"(志伊尹之所志, 學顔子之所學)라는 구절에서 인생의 한 전환점을 얻게 되었거니와, 퇴계 또한 이윤과 안연을 높이 평가하고 있었던 것으로, 약포도 허형의 학문적 입장을 매우 높게 평가하고 있었다고 말하고 있다.

동계가 약포의 학문적 범위를 말하면서 "천문, 지리, 상수, 병가에 이르기까지 곁으로 섭렵하지 않음이 없어 그 요체를 얻었다"라고 한 것은, 동강 김우옹이 지은 남명의 「행장」에서 남명의 학문 범위를 말한 표현과 너무나 흡사하다. 그 뒤에 "선비가 병법을 알지 못하면 큰 임무를 맡기에 부족하다고 여긴 까닭에 팔진八陳과 육화六花의 진법에 대해서도 더욱 뜻을 더하였다"라는 구절을 덧붙인 것은 남명이 일찍이 제자들에게 책문策問을 통하여 국방의 중요성을 강조했던 사실과 정확하게 맥이 닿아 있다고 볼 수 있다.

---

14) 『남명집』의 「답인백서」나 「서규암소증대학책의하」 등은 이를 입증하는 자료이며, 그 외에도 이러한 사실을 증명할 수 있는 연구논문도 다수가 있다.
15) 『남명집』, 「여오어사서」.

동계는 약포의 학문적 연원이 퇴계보다는 오히려 남명에게 있다고 말하고 싶었던 듯하다. 앞에서도 말한 바와 같이 동계는 남명 사숙인 중에서 두드러진 인물이다. 뒷날 광해군 시절 스승과 정치적 입장을 달리하여 중북으로 분류되고 제주도에 오랫동안 귀양 가 있기도 하였지만, 일찍이 내암 정인홍을 스승으로 섬겼으니 남명학의 적전을 계승한 셈이기도 하다. 그가 어전에서 할복한 이후 회복하고서 더 이상 청나라의 속국이 된 이 땅에서 살 수 없다고 하며 고향인 거창의 산 중턱에 모옥을 짓고 그 이름을 '모리某里'라고 한 것은 선비로서 그가 할 수 있었던 최선의 저항이었던 것이다.[16] 이와 같은 정신을 가진 동계였기에 약포의 학문적 연원을 위와 같이 묘사한 것은 오히려 지극히 이해하기 쉽다고 하겠다.

약포의 「연보」 17세조에는 "퇴계 이 선생의 문하에 유학하였다. 선생은 어린 나이에 문하에 올라 심학의 요체를 듣고서 실천의 공功을 더하여 구이지학口耳之學을 일삼지 않았다"[17]라고 하여, 이때에 퇴계의 문하에 나아가 정식으로 제자가 되었다고 하였다. 그런데 그 표현을 자세히 보면, 퇴계에게서 배운 바는 단지 '심학의 요체를 들은 것'이고, 여기에 (스스로) '실천의 공을 더하여 구이지학을 일삼지 않았다'는 뜻임을 알 수 있다.

약포가 17세였을 당시 퇴계는 42세였다. 퇴계의 연보에 의하면, 그해에 퇴계는 "2월에 홍문관부교리가 되시고 겸직은 전과 같았다. 의정부검상

---

16) 오늘날 모리의 동계 옛집은 너무나도 호화롭게 중건되어 있다. 차들이 통행하는 도로로부터 2㎞ 이상의 좁은 시멘트 포장도로를 따라가야만 도착할 수 있는 그의 집이 마치 대저택처럼 꾸며져 있는 상황을 보면 참으로 많은 것을 생각하게 한다.

17) 『약포집』, 「연보」, 17세조, "先生十七歲, 游退溪李先生之門. 先生卯角登門, 得聞心學之要, 加實之功, 不以口耳爲事."

議政府檢詳으로 어사되어 충청도로 내려가서 각관各官이 구황을 잘하고 못하는 것을 검찰하시고 4월에 복명復命하셨다. 5월에 통덕랑通德郎이 되어 사인舍人에 오르시고 승문원교감承文院校勘과 시강원문학侍講院文學을 겸하셨다. 8월에 농암聾巖 이공李公이 고향으로 가시거늘 글을 지어 이별하고 재상어사災傷御史로 강원도로 가셨다"라고 되어 있다. 퇴계의 벼슬길이 이와 같았다고 한다면, 과연 약포가 어느 여가에 퇴계를 찾아뵙고 학문을 배울 시간이 있었겠는가! 물론 퇴계가 잠시 말미를 내어 집으로 들렀을 수도 있고, 그 시간에 맞추어 약포가 사제의 예를 갖추었을 수도 있다. 하지만 충분한 시간을 가지고 학문을 논할 여유는 없었다고 보아야 할 것이다.

약포 「연보」의 이 기록은 17세 때에 처음으로 퇴계에게 나아갔다는 뜻으로 해석해야 옳을 것이며, 이후 기회가 있을 때에 몇 차례 더 찾아가 학문을 강론했다는 말일 것이다. 퇴계의 「연보」를 보면 46세 때와 50세 및 51세 때에는 벼슬에 나가지 않고 집에 있었던 것으로 나타난다. 그 시기라면 약포의 나이도 21세 또는 25~26세가 되는 때이니 제대로 된 학문을 강론하기에 적절하다고 할 수 있다. 약포의 「연보」에서 이렇게 기록해 두고 있는 것은, 약포가 퇴계의 문하생 중에서 상당히 이른 시기에 급문한 제자라는 사실을 강조하기 위한 것일 수도 있고, 그 뒤의 왕래 사실을 추가로 기록하지 않은 것은 특기할 사항이 없었기 때문이기도 할 것이라고 추측할 수 있다. 이와 같은 것은 「연보」의 일반적인 기록방식이기도 하다. 약포는 아마도 과거에 급제하여 벼슬길에 나가는 33세 때까지 기회가 되는 대로 퇴계를 찾았을 가능성이 매우 높다고 보아야 할 것이다.

약포가 퇴계를 스승으로 섬긴 사실은 그 자신이 남긴 「제퇴계선생문祭

退溪先生文」에서 확인할 수 있다. 이 제문은 "융융경오년隆慶五年 세차신미歲次辛未 삼월임술삭三月壬戌朔 십팔일기묘十八日己卯"라고 시작하고 있으므로 선조 4년(1571) 3월 18일에 지은 것임을 알 수 있다. 퇴계는 1570년 12월 8일에 세상을 떠났으므로 사후 100일째, 그리고 장례를 치루기 사흘 전에 제를 드린 셈이다. 여기서 그는 "소자는 옷깃을 걷고서, 일찍이 친히 가르침 받았습니다. 은혜는 공부자와 같으신데, (저의) 예는 단목端木[18]에 부끄럽습니다. 애오라지 작은 예물 드리니, 눈물이 샘처럼 흐릅니다"(小子摳衣, 夙承親炙. 恩同尼父, 禮愧端木. 聊奠菲薄, 淚落如泉)[19]라고 하였다. 약포는 스스로 일찍부터 퇴계에게서 가르침을 받아 스승으로서의 은혜가 공자와 같다고 묘사하고 있다. 그런데 제문 중에 "세월은 쉬이 흘러, 스승의 모습 점차 아득합니다"(日月易流, 儀形漸邈)라는 구절이 바로 위의 문장 앞에 있다. 가만히 음미해 보면, 이 말은 스승이 돌아가신 지 100일이 지나니 모습이 아득해진다고 표현한 말일 수도 있지만, 다르게 본다면 스승을 만나 뵌 뒤로 세월이 너무 빨리 흘러서 그 모습도 아득하다는 의미로도 읽을 수 있다.

이 제문의 시작에서 약포는 퇴계를 다음과 같이 묘사하였다.

(스승의 학문은) 북송의 도학에 소급하셨고, 공자의 근원을 궁구하셨습니다. 도는

---

18) 여기서 말한 端木은 공자의 제자 子貢을 말한다. 자공은 많은 재물을 모아 공자의 궁핍한 생활을 도왔으며, 공자 사후 제자들이 삼년상을 치루고 헤어졌는데 그는 홀로 스승의 은혜를 잊지 못해 또다시 삼년상을 더하여 모두 6년상을 치룬 사실에 빗대어, 자신을 질책하고 있는 것이다.

19) 『약포집』, 「제퇴계선생문」, "隆慶五年, 歲次辛未, 三月壬戌朔, 十八日己卯, 門人鄭琢, 謹以酒果, 敬告于退溪先生之靈. 唯靈, 遡波伊洛, 窮源洙泗, 道尊德崇, 所立卓爾, 三韓千戴, 吾道在是, 緬惟平日, 進退由義, 志與時違, 云何旰矣. 陶山峩峨, 下有洛水, 沄沄其流, 萬古不止, 宅幽勢阻, 退溪之涘, 于以棲遲, 丘壑之美, 滿架圖書, 百年計活, 風月無邊, 庭草濃綠, 謂享遐壽, 永爲依歸, 云胡一疾, 與世長辭, 日月易流, 儀形漸邈. 小子摳衣, 夙承親炙. 恩同尼父, 禮愧端木. 聊奠菲薄, 淚落如泉. 不昧者存, 庶紆格焉, 嗚呼哀哉."

높이고 덕은 숭상하여, 이루신 바가 우뚝하였습니다. 우리 삼한의 천년 역사에서, 이 도는 스승에게 있습니다. 가만히 생각건대, 나아감과 물러남이 의에 말미암았습니다.[20]

퇴계의 학문이 북송의 도학과 공자의 원시유학에 연원하였음을 먼저 밝히고, 그로 인하여 당세의 종사가 되었음을 말하였다. 그리고 무엇보다도 퇴계의 출처가 의에 합당하였다고 말하고 있는 점이 돋보인다. 약포의 눈에 비친 퇴계는 학문과 출처가 아울러 온전하였다는 것이다. 퇴계 출처의 온전함이 '의義'에 말미암았다는 표현은 깊이 음미할 필요가 있다고 보인다. '의'는 당시 상황에서 본다면 남명의 사상을 대표하는 개념이기 때문이다. 약포는 퇴계와 남명에게서 하나의 같은 맥락을 본 것은 아닐까! 대과에 급제하여 벼슬에 나아간 퇴계의 출처와 대과를 포기하고 처사의 길을 택한 남명의 출처가 다르지 않다고 본 것이리라.

그보다 앞서 퇴계가 세상을 떠나고 열흘 뒤에 부음이 조정에 도착하자, 선조는 그날 바로 퇴계를 영의정으로 추증하였다. 그리고 사제문을 내린 것으로 보이는데, 그 사제문을 또한 바로 약포가 지었으니 「판중추이황사제문判中樞李滉賜祭文」[21]이 그것이다. 당시 약포는 홍문관수찬으로

---

20) 遡波伊洛, 窮源洙泗. 道尊德崇, 所立卓爾. 三韓千戴, 吾道在是. 緬惟平日, 進退由義.
21) 『약포집』, 「판중추이황사제문」, "唯卿. 受天間氣, 爲世眞儒. 上希孔顔, 下效程朱. 精思力踐, 學以爲己. 曰明曰誠, 唯敬與義, 兩進來持, 從事於是. 念我東國, 聖學久絶. 名儒數家, 雖或有作, 學問之方, 至卿更明. 博而又約, 庶幾大成. 上接不傳, 下啓羣蒙, 一洗固陋, 爲道學宗. 士有定向, 人知致力. 待後不渴, 君子之澤, 天篤生卿, 將欲有爲, 志薀經濟, 未及設施, 斯文不幸, 天意難知, 早年筮仕, 宦情如寄, 辭退多時, 在朝無幾, 先后末年, 求賢側席, 卿來應召, 遽見遏密, 寡昧踐祚, 幡然又起, 蒼生顒望, 士林注意, 予倚爲重, 求治方急, 卿復辭疾, 乞退彌切, 皎皎白駒, 邈焉難縶, 兼善一世, 卿豈無志, 親賢乏誠, 寔予之恥, 然予所冀, 庶復戾止, 祐予寡躬, 底治于美, 天不愁遺, 胡寧忍此, 追惟經幄, 面承忠告, 經世大典, 傳心要法, 爲予諄諄, 言猶在耳, 圖序古訓, 一貫其旨, 疏陳治道, 條有十六, 示

있으면서 이 글을 지었다. 여기서 퇴계의 학문과 특징을 다음과 같이
서술하고 있다.

생각건대 경卿은 하늘의 드문 기운을 받아, 세상의 참된 유학자 되었네. 위로는 공자·
안자 희구하고, 아래로는 정자·주자 본받았다. 정밀히 사색하고 힘써 실천하여, 위기為
己로써 학문하였네. 명덕과 성의이며, 오직 경이요 의였으니, 두 갈래로 나아가고 두
가지를 함께 지녀, 여기에 종사했네. 생각하니 우리 동국에는 성학聖學이 오래 끊어졌었
네. 이름난 선비 몇몇 있고, 비록 가끔 업적 있었지만, 학문의 방법은 오직 경이 다시
밝혔다. 박문博文하고 약례約禮하여 거의 대성大成을 이루었네. 위로는 끊어짐을 이었
고, 아래로는 중생의 몽매함을 열었으니, 한 번 고루함을 씻어내어, 도학의 종사가
되었도다. 선비들 정한 방향 있게 되고, 사람들 힘쓸 곳 알게 되었다.22)

여기서도 약포는 퇴계가 공자와 안자로부터 계승된 정자와 주자의
학문을 이어받아 우리 동방 도학의 종사가 되었다는 점을 분명히
하고 있다. 여기서 주목할 내용은 "정밀히 사색하고 힘써 실천하여,
위기為己로써 학문하였네. 명덕과 성의이며, 오직 경이요 의였으니,
두 갈래로 나아가고 두 가지를 함께 지녀, 여기에 종사했네"라는 구절이
다. 퇴계의 학문이 위기지학이었으며, '명덕'과 '성의'의 이론적 탐구와
'경'과 '의'의 실천적 수양을 함께 갖추었다고 본 것이다. 경과 의를
더불어 언급하는 인물은 통상적으로 남명이 거의 유일한 경우인데,
약포는 퇴계에게 경과 의를 더불어 언급하였다. 이 또한 처사로 살아간

予周行, 望予體察, 卿之忠愛, 至此極矣. 能自得師, 予有所恃, 頃在冬抄, 聞卿病革, 予心
殷憂, 庶可救藥, 遣醫未幾, 訃來亟且, 梁折山頹, 天實喪予, 旣令近侍, 遙奠靈室, 繼遣禮
官, 酹此洞酌, 不昧者存, 卿其來格, 嗚呼哀哉."
22) 唯卿, 受天間氣, 爲世眞儒. 上希孔顏, 下效程朱. 精思力踐, 學以爲己. 曰明曰誠, 唯敬與
義, 兩進來持, 從事於是. 念我東國, 聖學久絶. 名儒數家, 雖或有作, 學問之方, 至卿更明.
博而又約, 庶幾大成. 上接不傳, 下啓羣蒙, 一洗固陋, 爲道學宗. 士有定向, 人知致力.

남명의 경과 의가 벼슬길에 나아간 퇴계의 경과 의와 다르지 않다고 본 것이라고 할 수 있다. 약포에게 남명과 퇴계는 그 삶의 길이 다르기는 하여도 학문과 처세의 궁극적 지향점은 다르지 않은 두 스승이었던 것이다.

한편, 퇴계도 약포에게 보낸 편지가 있었다. 스승으로서 제자에게 보낸 당부의 뜻이 담긴 편지 두 통의 내용이 약포의 「연보」에 수록되어 있다.

38세조 : 명례방明禮坊에 터를 잡아 우거하였다. 퇴계 이 선생이 글을 보내 말하기를 "들으니 남산 아래 아름다운 정원을 점지하여 얻었다고 하는데, 벼슬에서 물러나 소요하면서 속세의 먼지와 얽매임을 쓸어버리려고 생각하니 경하할 일이다. 그러나 긴요한 일은 또한 여기에 있지 않으니 이것도 알지 않으면 안 되는 것이라 운운"하였다. 모두 학문을 면려하는 뜻에서 나온 것이다.[23]

40세조 : 성균관전적에 오르고 사간원정언에 발탁되어 제배되었다. 퇴계선생이 글을 보내어 축하하여 말하기를 "그대가 이제 미원薇垣에 들었으니 오래된 벗으로 축하하오. 그러나 그 책임이 또한 가볍지 않을 것이니, 이에 면려하고 이에 신중하여 시대 사람들의 바람에 부응하기 바라네"라고 하였다.[24]

약포가 38세 때에 퇴계는 63세였다. 이때는 약포가 벼슬에 나아간 지 5년 만에 물러나 우거하고 있었던 셈인데, 퇴계의 글이 뜻하는 바가 꼭 학문을 면려하는 것뿐이었다고 할 수 있을까! 학문의 면려와 더불어 국가와 백성을 위해 관직에서 해야 할 일이 있다는 의미도 담지 않았을까!

---

23) 卜寓居于明禮坊. 退溪李先生有書曰, 聞占得佳園於南山下, 想退食逍遙, 消遣塵勞, 可賀. 然緊要處, 亦不在此, 此不可不知云. 蓋出於勉學之意也.
24) 陞成均館典籍, 擢拜司諫院正言. 退溪先生以書賀曰, 君今入薇垣, 交舊相賀. 然其憂責亦不輕, 且勉且愼, 以副時望云.

40세 때의 편지는 미원(사간원)의 정언으로 발탁된 것을 축하하면서 그 책임이 막중함을 일깨우고 있다. 사간원정언이라는 벼슬은 실로 요직이라고 할 수 있기 때문이다. 이런 요직에 제자가 부임한 것은 퇴계의 입장에서도 매우 기분 좋은 일이었을 것이다.

약포가 남명을 스승으로 섬긴 사실은 그의 「연보」 36세조에 다음과 같이 기록되어 있다.

옮겨서 진주교수를 제수 받았다. 선생이 진주에 있을 때에 남명 조 선생을 따라서 놀았는데 깊이 추허推許함을 입었고, 벽립천인의 기상을 볼 수 있었다. 그런 까닭에 선생의 (벼슬길이) 처음부터 끝까지 절개를 온전할 수 있었던 것은 대개 이에서 얻음이 있다고 말한다.25)

36세에 성천교수를 거쳐 진주교수로 부임한 약포는 곧 덕산의 산천재로 남명을 찾아간 것이다. 이해에 환갑을 맞이하여 남명은 합천 삼가에서의 생활을 정리하고 비로소 산청의 덕산으로 이주하였다. 일찍부터 만년을 갈무리할 장소로 점찍어 두었던 곳이었는데, 마침 이때에 약포가 찾아와 제자의 예를 갖추었던 것이다.

남명과 약포 사이에는 재미있는 일화가 전한다. 약포가 진주교수를 이임하게 되어 인사차 남명을 방문하였다. 인사를 마치고 떠나는 그에게 남명은 "우리 집 뒤뜰에 소 한 마리가 있으니 끌고 가게"라고 하였다. 약포는 어리둥절해졌다. 선생에게는 소도 없었을 뿐만 아니라 있다고 해도 받아야 될 이유가 없었기 때문이었다. 그러자 남명이 말하기를 "그대는 말과 의기가 지나치게 빠르니, 느리고 둔한 것이 오히려 멀리

---

25) "移授晉州敎授. 先生在晉日, 從南冥曺先生游, 深被推許, 見得壁立千仞氣像. 故先生之始終全節, 蓋有得於此云."

갈 수 있는 것만 못하다네"라고 하였다. 약포는 이 말에서 깊은 가르침을 얻은 것으로 되어 있다.[26] 사관의 평에서, 그가 조정에서 '건백'한 것이 없다는 말이 나온 것도 어찌 보면 이때의 남명이 준 이 가르침을 평생 잘 실천하였기 때문이라고도 할 수 있지 않을까. 그가 본 남명의 '벽립천인'의 기상은 그에게 적지 않은 영향을 주었던 것이며, 이로 인하여 그는 한평생 절개를 온전히 할 수 있었다고 하니, 약포에게 끼친 남명의 영향은 결코 적지 않은 것이었다.

약포가 남명을 스승으로서 지극히 섬겼다는 사실은 『남명별집』의 「사우록」에 수록된 '정약포정간공'의 다음과 같은 기록에서도 확인할 수 있다.

> 자정과 오자강은 사귐이 가장 깊었고 일찍이 같이 남명선생을 섬겼다. 병인년에 남명이 소명에 응하여 나아갔을 때 자정은 한강으로 나아가 영접하였고, 숙배를 마치자 자정은 장막을 설하고 모시고 앉았으니 그 제자의 예를 차림이 이와 같았다.[27]

남명이 66세 되던 해 즉 명종 21년에 단 한 번 임금의 부름에 응하여 포의로 명종을 만났는데, 이때 남명이 상경했을 당시 한강변에 수많은 사람들이 운집하여 그를 영접하였다는 기록은 여러 곳에서 찾을 수 있다. 또한 남명이 다시 돌아가기 위하여 한강 가에 이르렀을 때에는 장막을 설치하고 많은 사람들이 모여 전별하였다고 되어 있는데, 당시 조정에서 벼슬하던 남명의 제자들은 물론이고 여러 사족들도 모였다고

---

26) 이 일화는 『남명집』의 「행록」에도 수록되어 있고, 『연려실기술』 권18 「선조조 고사본말」 '상신정탁조'에도 수록되어 있다. 이 이야기는 당대에 이미 널리 회자되어 유명해진 듯하며 아마도 실화에 기인했을 가능성이 높은 것으로 보인다.
27) 子精與吳子强, 交道最深, 嘗共事南冥先生. 丙寅, 南冥赴召時, 子精出迎江上, 及肅拜, 子精設依幕侍坐, 其執弟子之禮如此.

전한다. 이때 약포는 남명이 상경할 당시에도 영접을 나왔고, 그가 돌아갈 때도 배웅을 나왔음을 알 수 있다. 또한 '곁에서 모시고 앉았다'고 하였으니 남명학파에서의 약포의 위상을 알 수도 있다.

남명의 부음을 들은 약포는 「만조남명선생輓曺南冥先生」을 지었다.

경앙하는 조 선생이시여! 산림에 거하면서 도를 스스로 높였습니다.
세 임금님의 부름을 끝내 사양하시고, 일단손一簞飧의 즐거움을 고치지 않았습니다.
엄릉嚴陵의 절개를 일으켜 세우시고, 가의賈誼의 말로 다스림 편히 하셨습니다.
두류산 만인萬仞의 높이로 우뚝하고, 스승께서는 천년토록 전형이 되시었습니다.[28]

약포는 남명을 '경앙'한다고 하였고, 도를 스스로 높인 인물로 보았다. 평생 처사의 길을 택하여 가난한 삶을 산 것을 기리면서, 엄릉과 가의에 비유하여 그 공적을 평가하였다. 엄릉은 절개로, 가의는 당대 최연소로 박사가 되어 예악 등의 제도를 개정한 인물로 유명하다. 남명의 절개는 엄릉에 비견되고, 예제를 정비하여 향촌을 교화시킨 공은 가의에 비유되는 정도라고 하였다. 벽립만인의 기상으로 역사의 전형이 되었다고 하였으니 극찬을 하였다고 하겠다.

반면에 남명이 약포에게 준 글은 세 편의 간찰에 전하고 있다. 그것도 약포 개인에게 준 것이 아니라 덕계 오건(1521~1574)과 더불어 같이 준 서찰이다. 『남명집』에 수록된 「여자강자정서」 세 편이 그것이다.[29] 자강은 오건의 자이고, 자정은 정탁의 자이다. 덕계는 약포보다 다섯 살

---

28) 『약포집』, 권1, 「제조남명선생」, "景仰曹夫子, 林居道自尊. 終辭三聘幣, 不改一簞飧. 扶起嚴陵節, 治安賈傳言. 頭流萬仞立, 千載典刑存."
29) 남명이 약포에게 보낸 편지는 실제로 이보다 훨씬 많았을 것이다. 임진왜란으로 인하여 남명의 글은 거의 다 일실되었고, 문집에 포함된 글들은 전란 후에 겨우 여기저기서 수습해서 넣은 것이 대부분으로 알려져 있기 때문이다.

연장이며 남명문인 중에서도 나이가 가장 많은 인물이면서 일찍부터 벼슬길에 나아갔고, 약포는 남명의 만년 제자이면서 벼슬길에 나아가 당시에는 중앙의 내직을 역임하고 있었다. 그들은 남명과 퇴계에게 같이 급문한 공통점도 있고, 또한 두 문하에서 가장 연장자에 속하는 인물들이며, 나아가 남명과 퇴계가 세상을 떠나기 전에 벼슬길에 나아가 일정한 지위에까지 오른 점에서도 유사점이 있다. 무엇보다도 그 둘은 생전에 깊은 교유관계를 가지고 있었다.

『남명집』에 실린 둘에게 보낸 첫 편지는 아마도 1568년 10월 27일에 쓴 것인 듯하다.[30] 이 편지에는 당시에 사회적으로 크게 물의를 일으켰던 진주의 '음부사건'에 대한 구체적인 내용을 적고 있다. 이 일은 남명이 구암 이정(1512~1571)과 오랜 친분을 끊고서 절교에까지 이르게 된 사건이었다. 구암은 퇴계의 문인으로 등재되어 있으면서, 『퇴계집』에는 그에게 보낸 편지가 가장 많은 수를 헤아리고 있다. 남명과는 종유한 것으로 되어 있으나 사실상 그는 남명을 퇴계와 같은 수준으로 높이 보고 있었던 것으로 판단된다.[31] 그러면서 만년에 은퇴하여 남명과 이웃하여 지내기로 하고서 산천재 건너편에 집까지 미리 지어 두고 있었던 것인데, 이 일로 인하여 남명이 절교를 선언하면서 그는 그 집에서는 단 하루도 살아보지 못하고 음부옥사가 일어난 지 3년 뒤에 세상을 떠났다.

남명은 이 편지에서 그 옥사의 전후시말을 소상히 적고서 말미에 "환난 과 길흉은 붕우 사이에 서로 알아야 할 일이기에 감히 언급하였다"라고

---

30) 이 편지의 말미에는 10월 27일이라고 되어 있다. 그런데 이 편지에서 다루고 있는 내용은 이른바 '음부사건'이고, 이 사건이 옥사로 다루어진 해가 무진년이 므로 이렇게 추정한다. 편지 내용 중에 '신임감사가 부임하여' 라는 구절이 있는 것으로 봐서도 그해에 정유길이 경상감사로 부임했기 때문에 연도가 일치한다.
31) 오이환, 「대관대 연기」, 『남명학의 새 연구』상(한국학술정보 주, 2012) 참조. 음 부사건에 대한 개략적인 전말도 이 논문에 수록되어 있다.

하였다. 그리고 다시 "공들이 이 앙화를 누그러뜨리려고 하지만 이미 손을 쓸 곳이 없게 되었으니 어찌하겠습니까?"라고 하였다. 남명으로서는 이 음부사건에 대해 구암이 세 차례나 입장을 번복하였으므로 그가 음부와 내밀한 뒷거래가 있었을 것이라고 지적하면서 자신의 입장이 정당함을 주장한 것이다. 그리고 덕계와 약포를 붕우로 칭하면서 '환난과 길흉을 서로 알아야 할 사이'로 표현하고 있다. 당시에 그 둘은 중앙에서 벼슬하고 있었으므로 사실상 남명을 위하여 일정한 변호의 역할을 할 수 있을 것으로도 기대한 듯하다. 그들이 남명을 위하여 모종의 역할을 하고자 했던 사실을 읽을 수 있기 때문이다. 이 일은 『실록』에서도 언급하고 있거니와 그 평은 누구에게도 호의적이지 않았다.

이 사건이 일어난 때는 선조가 즉위한 해로, 선조는 즉위하자마자 남명에게 벼슬을 제수하였다. 그러나 남명은 여전히 벼슬에 나아가지 않으면서 상소문을 올렸는데, 그것이 또한 남명의 이름을 역사에 남긴 유명한 「무진봉사」이다. 「무진봉사」란 임금만이 직접 개봉하여 읽어 보도록 올린 상소문으로, 그 주요 내용은 새로 등극한 임금에게 치도의 요체를 진언한 것이면서 동시에 당대 사회의 큰 병폐를 지적하여 이른바 '서리망국론'을 펼친 것이다. 이후 남명의 '서리망국론'은 『실록』에서 종종 언급되는 테마가 되었는데, 남명의 탁견을 높이 평가하고 있음을 볼 수 있다. 이 당시 남명은 음부사건으로 국문을 받게 될지도 모르는 처지에 놓인 신세가 되기도 하면서, 한편으로는 선조로부터 부름을 받아 벼슬이 제수되기도 하는 등 변화가 불측한 시기였다고 하겠다. 이러한 시기에 조정에 있는 두 제자에게 편지를 보내어 자신의 신세를 하소연하고 있다는 점에서 덕계와 약포가 남명에게 지니는 비중을 가늠해 볼 수 있다.

남명이 그들에게 보낸 두 번째 편지[32]에서는 우선 안부를 묻고, 그 둘 모두 외직을 구하고자 하였으나 뜻대로 되지 못하고 오히려 '논사論思의 자리'(홍문관, 사헌부, 사간원 등 侍從臣의 벼슬)에 있게 되었음을 언급한 다음, 마지막으로 이제는 늙어서 죽을 날만 기다리는 자신에게 연이어 두 번이나 조정에서 벼슬을 제수하는 일이 부당함을 강조하고 있다. '일흔 살에 벼슬에 나아가는 것이 잘못'이라고 한 표현과 "그런데 오히려 이런 천거를 하였으니 과연 무슨 생각에서였습니까?"라고 한 것으로 보아, 덕계와 약포도 남명의 천거에 일조를 한 것으로 생각할 수 있다. 아니면 그들이 논사의 자리에 있으면서 남명을 천거하는 것이 부당함을 간언하지 못한 일을 은근히 질책하는 말일 수도 있다.

세 번째 편지[33]에서는 두 번째 편지와 마찬가지로 보내준 새해의 책력을 잘 받았다고 사례한 뒤 그들의 안부가 편안함에 기뻐하고 자신의 병이 갈수록 깊어짐을 말하고 있다. 이어서 덕계가 포조逋租와 포졸逋卒의 일[34]을 논의한 사실을 칭찬하고, 약포가 외직을 구했으나 내직에 머물게 된 사실에 대해 동료들로부터 버림받지 않은 것이라며 기뻐하고 있다. 그리고 여전히 시대가 벼슬길에 나아가기 어렵기가 지금 같은 때가 없었다면서 한탄하고, 죽을 날을 기다리는 자신은 이제 이런 걱정도 더 할 필요조차 없다고 하고 있다. 남명은 자신의 시대를 벼슬길에 나아가기 어려운 시대로 보았다. 그런 중에서도 제자인 덕계와 약포가 조정에서 자신의 직분을 잘 수행하고 있음에

---

32) 이 편지는 남명의 나이 일흔이 되던 해인 1570년(경오) 2월 15일에 쓴 것으로 나타난다.
33) 이 편지는 남명의 나이 일흔한 살이 되던 해인 1571년(신미) 정월 초5일에 쓴 것으로 나타난다.
34) 거주지를 버리고 도망한 호구의 미납한 조세와 군역을 피해 도망간 사람의 문제를 가리킨다.

대해 고마워하고 있음을 볼 수 있다.

　남명에게 있어 약포는 덕계와 마찬가지일 정도로 기대가 큰 제자였던 것이다. 어쩌면 그 둘 모두 퇴계의 문하에도 나아갔던 인물이었음으로 더욱 각별한 애착을 가졌는지도 모를 일이다. 퇴계는 1570년 12월에 세상을 떠났고, 남명은 이 세 번째 편지를 쓰고 난 뒤 1년 정도 지난 1572년 2월 8일 세상을 떠났다.

3. 약포의 교유, 퇴계학파와 남명학파

　약포는 평생 관료의 삶을 살았다. 따라서 학문을 함께 연마한 벗이 많은 것으로 나타나지 않는다. 오늘날 그의 문집을 통해 볼 수 있는 바로는, 젊은 시절부터 퇴계의 문하에서 만난 동문인 설월당 김부륜(1531~1598)과 월천 조목(1524~1606), 그리고 백담 구봉령(1526~1586)은 평생의 지기로 지낸 벗이며, 서애 유성룡(1542~1607)과 학봉 김성일(1538~1593)은 15살 전후의 후배들이면서도 가깝게 지낸 인물이다. 한편, 남명의 문인에서는 덕계 오건과 동강 김우옹(1540~1603) 등과 교유가 깊었던 것으로 나타난다. 그 중에서 우선 조목과의 교유에 대해서 살펴본다. 『선조실록』에는 다음과 같은 내용이 있다.

　　삼공三公과 이조吏曹가 같이 의논하여 이조의 낭청郎廳이 아뢰기를, "암혈巖穴에 은둔한 선비는 신들이 아직 들은 바가 없으므로 감히 논천論薦할 수 없으나, 우선 지금 학행學行이 두드러지게 알려진 전 참봉參奉 조목趙穆, 학생學生 이지함李之菡, 생원生員 정인홍鄭仁弘, 학생 최영경崔永慶·김천일金千鎰 5인을 초계抄啓합니다. 이 사람들에게 관례에 따라 참봉參奉의 말직末職을 준다면 각별히 거두어 쓰는 뜻에 맞지 않을 듯하니, 참상參上의 상당한 벼슬을 제수하는 것이 어떠하겠습니까?" 하니, 아뢴 대로 하라고 전교하였다.[35)]

유일을 천거하는 논의에서 조목, 이지함, 정인홍, 최영경, 김천일 등 5인이 추천 대상이 되었다는 내용이다. 여기에 거론된 인물 중에서 조목 혼자 퇴계의 제자이고, 이지함·정인홍·최영경 등 세 사람은 남명의 제자이다. 이 추천에 따라 네 사람은 6품직을 제수 받았는데 조목은 상중이라 제외되었다. 이후 조목은 여러 차례 벼슬에 제수되어 때로는 나아가기도 하고 때로는 부임하지 않기도 하였다.

이런 조목을 『선조실록』의 사신평에서는 "사람됨이 학문에 힘쓰고 행실이 독실하여 가난을 편안히 여기고 곤궁함을 잘 견디었다. 이황李滉에게 배워 강명講明하여 발휘한 공이 많았는데, 문인들이 미칠 수 없었다[36)]라고 하였다. 조목의 사후 광해군 때에는 다음과 같은 기록이 『광해군일기』에 나타나는데, 몇 가지 측면에서 주목할 필요가 있다.

> 사간원이 아뢰기를, …… "고 참판 조목趙穆은 이황과 동향 사람으로 어릴 적부터 스승으로 섬겨 머리가 세어서도 게을리하지 않아 마침내 그의 도를 터득하여 강좌江左의 영수가 되었습니다. 이 사람이 죽자 이황의 학문이 전하지 않아 선비된 사람이 본받을 곳이 없어서 배우는 것이라고는 글 짓는 것과 외우는 것에 지나지 않으니 다시는 옛날의 강좌가 아닙니다. 지난번 조정이 본도 유생의 요청에 따라 조목을 이황의 사당에 종사從祀하게 하였으니, 사제문賜祭文을 내려 어진이를 존경하고 도학을 중시하는 뜻을 보여야 하겠습니다. 해조로 하여금 상세히 살펴서 거행하도록 하소서" 하니, 답하기를, "이미 유시하였다. 조목에게 사제賜祭하는 일은 아뢴 대로 하라" 하였다.[37)]

---

35) 선조 6년 계유(1573, 만력 1) 6월 3일(신해)조.
36) 선조 28년 을미(1595, 만력 23) 9월 24일(계사)조.
37) 광해군 6년 갑인(1614) 11월 25일조.

이 내용은 조목이 퇴계의 학문을 이어받은 적전으로서 그 위상이 마침내 퇴계 이후 강좌의 영수가 되었음을 역설하고, 그로 인하여 조목이 퇴계를 모신 도산서원에 종사되었으니 사제문을 내려 그에 대한 존경의 뜻을 보여야 한다는 것이다. 그런데 더욱 주목할 내용은 그 뒤에 있는 사신의 다음과 같은 평이다.

> 조목은 이황의 훌륭한 제자이다. 항상 유성룡柳成龍의 화의和議를 그르게 여겼고 또 이산해李山海와 오래 전부터 사귀어 서로 친하였기 때문에 영남 사람 중에 혹자는 조목과 유성룡의 사이가 나쁘다고 말하나, 사실이 아니다. 이때에 이르러 예안禮安 사람 이강李茳 등이 주창하여 "조목은 곧 정인홍의 동지로서 이황의 사당에 종사되었다"라고 말하였기 때문에 대간의 이 아룀이 있게 된 것이다. 이로부터 안동·예안 사이의 사람들이 대부분 인홍에게 빌붙어 과거에 합격하고 명관名官이 되었기 때문에 식자들은 조목을 위하여 부끄럽게 여기었다.[38]

조목이 퇴계의 뛰어난 제자라는 사실을 먼저 강조하고 있다. 결국 이 평에서 강조하고 싶은 바는 조목이 훌륭한 인물로서 퇴계의 도산서원에 종사되기에 조금도 하자가 없다는 것이다. 단지 광해군 재위 때 정인홍이 이끄는 북인정권 아래서 종사된 사실을 두고 그를 폄하하는 무리가 있었기에, 그러한 논의를 종식시키기 위하여 사제문을 내리도록 청했다는 것이다. 더불어 광해군 때에 안동과 예안지방 사람들 중 당시 북인정권에 빌붙어 벼슬에 나아간 자들이 많았기 때문에 더욱 조목에게 부끄러운 일이라고 하고 있다.

오늘날까지 도산서원에는 퇴계의 문인 중에서 오직 월천 조목만이 종사되고 있는데, 이와 같은 결정이 광해군 당시에 내려진 것은 사실이다.

---

38) 『광해군일기』, 6년 갑인(1614) 11월 25일조.

또한 당시 덕천서원에는 수우당 최영경이 배향되기도 하였다. 월천과 수우당은 퇴계와 남명의 고제일 뿐만 아니라, 내암 정인홍과도 밀접한 교유관계가 있었던 것으로 추정된다. 내암이 지은 수많은 비문류의 글 중에서 현재까지 온전히 서 있는 것이 오직 「수우당묘갈명」뿐이라는 사실은 그 방증자료의 하나가 될 것이다.

월천도 내암과 상당한 교분이 있었다는 사실을 추정할 수 있는 것은 위의 글 중의 "항상 유성룡柳成龍의 화의和議를 그르게 여겼고 또 이산해李山海와 오래 전부터 사귀어 서로 친하였기 때문에 영남 사람 중에 혹자는 조목과 유성룡의 사이가 나쁘다고 말하나, 사실이 아니다"라는 구절 때문이다. 임진왜란에 대응하는 자세에서 유성룡은 화의를 주장하였고, 의병을 일으켜 왜란이 끝날 때까지 싸운 내암은 왜적과 끝까지 싸울 것을 주장하였다. 그 결과 임진왜란이 끝난 후 정인홍과 그를 따르는 인물들이 화의를 주장한 유성룡을 탄핵하여 '주화오국主和誤國'이라는 명분으로 결국 삭탈관직에까지 이르게 하였다. 조목도 이 문제에 대해서는 유성룡과 입장이 달랐으니, 어찌 보면 끝까지 결사항전을 주장한 내암의 편을 옹호한 셈이 된다고 할 수 있다. 그러나 위의 인용문에서 말하고자 하는 바는 하나의 문제에 대한 관점의 차이로 동문수학한 조목과 유성룡의 사이가 나빠질 정도는 아니라고 하는 것이다.

현재 『약포집』을 보면, 시는 설월당 김부륜과 주고받은 것이 가장 많고, 편지는 월천 조목과 주고받은 것이 가장 많다. 물론 약포의 시나 편지도 대부분 일실되고 수습되어 문집에 실린 것은 극소수임을 알 수 있다. 유성룡과의 관계를 알 수 있는 글로는 「만서애상국대부인輓西厓相國大夫人」이 있는데, 어진 아들이 삼공의 지위에 올랐으며 오복을 온전히 갖추었다는 내용을 담아, 둘 사이의 교분이 두터웠음을 나타내고 있다.

학봉 김성일과의 관계는 「여김사순성일與金士純誠一」이란 편지가 한 편 수록되어 있는데, 안부를 물으면서 시사時事의 어려움을 이야기하고 있는 이면에 후배를 걱정하는 마음이 깔려 있음을 볼 수 있다.

약포가 교유한 퇴계학파의 인물 중 동갑으로 같은 마을 출신이면서 그의 숙부인 정이흥에게서 함께 수업한 백담 구봉령은 남명과의 특별한 인연을 가지고 있다. 그는 약포의 가장 절친한 친구라고도 할 수 있다. 선조가 즉위하여 남명에게 벼슬을 연이어 내렸는데, 남명이 응하지 않고 사직상소를 올리자, 이에 교지를 내리게 되었다. 그 교지는 벼슬에 나오지 않는 재야의 선비에게 내리는 것으로서는 상당히 장문의 교지였다. 그런데 이 교지의 작성자가 바로 구봉령이었던 것이다. 그는 35세에 별시 장원을 하고 전시에서 2등을 하였으며, 39세에는 정시에서 또 장원을 한 수재였다. 벼슬 또한 홍문관과 예문관에서 많이 역임했으며, 이 교지를 작성할 당시는 아마도 42세 때(1567)로서 이조좌랑에 재직하고 있었을 가능성이 높다고 보인다. 이 교지는 정묘년(1567) 11월 16일에 내린 것으로 되어 있기 때문이다. 그는 왕실의 문서를 작성하는 지제교知製敎를 겸하고 있는 경우가 매우 많았으니, 이는 당대 그의 문장에 대한 평가를 짐작할 수 있는 것이다.

남명이 세상을 떠난 후에 선조는 사간원대사간에 추증하고 예조좌랑 김찬을 보내어 제사를 지내게 하며 「사제문」을 내린다. 이때의 사제문은 당대의 명문장이자 이른바 동서분당의 실마리가 되었던 심의겸이 지었는데, 그 문장의 많은 부분이 바로 구봉령이 정묘년에 지은 교지의 내용과 유사하다는 특징을 찾을 수 있다.[39) 구봉령이 이미 지은 교지의

---

39) 김경수, 「「사제문」 세 편에 나타난 남명의 특징」, 『동양문화연구』 제18집(동양
  문화연구원, 2014) 참조.

내용이 그만큼 남명을 잘 형용하고 있었다는 반증이라고 할 수 있다. 이 교지의 첫머리는 다음과 같이 시작하고 있다.

왕이 말씀하시기를, 아! 강물을 건너려면 반드시 주즙舟楫을 갖추어야 하고 큰집을 지으려면 마땅히 동량棟樑을 마련해야 한다. 예부터 천하국가를 가진 이는 누가 대현大賢을 등용하지 아니하고 석학碩學을 임용하지 않고서도 능히 치도治道를 일으킨 이가 있겠는가! 그러므로 우리 선왕이 말년에 교화를 펼쳐 진심으로 다스림을 구하면서 어진 이를 좋아함에 정성스럽고 선비를 대접함에 예로써 하였다. 이에 백관百官에게 명하여 숨어 있는 어진 이를 찾게 하자 당시 특별히 교지教旨를 받고서 역마가 다투어 달렸으며 포의布衣로 등대登對할 때 고운 말씀이 간절하고 인도함이 지극했으니 대개 동국東國 이래로 일찍이 없었던 성대한 일이었다. 경성景星40)이 다투어 모였으나 백구白駒41)는 잡아매기 어려웠고 총애하여 벼슬을 겨우 더하자 구름 속으로 날개 이내 날아갔으니 깊은 마음은 실로 측석側席42)에서 쓰라렸고 참혹한 아픔은 결국 붕천崩天43)으로 지극했다.44)

명종 때에 남명을 등용하기 위하여 몇 차례 부름이 있었음을 말하고, 특히나 남명이 66세에 단 한 번 임금을 만났던 사실을 "포의布衣로 등대登對할 때 고운 말씀이 간절하고 인도함이 지극했으니 대개 동국東國 이래로

---

40) 景星은 德星 혹은 瑞星이라고도 하며 나라에 道가 있을 때 나타나는 상서로운 별이다.
41) 白駒는 賢人이나 隱士를 비유함. 『詩經』 「小雅」 '白駒'편에 나온다.
42) 側席은 임금이 賢人을 예우하기 위해 간절히 기다리는 자리를 말한다.
43) 崩天은 明宗의 昇遐를 말한다.
44) 『남명집』, 「선조교지」, "王若曰, 嗚呼, 濟川必待於舟楫, 構厦當資於棟樑. 自古有天下國家者, 孰有不登賢俊不任鴻碩, 而能興治道歟. 肆惟我, 先王季年, 更化勵精求理, 好賢有誠, 待士以禮. 爰命其僚, 搜揚遺逸賢, 於是時, 特膺, 宣旨, 郵傳交馳, 布衣登對, 溫語丁寧, 獎被崇至, 蓋自東國以來, 所未有之盛事也. 景星爭覩, 而白駒難縶, 寵秩纔加, 而雲翻還騰, 淵衷正軫於側席, 慘痛終極於崩天." 이 번역문은 이창호·김경수 엮음, 『남명의 자취』(글로벌콘텐츠, 2014), 165~168쪽에 수록된 것을 인용하였다. 이하의 인용도 마찬가지임을 밝힌다.

일찍이 없었던 성대한 일이었다'라고 표현하고 있다. 그렇지만 남명은 부름에 응하지 않았고 명종은 승하하였던 것이다.

즉위한 선조가 다시금 남명을 부르는 심정은 이렇게 묘사하였다.

내 이에 거스름을 초래하고 재앙을 당할까 두려워 조금이라도 선한 사람이나 잘난 선비가 있으면 생각건대 조정에서 모두 함께 다스리고자 하였다. 하물며 듣건대 높은 절의를 우뚝 세워 부귀를 가벼이 여기고 세속을 벗어나 홀로 가면서 세상을 경영할 재능을 지니고 유용한 학문을 쌓은 이에게 있어서랴! 그러므로 내 정성을 다하여 꿈속에서도 드러나니 바라건대 모자라고 어리석어 족히 더불어 큰일을 할 수 없다 하지 말고 번연히 한 번 일어나 나로 하여금 도를 펼치는 방책을 듣게 하고 선을 좇는 길을 더욱 넓히게 하라. 장악莊嶽에 두어 제齊나라 말을 배움에 설거주薛居州를 저버리지 말고45) 초려草廬에서 일어나 한漢나라 왕업을 도움에 제갈량諸葛亮을 본받는다면 곤궁해도 의를 잃지 않을 것이고 영달해도 도를 저버리지 않으리니, 어찌 유독 배운 바를 저버리지 않을 뿐이겠는가! 또한 선왕에게 받은 대접을 보답할 수 있을 것이다.46)

선조는 남명을 "높은 절의를 우뚝 세워 부귀를 가벼이 여기고 세속을 벗어나 홀로 가면서 세상을 경영할 재능을 지니고 유용한 학문을 쌓은 이"라고 하면서, "바라건대 모자라고 어리석어 족히 더불어 큰일을

---

45) 『孟子』「滕文公」 하편에 나오는 이야기로, 孟子가 宋나라 신하인 戴不勝에게 그대의 왕을 선하게 만들고자 한다면, 마치 楚나라 대부가 그 아들에게 齊나라 말을 가르치려고 할 때 그 아들을 齊나라의 거리인 莊嶽에 거처하도록 조치하듯이, 그대 왕의 주변에 있는 사람들을 모두 薛居州와 같은 선한 사람으로 교체하라고 권한 내용이다.

46) 「선조교지」, "玆予憂慄, 恐速戾于躬, 自取禍殃, 人有片善, 士有寸長, 思欲咸共理于朝. 況聞高義樹立卓異, 輕千駟脫世紛而獨往, 蘊經世之材, 而深有用之學哉. 肆予竭誠, 形諸夢寐, 幸毋以寡昧, 爲不足與有爲, 而翻然一起, 使予獲聞弘道之方, 益廣取善之路. 置莊嶽而學齊語, 無負居州, 起草廬而贊漢業, 庶效孔明, 則窮不失義, 達不離道, 豈獨無負於所學. 抑亦有以報知遇於先王也."

할 수 없다 하지 말고 번연히 한 번 일어나 나로 하여금 도를 펼치는 방책을 듣게 하고 선을 좇는 길을 더욱 넓히게 하라'라는 말로 자신을 도와줄 것을 간청하고 있다. 그리고 이렇게 하는 것이 곧 선왕에게 받은 은혜에 보답할 수 있는 길이기도 하다고 말하면서 은근한 압력을 가하고 있다. 그리고 교지의 말미에서는 "포륜蒲輪을 타고 용각龍閣에 올라 좋은 말과 곧은 의견으로 허물을 고치고 잘못을 바로잡으며 높은 기풍과 굳센 기개로 또한 세상에 모범되고 시속의 스승이 되어 내 못난 덕으로 하여금 실패의 길에서 벗어나게 하여줄 것을 이에 지극히 바란다"라고 하였다. 남명을 '높은 기풍과 굳센 기개'(高風峻槪)를 가진 인물로 평가하여 당대의 스승이 될 수 있다고 한 것이다.

유려한 문장으로 남명의 특징과 선조가 어진 신하를 부르는 뜻을 곡진히 드러내고 있다고 할 수 있는 교지이다. 그 당시 남명은 이미 출처대의의 엄정함으로 전국적으로 명성이 높았을 때이므로, 구봉령 또한 남명에 대해서는 익히 잘 알고 있었을 것이라고 생각된다. 그렇지만 퇴계의 문인으로서 백담이 이와 같은 정도로 남명을 높이 평가하고 있는 이면에는 혹시 약포와의 관계도 다소 작용하지 않았을까 짐작해 볼 수 있다. 동향 출신으로 당시 조정에서 함께 벼슬하고 있었던 두 사람이 자주 만났을 것은 자명한 사실이며, 그로부터 불과 4~5년 전에 남명을 만나 직접 큰 가르침을 받은 약포로부터 남명의 인물됨에 대한 이야기를 전해 들었을 것이라는 추측은 결코 억측만은 아닐 것이리라!

약포는 백담이 61세 환갑의 나이로 세상을 떠나자 애통한 심정으로 만시「만구백담봉령輓具柏潭鳳齡」을 지었다.[47] 여기서 그를 평가하는 표현

---

47) 『약포집』, 권1, 「輓具柏潭鳳齡」, "山立金聲間世姿, 瞻聆猶足起歆嘻. 立言可是垂千載, 利器終須整一時. 德範在人眞不滅, 高標絶代孰堪追. 百年懷抱空綿邈, 緬憶端令志士悲."

으로 '뜻을 표현하면 천년토록 드리울 것'(立言可是垂千載)이라고 하여, 그의 문장이 탁월함을 묘사하였다. 약포의 절친한 벗 백담이 남명을 그렇게 묘사한 것은 당시 퇴계학파와 남명학파의 일반적인 관계를 말하고 있는 것으로 보아도 무방할 것이다. 사실 퇴계와 남명을 대립적인 구도에서 특징화시키는 작업은 그들의 사후에 특히 내암이 회재 이언적과 퇴계를 극단적으로 비판함에서부터 비롯된 느낌이 적지 않다. 물론 퇴계와 남명이 생존 당시 서로에 대해서 일정한 비판을 한 것도 사실이다.[48] 그러나 그런 정도의 비판이란 흔히 있을 수 있는 정도이며, 그들은 서로에 대한 장점도 잘 알고 있으면서 존경심도 가지고 있었던 것이다.

이제 약포와 남명 문인들과의 교유에 대해서 살펴보자. 약포가 36세에 진주교수로 부임하여 곧바로 산천재의 남명을 찾았다는 사실은 이미 그가 남명에 대해서 상당한 정도의 정보를 가지고 있었다는 말이며, 동시에 일정한 정도의 존경심을 가지고 있었다는 말도 되는 것이다. 그가 채 1년도 안 되는 기간 동안 진주교수로 있었지만, 그 정도의 시간이라면 남명의 문인들과도 상당한 정도의 교분을 쌓기에 부족하지는 않다고 할 수 있다. 또한 그는 퇴계와 남명 두 문하에서도 연령상으로 상당한 고제에 속하고, 남명이 덕계와 나란히 보아 편지를 주고받을 정도였으니 다른 제자들과도 충분한 교유가 있었을 것이다.

그 한 예로 그가 진주교수로 부임하자 진주의 수재 부사 성여신이 부친의 명으로 그에게 나아가 『상서』를 배웠다.[49] 당시 성여신은 15세였고, 그로부터 7년 뒤에는 남명의 문하에 들어가 가장 만년의 제자가 된 인물이다.[50] 성여신은 그의 나이 60세에 약포가 세상을 떠나자 그

---

48) 오이환의 「남명과 육왕학─지와 행의 문제를 중심으로─」(『남명학파연구』 상, 남명학연구원출판부, 1999)에서 이 문제를 상세히 언급하고 있다.
49) 『부사집』, 「연보」, 15세조 참조.

다음해에 직접 예천으로 가서 조문한다. 이런 경우로 보아 약포와 남명 문인들의 일반적인 관계를 쉽게 짐작할 수 있는 것이다.

남명의 고제인 덕계와의 교분은 이미 제법 언급하였지만, 여기서는 다시 그와 덕계의 관계를 알 수 있는, 그가 쓴 글을 살펴본다. 덕계는 스승인 남명이 세상을 떠나 장례를 치를 때 문인의 첫 자리에 섰던 인물로, 어느 경우라도 남명의 수제자라고 할 수 있는 인물이다. 그는 스승이 세상을 떠난 2년 후에 아직은 장년인 나이에 세상을 떠났다. 덕계의 죽음에 약포는 「만오자강건호덕계輓吳子彊健號德溪」를 지었다.

> 한 번 이별에 동남으로 멀어져, 3년 동안 그대 보지 못하였네.
> 어찌나 형 아우 좋았는데, 홀연히 생사가 갈리었네.
>
> 도의 부절 장차 누구에게 의탁하며, 충언은 다시 듣지 못하겠네.
> 예전에 같이 놀던 곳 지나노니, 오늘 홀로 혼백이 녹는구려.51)

약포는 덕계를 형처럼 생각했던 것이고, 도를 체득한 학자이며 조정에서는 충언을 아끼지 않았던 인물로 생각했던 것이다. 나아가 그는 「오덕계실적대략吳德溪實跡大略」이란 단편의 글도 남겼다. 여기서 그는 덕계를 "'천성강의天性彊毅, 집덕불요執德不撓, 학술순정學術醇正'한 성품을 가졌으며, 그 학문은 '『가례家禮』, 『소학小學』, 사서四書' 등의 서적에 더욱 뜻을 두었으며, 제자를 가르침에 게으르지 않았고, 맡은 바의 직책에는 '당론 직절讜論直截, 불휘시기不諱時忌'한 자세를 가졌고 '질병疾病, 상장喪葬, 영의

---

50) 부사 성여신에 대해서는 남명학연구원 엮음, 『부사 성여신』(『남명학연구총서』 8, 예문서원, 2015) 참조.
51) 『약포집』, 「시」, "一別東南逈, 三年不見君, 云胡弟兄好, 忽作死生分. 道契將誰託, 忠言 更莫聞. 經過舊游地, 此日獨消魂."

迎醫, 치약致藥, 조부弔賻, 포복匍匐'에 이르기까지 힘쓰지 않은 바가 없었다'
라고 하고 있다. 무엇보다도 덕계를 일러 '입심행사立心行事, 무이고인無異
古人'이라고 극찬하면서 '호학역행好學力行, 수사선도守死善道'한 인물이라
고 말할 수 있다고 마무리하고 있다.[52]

　약포가 본 덕계는 많은 부분에서 남명의 특징과 일치하고 있다. 덕계를
'집덕불요'한 인물이라고 했는데, 남명의 시호인 '문정文貞'에서 정의
뜻이 '직도불요直道不撓'이며, 남명이 예학에 밝아 당시의 예법을 많이
교화시켰던 사실, 그리고 무엇보다도 시세의 꺼리는 바에 구애되지
않고 하고 싶은 말을 직언直言하여 사림의 언로를 열었던 일 등은 남명에
게서 배운 덕계의 특징을 잘 묘사한 것이라고 하겠다. 남명도 덕계에게
보낸 편지에서 배운 것을 저버리지 않았다고 언급했던 바와 같이, 덕계는
당시의 폐단이었던 포조와 포졸의 문제를 거론하여 해결의 단초를
연 인물이기도 하다. 약포는 남명의 수제자로서의 덕계를 너무나 잘
알고 있었던 것이다.

　또 다른 남명의 문인인 동강 김우옹과 약포의 관계를 알 수 있게
하는 글이 『약포집』에 세 편 남아 있다. 「봉별김동강숙부우옹奉別金東岡肅
夫宇顒」[53]은 동강과의 이별에 즈음하여 지은 칠언절구로, "정 깊으니

---

52) 『약포집』, "公天性彊毅, 執德不撓, 學術醇正, 爲一時諸公所推, 嘗爲星州敎授, 黃錦溪時
爲州牧, 相與講劘朱子書, 不廢寒暑, 及爲成均直講, 許草堂爲大司成, 講論大學章句, 議論
無不當理, 草堂稱之曰, 吾儕無比, 後爲弘文館侍講官, 入侍經帷, 講論精熟, 時望蔚然, 平生
以勉進後學爲心, 雖從仕匪懈之日, 苟有來問者, 指誨諄切, 尤致意於家禮小學四書等書, 謝
仕在家之日, 學徒日集, 雖在寢疾, 答問不倦, 後生多有開發, 至有傳業名世者, 嘗爲吏部郞,
用才不苟, 如非其人, 率多改正, 長官或見憚色, 而亦不敢怒焉, 在騎省郞署, 苃下嚴明, 吏不
敢于出入臺諫, 積有歲月, 一時啓箚, 多出其手, 而讜論直截, 不諱時忌, 或多不悅, 而公不變
焉, 如其公議所在, 則雖在親舊不避, 而亦不廢私恩焉, 至於疾病喪葬迎醫致藥弔賻匍匐, 無
不致力, 而各盡其情, 其立心行事, 無異古人, 若公□□謂好學力行, 守死善道者也."
53) 『약포집』, 「시」, "春淺偏思酒味長, 情深何以慰愁腸. 東風一別人如玉, 獨倚危欄倍
悵望."

무엇으로 수심어린 속을 위로할까"라는 구절에서 알 수 있듯이 둘은 나이를 넘어 각별한 정이 있었던 것이다. 그 외의 두 편은 동강의 죽음에 임하여 지은 것인데, 「만김동강숙부輓金東岡肅夫」는 칠언율시 3수로 되었으니, 그 애통한 심정을 알 수 있게 한다. 첫 수에서는 "절의는 우뚝하여 천 길의 절벽 같고, 붉은 충심 혁혁하니 한 장의 상소에 있네"라는 구절에서 그의 절의와 충정을 드러내었고, 두 번째 수에서는 "평생 정 두터워 옻과 아교처럼 투합했고, 한 가지 절개 좇아 다른 것 도모하지 않았네"라고 하여 둘 사이의 도타운 정을 묘사하였으며, 세 번째 수에서는 "한 줄기 유풍이 이제 적막하게 되었으니, 늙은이 다만 내 슬픔만으로 우는 것 아니라네"라고 하여 동강의 죽음이 유학의 큰 상실이라고 하고 있다.[54] 즉 동강의 절의와 충정 및 약포 자신과의 깊은 교분, 그리고 훌륭한 학자로서의 동강의 죽음을 슬퍼하고 있다.

「제김숙부문祭金肅夫文」에서는 "내 공을 아나니, 정직하고 문아文雅하였네. 도의道義로써 합하여, 간담肝膽이 상조하듯 하였네. 책난責難에 공손하여, 사직의 신하요. 진폐陳閉에는 공경하여, 경연經筵의 신하라"[55]라고 하여 동강의 일생을 간결하고 명료하게 묘사하였다. 그러고는 "간밤의 꿈에 보여서, 내 마음 움직였네. 오늘 아침 부음 들으니, 늙은이 눈물이 비오듯하네. 평생의 지기를, 이에서 영결하구려"라고 하여 그 교분이 도타웠음을 말하고, 팔십의 늙은이로서 장례에 참석 못함을 애통해하는

---

54) 이 시의 원문은 다음과 같다. "志存經濟計非疏, 一德從來不負初. 節義巖巖千仞壁, 丹忠炳炳一封書. 金門草奏幾多日, 塞外投荒萬死餘. 珍重風儀無復望, 一生襟抱向誰攄." "平生情好柒膠投, 一節從初不異謀. 松柏後凋欣把翠, 芝蘭入室喜同調. 南湖扈駕三經夏, 洛社離騷五閱秋. 已矣斯人難可作, 老夫哀淚不禁流." "夢君三夜見眞姿, 凶訃如何此日隨. 堯舜君民是初志, 孔顔事業竟何施. 南厓恒道吾益友, 儀甫常稱我有師. 一脈儒風今寂寞, 老夫非但哭吾私."

55) 이 구절은 『맹자』 「이루 상」에서 따온 것으로 "責難於君謂之恭, 陳善閉邪謂之敬"을 줄인 것이다.

심경을 담고 있다.[56]

동강은 남명의 절친한 벗인 칠봉 김희삼의 막내아들이면서 동시에 남명의 외손서이기도 하다.[57] 남명이 동강에게 보낸 편지에는, 동강에게 조용한 김해의 산해정으로 가서 궤짝 속에 있는 『대학』을 꺼내어 한두 달 정도 깊이 공부하기를 권하는 내용도 있는데, 이는 그가 외손서이기 때문에 가능한 일이었으리라. 당시 김해에는 남명의 딸이 남명의 부인과 함께 살고 있었다. 남명의 딸은 동강에게 장모가 되는 것이며, 남명의 부인은 동강의 처외조모가 되므로, 외롭게 살고 있던 그들을 위로하는 뜻까지 담아 동강에게 산해정에서 한두 달 머무르면서 공부하기를 권했던 것으로 보인다. 또한 동강은 남명 본인이 차고 있던 성성자를 물려줄 만큼 큰 기대를 가졌던 제자이기도 하다. 동강은 약포와는 달리 퇴계와 남명 두 스승을 섬기지 않았다. 선조의 물음에 그 스스로 자신의 스승은 남명 조식이라고 하는 대답이 『실록』에 남아 있다. 그런 동강과 약포는 망년지교를 맺었던 것이다.

4. 약포의 길, 중도

약포의 일생을 개략적으로 정리해 보면, 어려서는 학문에 매진하였고,

---

56) 원문은 다음과 같다. "嗚呼, 幷生于世, 相知蓋寡, 我知我公, 正直文雅. 道義以合, 肝膽卽寫, 責難之恭, 社稷臣也. 陳閔之敬, 經幄臣者, 鶚立霜臺, 凜然炎夏. 大亂甫定, 簪笏暫謝, 歸休寂寞, 高節飄麗. 我且告老, 病伏田野, 山川間之, 別袖難把. 念之耿耿, 寤寐敢捨. 昨夜而夢, 我心以寫. 今朝而訃, 老淚雨下, 平生知己, 於焉永舍. 慟喪心魂, 白日如夜, 公之精魄, 於何而化. 降旣自嶽, 歸必星且, 死生大矣, 百歲眞乍. 八十老友, 千里難駕, 旣不撫孤, 又不奠斝. 邀致哀難, 儀甫是藉, 一理無間, 靈應格下."

57) 남명이 동강에게 준 편지를 보면, 동강이 자신을 할아버지로 부르는 것을 나무라면서 같이 학문하는 벗으로서 대해줄 것을 말하고 있는 것도 있다.

27세에 생원시에 급제하였으니 경서에 밝았음을 알 수 있고, 33세에 과거에 급제하고서는 벼슬길에 나아가 대체로 중앙에서 내직을 주로 역임하였다. 신망을 얻어 요직을 두루 거치고, 66세에는 1품직의 우찬성에 올랐다. 67세에 발발한 임진왜란에서는 세자를 호송하였으며, 명나라 장수를 위로하는 영위사와 명나라 사신을 맞이하는 원접사 등을 맡아 노력하였다. 69세에는 정1품 우의정에 올랐으며, 71세에는 김덕령을 구명하고, 다음해에는 이순신을 구명하였다. 73세에 낙향하였고, 75세에는 좌의정에 제수되었으나 사직하였으며, 78세에 영중추로서 치사를 윤허 받았다. 79세에 서원부원군에 책봉되고 호성공신 3등에 녹훈되었다. 다음해에 80세를 일기로 세상을 떠났다.

약포는 당대의 대현인 퇴계와 남명을 모두 스승으로 섬겼다. 사후에 그를 묘사하고 있는 글들을 보면, 그의 사승에 대해서 퇴계와 남명을 모두 언급하고 있지만, 그의 학문적 자세가 남명과 많이 유사하다는 점을 거론하고 있음을 알 수 있다. 그의 행적에 대한 묘사는, 『실록』 등에서 '건백'한 것이 없다고 다소 폄하하는 듯한 평을 하고 있는 것과는 달리, 그의 사후에 후인들이 지은 신후문身後文에서는 공적과 덕행 그리고 학문에 대하여 극찬에 가까운 평을 하고 있음을 볼 수 있다. 그가 남긴 기록이 많이 산일되어 확인할 수 없는 아쉬움이 있지만, 그의 교유관계는 남명학파와 퇴계학파의 많은 인물들과 폭넓게 이루어졌음을 충분히 짐작할 수 있다.

그는 퇴계에게서 남명을 보았던 인물이다. 퇴계를 나아가 벼슬하면서도 출처대의를 잃지 않은 인물로 보았으며, 무엇보다도 퇴계에게서 경과 의를 아울러 읽었다. 그가 평생토록 처신을 온전히 할 수 있었던 배경에는 남명의 가르침이 크게 작용했다는 점은 몇 가지 기록에서 분명이 인정된다. 퇴계와 남명의 문인들은 두 인물에 대한 평가에서 세 가지 부류로 나누어진다. 내암의 경우와 같이 극단적으로 상대를 배격하는 경우, 대부분의 문인들처럼 적당히 상대를 존경하는 듯한 태도를 견지하는 경우, 그리고 약포처럼 두 인물에게서 공통점을 찾아 같은 길을 간 스승으로 인정하는 경우가 그것이다.

이러한 경향은 퇴계학파와 남명학파의 역사적 전개에서도 많은 영향을 초래하였다고 볼 수 있다. 내암을 두고서 남명학파 내부에서 대북, 중북, 소북으로 문인들이 분열한 사례나, 임진왜란에 대한 대응자세에서 서애와 월천이 대립하여 끝내 화해하지 못한 사건, 그리고 서애의 육왕학에 대한 입장에서 드러나는 퇴계 문인들의 배척 등등에서 확인할 수 있다. 이런 경우에 약포는 때로는 자신의 분명한 입장을 드러내지 않거나 또는 입장을 표명하더라도 자기주장을 너무 강하게 하지 않은 인물로 보인다. 그의 기본적 입장은 활인活人과 중도中道였던 것이다.

약포는 그 스스로가 두 스승을 모두 섬기고 존경하였으며, 자신이 깊이 교유한 퇴계학파나 남명학파의 인물들에게서도 중도를 지키고자 했다. 그에게 있어서 퇴계와 남명은 다른 사람이면서 동시에 같은 사람이었다고 할 수 있다. 그는 두 스승으로부터 장점을 잘 취하여 자신의 삶으로 용해시킨 대표적 인물이라고 평가할 수 있다.

‖『퇴계학논총』 제28집(퇴계학부산연구원, 2016)에 수록된 글을 수정 게재함.

제6장 약포 정탁의 현실인식과 대응
—『약포집』 소재 상소문을 대상으로

정 병 호

1. 머리말

약포藥圃 정탁鄭琢(1526~1605)은 33세에 문과에 급제하여 35세에 교서관 정자校書館正字에 보임된 이래 74세에 치사致仕하기까지 40여 년간 봉직하면서 관료로서 뚜렷한 업적을 남긴 인물이다. 더욱이 그는 67세에 임란壬亂을 만나 조정의 대신大臣으로서 국난 극복에 진력하여 국체國體를 보존하는 데 크게 기여하였다.

그가 국가의 존망이 걸린 절체절명의 위기에서 어떤 경륜과 자세로 국가를 위기로부터 구했는지 다시 조명할 필요가 있다. 이 지점에서 그의 현실인식과 대응이 오롯이 담겨 있는 상소문上疏文을 탐구하는 것은 매우 의미 있는 일이다. 어느 시기를 막론하고 전쟁이 상존한다면 누구도 전쟁에서부터 자유로울 수 없을 터, 전란을 극복하는 과정에서 그가 보여 준 위기관리 능력은 그래서 더욱더 주목받아 마땅하다.

그는 전쟁의 와중에도 상소 올리는 일을 게을리하지 않았으며 오히려

보다 더 적극적으로 현안 문제를 개진하였다. 문집에 수록된 52편의 상소문(疏, 箚, 啓, 獻議, 箋)이 이를 웅변적으로 말해 준다. 그는 과격한 말로 임금을 자극하지 않고 한결같이 성의誠意로 임금을 감동시켜 간언諫言을 받아들이게 한 인물로 알려져 있다. 진정한 쟁신諍臣의 풍모를 지녔던 인물로 평가되고 있다.

이 글에서는 문집에 수록된 상소문을 대상으로 여기에 담긴 약포의 현실인식과 대응자세를 읽어 내고자 한다. 전란의 위기를 몸소 타개해 나갔던 한 관료의 삶과 경륜이 온전하게 드러날 것으로 기대된다.

2. 『약포집』소재 상소문의 현황 및 내용

『약포집藥圃集』에는 소疏 11편, 차箚 12편, 계啓 20편, 헌의獻議 6편, 전箋 3편 등 상소문 52편이 수록되어 있다. 산문 가운데는 서書(150통) 다음으로 많은 편수가 실려 있다.

『약포집』에 수록된 소疏, 차箚, 계啓, 헌의獻議, 전箋은 주의류奏議類 산문으로 신하가 임금에게 올리는 상행문자上行文字이며 실용문이다. 상소문으로 통칭하여 부르기도 한다. 상소문은 대체로 간결성, 전아함, 진실성을 기본 요건으로 삼는다. 소疏, 차箚, 계啓, 헌의獻議, 전箋 사이에는 일정한 변별적 자질이 있긴 하지만 여기서는 담긴 내용을 다루는 데 초점이 있으므로 변별적 자질은 논외로 하고 이들을 묶어 상소문으로 함께 다루기로 한다.

『약포집』에 수록된 상소문의 전반적인 현황과 각각의 내용을 도표로 제시하면 다음과 같다.

문집	문류	제목	시기	내용
원집 권2	疏	斥和疏	1594.9	왜적의 화친 제안에 대해 그들의 속임수라 판단하여 그 불가함을 여러 가지 일의 형세를 들어 진언하면서 아울러 전란을 평정할 조짐이 있음을 강조한 글
		辭右議政再疏	1595.2	신하로서 부당한 지위를 차지해서는 안 된다고 하면서 우의정의 직책을 사양한 글
		辭左議政疏	1660.3	노쇠하고 고질병이 깊어 국정을 돌보기가 어려움을 호소하며 좌의정의 직책을 사양한 글
		乞致仕疏	1603.2	노년에 병이 깊어 조정에 나아가지 못한 자가 5년이 넘었는데 아직도 중추부사의 관직을 지니고 있는 것은 부당한 일이라며 치사를 간청한 글
		辭奉朝賀祿疏	1605.3	봉조하로서의 역할을 수행하지도 못하면서 녹봉을 받는 것은 부당한 일이라며 그 녹봉을 사양한 글
	箚	條陳事宜箚	1593	왜적들에 의해 진주가 함락될 위기에 처하자 사태의 심각성을 인식하고 종묘사직을 보존할 구체적인 네 가지 조목(군공과 모속의 법을 밝힐 것, 명나라에 왜적의 소탕을 요청할 것, 백성들을 긍휼히 여기는 교지를 내릴 것, 산릉의 일을 빨리 끝낼 것)을 진언한 글
		請停拜陵箚	1596	전란이 평정되지도 않았고 벼락이 치는 등 국가에 변고가 심한데 군주가 선대의 원릉을 참배하는 것은 온당하지 않음을 진언한 글
		請自行巡邊箚	1597	왜구가 다시 준동하여 호남과 호서 지역이 위태롭다는 보고를 듣고 호남과 호서의 인심을 안정시키기 위해 순변사의 임무를 자청한 글
		再箚	1597	교지를 내려 호남과 호서의 인심을 위로하고 사기를 북돋워 위기를 극복하도록 자신에게 임무를 맡겨 주기를 청한 글
		論救李舜臣箚	1597	과장된 장계에 의해 이순신을 사형에 처하려는 논죄는 부당한 처결이므로 그간의 공적을 고려하여 호생지덕으로 이순신을 감형하여 장수로서의 재능을 다시 발휘하여 전란을 평정할 수 있는 기회를 주기를 간청한 글
		請勿再下王世子攝政之命箚	1596.8	사세가 급박하긴 하지만 수륙으로 공격할 형세가 갖추어지고 있으니 종묘사직과 백성을 위해 국정을 살피시고 세자에게 섭정하라는 명령을 다시는 내리기 마시기를 청한 글
		請寢內禪之命箚	1596.8	지금은 전란이 평정되지 않은 혼란한 시기로 정사를 그만둘 때가 아니므로 내선의 명을 거두고 국정에 진력해 주시기를 진언한 글
		決策討賊箚	?	국가의 존망이 걸린 위급한 때 왜적을 토벌할 시의적절한 계책을 진언한 글
		留都條目啓稟箚	?	호종하는 신하 이외에는 도성에 신하를 그대로 두어 맡은 바 업무를 수행하도록 그 조목을 아뢴 글
		計開	?	주상이 몽진하여 도성에 없는 상황, 왕세자가 명나라 사신을 접견할 경우 등에 대한 대책을 아뢴 글
		請勿禁朝報箚	1599.4	조보를 금제하면 신하들이 조정의 득실을 듣지 못해 조정의 잘못을 바로잡을 수 없으므로 조보를 금지하지 말도록 청한 글

문집	문류	제목	시기	내용
권3	啓	請堅守平壤啓	1592.6	백성들이 평양성을 지키려는 의지가 강하므로 어가를 옮기지 말고 평양성에 머물러 지키기를 청한 글
		上東宮啓	1592.11	용강의 산성은 너무 추워 적을 막기에는 적절한 곳이 아니므로 영유현으로 옮겨 갈 것을 동궁에게 아뢴 글
		再啓	1592.11	용강의 산성에 머무르면 패배할 가능성이 높으므로 철옹성으로 알려진 영변으로 빨리 옮겨 갈 것을 동궁에게 아뢴 글
		李珩獄事啓	1593.8	이용의 옥사는 명나라 제독과 관련된 일이므로 행조에서 국문하지 말고 제독의 군진에서 처리하는 것이 마땅함을 아뢴 글
		請許用降倭酒比其謀啓	?	투항해 온 왜장 주질기의 계책을 적극적으로 활용하여 왜적의 자중지란을 도모하기를 청하는 글
		十條取士單子啓	1594.9	주상이 10개의 조목을 내려 인재를 천거하려는 단자에 대해 곽재우·김덕령·권인룡 등의 재주를 아뢴 글
		社稷壇奉審後啓	1594.9	조종의 사당이 수리되지 않았는데 사직단을 수리하는 것은 때에 알맞지 않으므로 왜란이 평정된 뒤 조종의 사당과 같이 사직단을 수리하기를 아뢴 글
		再啓	1594.9	사직서 제조에서 체직된 줄 모르고 그 직무에 참예한 죄를 스스로 탄핵한 글
		金德齡獄事啓	1596.2	왜적의 입에 이름이 오르내린 것으로 정황을 살피지도 않고 김덕령을 역모죄로 처형하려는 것은 부당한 처사임을 진언한 글
		論中宮殿玄宮改卜啓	1600.9	의인왕후의 능터를 다시 잡느라 장례를 지연시킨 문제점을 논하고 조종에서 정한 제도를 따르고 술가들을 전적으로 믿지는 말고 그들의 말을 참조만 할 것을 진언한 글
	戲議	咸崇德等七人罪名及金德齡獄事議	1596	함숭덕·양응운·송의·권극렬·박인현·이승남·윤응 등 7인의 죄명은 전란으로부터 비롯된바 너그러운 정치를 베풀어 인심을 안정시킬 것을 진언한 글. 그리고 김덕령의 옥사는 의혹이 강하므로 신중하게 처결하되 장수로서 전공을 세울 수 있도록 관용을 베풀어 주기를 청한 글
		焉國碼杏文議	?	영국필의 杏文 가운데 명나라에서 우리나라에 순무사와 司道를 두는 것은 적절하지 않음을 지적하고 우리의 절박한 상황을 명나라 황제에게 전달하여 이 문제를 해결할 것을 진언한 글
		其人議	1596.8	기인제도의 문제점을 지적하고 조정에서 절약과 검소함을 실천하는 것으로 그 해결방안을 제시한 글
		李舜臣獄事議	1597.3	이순신의 혐의는 왜장에 의한 무고이므로 은전을 베풀어 전공을 세워 보답할 수 있는 기회를 주도록 청한 글
		朝堂牓示議	1599.4	정유재란 때 군부를 돌보지 않고 자신만 챙겨 도망간 자들의 이름을 조당에 내걸고 죄주려 하자 부득이한 실상을 참작하여 은전을 베풀어 주도록 청한 글
		高麗大將軍鄭頭立祠議	1599.4	주상이 각 도호부에 고려 때 공이 있는 장군들을 배향하도록 명하자 정구가 고려의 장군 정의와 최춘명을 봉향해 줄 것을 청한 데 대해 충의의 장려에 적절한 견해임을 논한 글

문집	문류	제목	시기	내용
속집 권2	疏	辭左議政再疏	1600.3	병세가 위중하여 중책을 감당할 수 없으므로 좌의정을 다시 사양한 글
		陳情乞骸疏	1600.3	노병이 위중하여 목숨이 경각에 달려 있음을 호소하며 판중추부사의 직책을 면해 주도록 진정한 글
		病未赴山陵自劾疏	1600.9	학질로 위독하여 의인왕후의 부음에도 분곡하지 못한 죄를 스스로 탄핵한 글
		病未赴山陵自劾疏[再疏]	1600.9	병세가 위중하여 의인왕후의 발인에도 회곡하지 못한 죄를 스스로 탄핵한 글
		病未赴會盟祭陳情自劾疏	1604.7	호종공신에 녹훈되어 회맹제에 참석하라는 교지를 받고도 노병으로 참석하지 못한 죄를 스스로 탄핵하면서 훈록에서 삭제해 줄 것을 진정한 글
		病未赴會盟祭陳情自劾疏[再疏]	1604.8	노병으로 목숨이 경각에 달려 있어 회맹제에 참석할 수 없음을 아뢴 글
	箚	辭右議政箚	1595.5	성품이 용렬하고 늙고 병들어 우의정의 직책을 감당할 수 없어 사직을 청한 글
	啓	辭右議政啓	1595	우의정의 중대한 자리가 둔한 자신에게 맡겨진 것은 스스로 탄핵해야 할 일이라며 사직을 청한 글
		辭右議政啓[再啓]	1595	우의정의 자리는 병을 조리하는 데가 아니라며 사직을 청한 글
		辭右議政啓[三啓]	1595	백관을 규찰하는 우의정의 자리를 함부로 차지하는 것은 나라를 망치는 일이라며 사직을 청한 글
		辭右議政啓[四啓]	1595	우의정의 직책은 중대한 자리이므로 둔하고 병든 자신이 맡을 수 없다며 사직을 청한 글
		辭判中樞府事啓	1600.3	판중추부사에 제수되었지만 재주와 식견이 없고 병이 위독하여 인사를 살필 수 없어 사직을 청한 글
		請歸省父母墳墓啓	1599.9	부모님 산소가 평지가 되었다는 소식을 듣고 성묘를 청한 글
		社稷壇奉審後啓	1594	사직단을 자세하게 살펴 수리해야 할 곳을 기록하여 올린 글
		辭本職兼帶奉常寺都提調啓	1599.11	지병과 낙상으로 기한 내에 상경할 수 없어 판중추부사의 본직과 겸직한 봉상시도제조의 직책을 면해 줄 것을 청한 글
		辭本職兼帶奉常寺都提調啓[再啓]	1599.12	조섭하고 올라오라는 하교가 있었지만 관직을 하루라도 비울 수 없다며 판중추부사와 봉상시도제조의 직책을 면해 줄 것을 청한 글
		病未赴中宮殿昇遐哭班啓	1600	병이 위독하여 중궁전의 승하에도 분곡하지 못한 죄를 스스로 탄핵한 글
	箋	謝恩箋	1600.12	주상이 사람을 보내 안부를 묻고 음식물을 내려 준 은전에 감읍하며 올린 글
		謝致仕恩命箋	1604.4	치사를 윤허해 준 은명과 음식물을 하사해 준 은전에 감읍하며 올린 글
		謝羊酒恩命箋	1600.12	치사를 윤허해 준 은명과 양고기와 술을 하사해 주신 은전에 감읍하며 올린 글

소疏는 11편으로, 6편은 사직소辭職疏, 4편은 자핵소自劾疏, 1편은 척화소

斥和疏이다. 사직소는 우의정·좌의정·중추부사 사직소와 봉조하 녹봉 사양소辭讓疏로 이루어져 있다. 사직소는 노병이 심하여 중책을 맡을 수 없어 사직을 청한 글이고, 사양소는 역할을 수행하지 못하면서 녹봉을 받는 것은 부당한 일이라며 녹봉을 사양한 글이다. 자핵소는 병환이 위중해 의인왕후懿仁王后의 장례에 참석하지 못한 죄를 스스로 탄핵한 글이다. 척화소는 왜적과의 화친의 부당성을 지적한 글이다.

차箚는 12편으로 다양한 문제를 다루고 있다. 종묘사직을 보존할 구체적인 조목, 군주의 선대 원릉 참배의 부당성, 호남과 호서의 인심을 안정시키기 위해 순변사의 임무 자청, 이순신의 감형 간청, 내선內禪의 부당성, 왕세자가 명나라 사신을 접견할 경우 등에 대한 대책, 조보금제朝報禁制의 부당성 등이 그것이다. 전란과 관련된 현안 문제가 주로 다루어지고 있으며 국가 간의 예제禮制나 조정의 제도 등에 관한 내용도 보인다.

계啓는 20편으로 가장 많은 편수를 차지하고 있는데, 그 중 7편이 우의정·판중추부사·봉상시도제조 등의 사직을 청한 글이다. 13편 가운데는 평양성 수성, 용강산성의 문제점, 이용·김덕령의 옥사, 주질기의 계책, 인재 천거, 사직단 수리, 중궁전 장례 문제, 성묘 주청, 사직단 수리 문제 등이 수록되어 있다. 여기서도 전란과 관련된 현안 문제가 가장 많은 비중을 차지하고 있다.

헌의獻議는 6편으로, 김덕령, 이순신 옥사의 문제점, 영국필 자문咨文의 부당성, 기인其人제도의 문제점, 조당방시의 문제점, 충의의 장려 등의 내용이 수록되어 있다. 특정 사안에 대한 문제점을 중심으로 이루어져 있는데, 김덕령과 이순신의 옥사를 대표적인 사안으로 거론하고 있다.

전箋은 3편으로, 치사를 윤허해 주고 음식물을 하사해 준 왕의 은전에 대해 사례한 글이다.

『약포집藥圃集』에 수록된 상소문은 전란에 따른 현안 문제와 그 해결방안, 그리고 사직을 청한 글이 대부분을 차지하고 있다. 이 가운데 주목의 대상은 바로 전란에 따른 현안 문제와 그 해결방안을 다룬 글이다. 여기에는 전란이라는 현실을 바라보는 약포의 시각과 그 위기를 타개하고 극복하려는 대응자세가 잘 드러나 있기 때문이다.

3. 약포의 현실인식과 대응

1) 사세의 정확한 파악과 시의의 포착

사세事勢, 곧 일의 형세 그 자체는 객관적 상황이라 할 수 있다. 그렇긴 하지만 관찰자는 이것을 주관적으로 판단할 가능성이 높다. 사세事勢의 신뢰성을 높이기 위해서는 관찰자가 객관성을 유지할 필요가 있다. 동일한 현상에 대한 파악은 전적으로 관찰자의 태도와 시각에 달려 있다. 이런 점에서 사세事勢에 대한 관찰자의 정확한 판단은 매우 중요하다. 일의 해결을 위한 방안은 여기서부터 착점을 찾을 수 있기 때문이다.

약포의 상소는 온통 전란 극복을 위한 방안의 진언進言에 집중되어 있다. 국가의 존망이 걸린 절체절명의 위기상황에서 한가하게 좌고우면左顧右眄할 겨를이 없었다. 전란을 평정하여 국체國體를 보존하는 일은 선택사항이 아니라 신명神命을 다 바쳐 이루어야 할 가장 시급한 과업이었다. 그 타개의 방안을 마련하기 위해서는 우선 형세 파악이 무엇보다 긴요하였다.

① 영남에 있는 모든 왜적들이 최근 더욱 기승을 부려 동남쪽 바다에 인접한 고을들은

거의 절반이 함락되었으며, 진주晉州 또한 빼앗길 지경에 이르렀습니다. 대저 진주는 실로 호남의 보장保障이므로 진주를 빼앗긴다면 호남을 보존할 수 없으며, 호남을 보존하지 못하면 적의 칼날이 가리키는 곳은 닿지 않는 곳이 없을 것입니다.[1]

② 적들이 만약 무기를 거두고 병사를 물리고 국경 밖으로 나가 있겠다고 하면 그래도 괜찮지만, 많은 무리를 거느린 채 국경에 바짝 다가와서 마치 위협하듯이, "너희가 우리와 화친할 수 있겠느냐"라고 한다면 이는 진실로 맹약을 겁박하는 것이지 화친을 하는 것이 아닙니다. 저들이 비록 예양禮讓으로써 말하더라도 왜적들의 속내는 믿기가 어려운데, 하물며 맹약을 겁박한다면 화친이 끝내 이루어지겠습니까? 우리가 만약 저들의 화친 조건을 한 번 들어준다면 장래의 우환은 이루 다 말할 수가 없을 것입니다.[2]

①은 1593년 6월 이전의 전세戰勢를 진언한 것으로 보인다. 이때는 바로 진주성이 함락되기 직전 왜적이 승승장구하던 시기로 아군의 전세가 매우 불리한 상황이었다. 진주가 군사적 요충지라는 약포의 언표에는 함락 직전의 급박한 상황이 엿보인다. 전세에 대해 정확하게 파악한 것이다.

②는 1594년 9월에 화친和親과 관련하여 그 사세事勢를 말한 것이다. 이때 왜적이 화친을 제안해 오자 조정에서는 동조하는 세력이 등장하였다. 여기에 대해 약포는 왜적은 속임수가 있어 믿을 수 없다고 하면서 화친에 반대하는 견해를 표명하였다. 그 반대의 논거로 일의 형세, 곧 실상을 제시한 것이다. 왜적이 화친하자고 하면서 많은 군사를 거느리

---

[1] 『藥圃集』, 「條陳事宜箚」, "嶺南諸賊, 近益鴟張, 東南沿海州縣, 幾半陷沒, 晉州亦至失守. 夫晉州, 實湖南保障也, 晉州失守, 則湖南莫保, 湖南莫保, 則兇鋒所指, 無所不至."

[2] 『藥圃集』, 「斥和疏」, "賊若捲甲退兵, 出在境上而云爾, 則猶之可也, 擁衆壓境, 若威脅然曰, 爾能從我和歟云爾, 則是實劫盟, 非所以爲和者也. 彼雖能以禮讓爲辭, 賊情難信, 況以劫盟, 終能有成乎. 我若一聽其和, 則將來之患, 有不可勝言."

고 국경에 바짝 다가와 다그치듯 화친을 요구하는 것이 바로 그 일의 형세라는 것이다. 실상이 이러하다면 애당초 왜적의 화친 제안은 진정성이 없었던 것으로 보인다. 약포의 화친 반대는 이런 사세의 정확한 파악에서 비롯된 것이다.

이와 같이 약포는 일의 형세를 정확하게 파악함으로써 그 구체적인 해결방안의 토대를 마련할 수 있었던 것이다. 이러한 형세 판단은 수합된 정보를 깊게 분석하여 전체적인 맥락에서 읽어 낸 통찰력에서 이루어진 것이다. 오랜 국정경험과 깊은 식견이 있었기에 가능했다.

약포는 일의 형세 파악 못지않게 시의時宜의 포착을 중시하였다. 형세 파악이 해결방안 모색을 위한 토대 또는 전제라면, 시의時宜의 포착은 그 자체가 원론적이고 포괄적인 해결방안이라 할 수 있다. 모든 구체적인 해결방안의 원칙론이 바로 시의時宜의 포착인 셈이다.

③ 무릇 천하의 일에는 일의 크고 작음에 관계없이 귀중한 것은 때에 맞게 행동함에 달려 있습니다. 만약 때에 맞지 않게 된다면 후회되지 않는 일이 적을 것입니다. 작은 일도 오히려 그러하거늘 하물며 큰일에 있어서이겠습니까?[3]

④ 신이 생각건대, 우선 먼저 그 가운데 가장 시급해서 부득이 먼저 거행해야 할 것을 제외하고는 전란이 평정되기를 기다렸다가 조묘祖廟를 완전하게 수리하는 날 동시에 거행하여 조종의 옛 모습을 회복한다면, 아마 시의時宜에 합치될 것입니다.[4]

⑤ 백성들이 한번 무너진 뒤로 계곡으로 숨어들어 여기저기 떠돌아다니면서 의지할 곳도 없으니, 이들을 불러 모아 위로하는 일은 만약 이 기회를 놓친다면 비록 지혜로

---

3) 『藥圃集』, 「請寢內禪之命箚」, "凡天下之事, 事無大小, 貴在動之以時. 苟不以時, 則鮮不 爲悔吝. 小者尙然, 況於大事乎."
4) 『藥圃集』, 「社稷壇奉審後啓」, "臣意以爲姑令先就其中最急不得已先擧處外, 倭賊平亂定, 祖廟修完之日, 同時幷擧, 以復祖宗之舊, 則恐合時宜."

운 자라도 나중에 잘할 수 없을 것입니다. 따로 위무사慰撫使를 보내심이 진실로 마땅할 듯하옵니다.[5]

③은 1596년 8월에 선조宣祖가 세자에게 왕위를 물려주려 하자 지금은 전란이 평정되지 않은 혼란한 시기로 정사를 그만둘 때가 아니므로 내선內禪의 명을 거두고 국정에 진력해 주시기를 진언한 글 가운데 일부이다. 내선內禪의 부당함을 시의時宜의 논리로 진언한 것이다. 지금은 전란 중이라 내선을 운위할 마땅한 때가 아니라는 것이다. 마땅한 때가 아닌데 행하는 그 일 또한 마땅할 수 없다고 인식한 것이다. 이와 같이 사의事宜는 시의時宜와 긴밀하게 접속되어 있는 것이다.

④는 조종祖宗의 사당이 수리되지 않았는데 사직단社稷壇을 수리하는 것은 때에 알맞지 않으므로 왜란이 평정된 뒤 조종의 사당과 같이 사직단을 수리하기를 아뢴 글의 일부이다. 시의時宜에 맞추어 사직단을 수리하는 것이 사의事宜에 합당한 처사라는 뜻이다.

⑤는 교지를 내려 호남과 호서의 인심을 위로하고 사기를 북돋워 위기를 극복하도록 자신에게 순변사의 임무를 맡겨 주기를 청한 글의 일부이다. 지금은 위무사를 급파하여 의지할 데 없어 떠돌아다니는 백성들을 위로하여 민심을 안정시켜야 할 때라는 것이다. 이때를 놓치면 혼란한 사태가 야기될 수도 있음을 진언한 것이다. 시의적절時宜適切의 중요성을 간파한 것이다.

이와 같이 약포는 시의時宜의 중요성을 누차 강조한바, 그 논리적 근거를 『주역周易』에서 찾았다. 그는 "성인聖人이 『주역』을 지으실 적에

---

5) 『藥圃集』, 「請自行巡邊再箚」, "一潰之後, 投竄谿谷, 顧影徘徊, 無所依歸, 招集慰撫, 若失此幾, 雖有智者, 不能善後. 別遣慰撫, 實似宜當."

반드시 때를 중요하게 여기시어 64괘 384효 안에 가는 곳마다 '시時'자의 뜻이 없는 곳이 없습니다. 『주역』이란 신명神明한 책인데, 사람이 반드시 때에 맞추어서 해야 함을 보인 것입니다"6)라고 하였다. 그는 『주역』에 정통하여 특명으로 경연관에 입시하여 『주역』의 건괘乾卦와 몽괘蒙卦를 강론한 바 있다. 이런 학문적 온축을 바탕으로 시의의 논리적 근거를 『주역』에서 찾아낸 것으로 보인다.

이와 같이 약포는 전란에 따른 국가의 위기를 타개하기 위해 사세事勢의 정확한 파악과 시의時宜의 포착을 통해 해결방안의 토대와 원칙론을 제공하였다. 이런 토대와 원칙론을 바탕으로 이루어진 전란 타개의 구체적인 대응과 방안에 대해서는 다음 절에서 살피기로 한다.

2) 전란 극복 방안의 제시

(1) 기책의 전략 제안

약포는 유가의 경서는 물론이고 천문天文, 지리地理, 상수象數, 병가兵家에 관한 서적들을 두루 섭렵하여 그 심오한 지취旨趣를 터득하였다. 더욱이 선비가 병법兵法을 알지 못하면 큰 임무를 감당할 수 없다고 여기고 팔진법八陣法과 육화법六花法 등에 관심을 두었다고 한다. 이런 평소의 병법에 대한 관심과 학습 덕분에 그는 전란을 타개하기 위한 구체적인 전략을 진언할 수 있었다. 그는 전란을 승리로 이끌기 위해서는 상황에 맞는 전략과 전술의 활용이 매우 긴요하다고 하였다.

병법가들이 변란을 제어하기 위해 대부분 권모술수를 사용하는데, 적은 군사로 많은

---

6) 『藥圃集』, 「請寢內禪之命箚」, "故聖人作易, 必以時爲大, 六十四卦三百八十四爻內, 無往而無時字之義. 夫易者, 神明之書, 而示人必以時者."

군사를 이기고 약자가 강자를 도모한 것도 대개 이것을 벗어나지 않았습니다. 만약 많은 수효를 적은 수효로 대적할 수 없고 강한 군대를 약한 군대가 도모할 수 없다고 생각하여 기어코 지구전持久戰만을 고집해서 서로 대치하고자 한다면 어찌 반드시 패하지 않을 이치가 있겠습니까? 게다가 우리 군사의 형세는 적은 수효에 힘도 약해서 이미 병력으로는 왜적을 토벌할 수 없습니다. 저 왜적들의 자중지란을 일으킬 모책을 거듭 금한다면 이는 끝내 감히 손을 쓰지 못하여 왜적을 어찌할 수 없게 됩니다.[7]

위는 「청허용강왜주질기모계請許用降倭酒叱其謀啓」의 일부이다. 투항해 온 왜장 주질기酒叱其가 제안한 계책을 허용해 달라는 것이다. 주질기의 계책은 자신이 왜적과 내통하여 가토 기요마사(加藤清正)의 목을 베어 오겠다는 것이다. 약포는 주질기의 계책이 당시의 여러 정황을 고려해 볼 때 성공할 가능성이 높다고 판단하였다. 이러한 주질기의 계책을 그는 기책奇策 또는 기병奇兵으로 본 것이다. 약포는 "천 명의 적병賊兵을 얻기보다는 한 명의 적장賊將을 사로잡는 것이 더 낫다", "기병奇兵을 쓰지 않으면 승리할 수 없다"라는 병서의 글을 인용하여 기책과 기병을 주장하는 근거로 제시하였다. 또한 위에서 언급한 바와 같이 중과부적衆寡不敵일 경우에는 권모술수權謀術數를 써야 한다고 했다. 이것 역시 기책 또는 기병으로 인식하였다. 간첩을 투입하여 자중지란自中之亂을 유도하는 전략도 당연히 여기에 포함시켰다.

김덕령金德齡 역시 중과부적의 상황에서 승리할 수 있는 유일한 전략으로 기책奇策을 제시한 바 있다. 약포는 자신의 주장을 강화하기 위한 장치로 명장 김덕령의 견해를 소개한 것이다.

---

7) 『藥圃集』, 「請許用降倭酒叱其啓」, "兵家制亂, 權謀居多, 以寡勝衆, 以弱圖彊者, 槪不出此. 若衆寡不敵, 彊弱不侔, 而必欲持久而相抗, 則寧有十全不敗之理耶. 況我勢寡弱, 旣不以兵討賊. 重禁伊賊自中之謀, 則是終始不敢措手, 而無奈賊何."

적과 성루城壘에서 대치함에 있어 적군은 많고 우리는 적어 중과부적衆寡不敵이 된다면 이길 수 있는 방법은 오로지 기이한 계책을 내는 데 달려 있습니다. 혹은 요해지要害地에 복병을 매복시켜 두기도 하고, 혹은 험한 곳을 점거하여 적을 맞아 공격하며, 혹은 강을 반쯤 건너오는 틈을 타서 갑자기 공격하되 실수하지 않도록 하며, 야간의 전투와 화공술 같은 유형도 모두 쓸 만한 방법입니다. 또한 적의 형세를 살펴 때로는 성을 굳게 지키면서 청야淸野하고 기다려 함부로 교전하지 말게 하여 며칠이 지나면 군량미가 떨어진 적들은 형세가 장차 도망갈 것이니, 또한 이 틈을 타면 곧 크게 이길 수 있을 것입니다.[8]

김덕령이 제시한 기책은 요해처에 복병 매복하기, 험준한 곳에서 방어하기, 도하渡河하는 적군 기습 공격하기, 야간전투, 화공술火攻術, 청야淸野하기 등이다. 이런 기책이 쓸 만한 전법이긴 하지만 쓴다고 승리가 담보되는 것은 아니다. 상황에 맞게 구사해야 소기의 전과를 거둘 수 있다. 이런 점에서 기책에는 시의적절한 운용이 매우 중요하다. 약포 역시 이 점을 깊이 인식하여 상황에 맞게 기책을 구사할 것을 진언하였다.

바다에서는 수군이 왜적들이 오가는 길목을 차단하고, 육지에서는 말과 보병이 왜적들이 출입하는 길목을 끊어 버려서 이미 온 자들은 돌아갈 수 없게 하고 새롭게 보태는 병사들은 계속 오지 못하게 해야 합니다. 막고 끊으며 열 달 동안만 버티면 왜적들은 반드시 땔감과 물이 외부에서 차단되고 양식이 안에서 고갈되어 저절로 움츠러드는 형세가 없지 않을 것입니다. 왜적의 기세가 움츠러든 후에 우리는 적들의 누적된 피곤의 기회를 타고 한쪽 방면을 터서 스스로 달아날 길로 유인하고 정예병을 매복시켜 갑자기 습격한다면, 적의 소굴 전체를 뒤엎어서 패전한 왜적들이 작은 조각배로도 돌아가지 못하게 할 수 있습니다.[9]

---

8) 『藥圃集』, 「斥和疏」, "與賊對壘, 彼衆我寡, 衆寡不敵, 則取勝之道, 全在於出奇. 或埋伏要害, 或據險邀擊, 或乘其半渡, 急擊勿失, 至如夜戰火攻之類, 皆可用也. 且觀賊勢, 或固守城壕, 淸野以待, 愼勿交鋒, 以過數日則糧乏之賊, 勢將遁去, 亦可乘勢, 便成大捷云."

위는 왜적이 험준한 곳을 점거하여 견고하게 지키고 나오지 않자 적을 끌어낼 용량으로 제안한 계책이다. 수륙水陸과 후원병을 차단하고 적을 고립시켜 군량미를 소진하도록 한 뒤 매복해 있다가 기습을 감행하면 왜적을 소탕할 수 있다는 것이다. 여기서도 예의 기책奇策에서 자주 쓰이는 매복과 기습공격이 등장한다. 이와 같이 약포가 기책奇策을 선호한 것은 중과부적이라는 현실적 상황이 중요한 기제로 작용했지만 국가의 위기에 대한 절박감이 함께 반영된 것으로 보인다. 그는 "포악한 무리를 토벌하고 전란을 평정함에 있어 기이한 계책이 없어서는 안 됩니다. 만약 적합한 사람을 얻고 적합한 계책을 시행하게 된다면, 천병天兵이 다시 오기를 기다리지 않아도 나라 안에서 오히려 토벌할 수 있을 것입니다"라고 하며 기책에 대한 자신감을 보이기도 하였다. 기책을 잘 활용하면 자주국방으로까지 이어질 수 있다고 인식한 것이다. 중과부적의 상황에서도 반드시 승리하여 국가의 위기를 극복해야 한다는 절박감이 역설적으로 자신감으로 환치된 경우라 할 수 있다. 그만큼 약포에게 전란의 극복은 시급히 풀어야 할 당면과제였던 것이다.

(2) 명장의 천거와 신구

전란 극복을 위해서는 무엇보다 전쟁을 승리로 이끌 수 있는 명장名將이 절실했다. 그리하여 약포는 1594년에 선조가 인재를 천거하라는 명을 내리자 곽재우, 김덕령, 권인룡 등을 천거하였다.

---

9) 『藥圃集』, 「決策討賊箚」, "舟師以塞其往來之路, 陸焉, 馬步以截其出入之途, 使旣來者不得去, 新添者無以繼. 且塞且截, 持以旬朔之久, 則賊必樵及外絶, 糧粟內竭, 不無自斃之勢. 賊勢旣斃, 我乘積困之機, 開其一面, 誘以自遁之路, 埋伏精銳, 以成撩擊之勢, 可令全巢就覆, 片帆不返矣."

곽재우郭再祐와 같은 경우는 모두 방어하는 재주를 지녀 이미 현저하게 이름나 있으며, 김덕령金德齡 같은 이는 대장의 재주를 지녀 지금 막 싸움터에서 써 보고 있으나, 하료下僚에 막혀 있어서 혹여 재주를 다 쓰지 못해 그의 포부를 다 펼칠 수 없을까 염려됩니다. 권인룡權仁龍은 지금 항오(대열) 중에 있어 또한 그를 아는 사람이 없을까 염려됩니다.[10]

약포는 "곽재우郭再祐는 재주가 있고 지혜로우며 식견이 있고 사려가 깊으며 병법에 밝게 통하여 장수의 임무를 감당할 수 있고, 김덕령金德齡과 권인룡權仁龍은 통솔하는 재주가 있다"라고 하였다. 이들이 지닌 무장으로서의 자질에 주목하여 천거한 것이다. 김덕령과 권인룡에 대해서는 재주에 비해 자리가 낮아 그 포부를 펼칠 수 있을지 우려하였다. 인재가 적재적소適材適所에 쓰여야 함을 에둘러 진언한 것으로 보인다.

약포의 무장武將들에 대한 관심은 전세가 불리한 상황으로 치달을수록 상대적으로 증폭되었다. 특히, 전란의 와중에 일어난 무장의 옥사獄事에 대해서는 적극적인 신구伸救를 펼쳤다. 그렇다고 무작정 그들을 옹호하지는 않았다. 죄가 있으면 형벌을 받아야 하지만 불확실한 정황만 믿고 극형에 처하는 것은 오히려 적의 계략에 걸려드는 것이니 신중히 처결할 것을 진언하였다.

지금 이순신과 같은 자도 또한 얻기가 쉽지 않습니다. 이순신은 오래도록 수군을 거느려서 변방의 정세를 자세히 알고 있고, 일찍이 극악한 왜적을 무찔러 위엄과 명성이 꽤 있습니다. 왜노들이 수군을 가장 두려워하는 것도 반드시 여기에 있습니다. 적들 가운데 이순신을 도모하려는 자는 진실로 하루도 마음에서 잊은 적이 없는데,

---

10) 『藥圃集』, 「十條取士單子啓」, "如郭再祐等, 皆有守禦之才, 已有顯稱, 而至如金德齡, 則有大將才, 今方試用於戰陣, 而沈於下僚, 恐或用未盡才, 未得展盡抱負. 權仁龍則方在行伍中, 亦恐無識之者."

몇 냥의 황금도 쓰지 않고 하루아침에 가만히 앉아서 우리나라가 갑자기 현륙顯戮을 가하는 것을 보게 된다면, 적들의 행운이 될까 두렵습니다.…… 지금 이순신이 옥에 갇힌 것만 해도 이미 율명律名이 매우 엄중하다는 것은 보여 주었으니, 다시 그가 공이 있고 재능이 있다는 의론을 가지고 특명으로 사형을 감해 주어 그로 하여금 공을 세워 스스로 보답하게 한다면, 조정에서 처리하는 도리가 마땅함을 잃지 않을 듯합니다.11)

위는 「이순신옥사의李舜臣獄事議」의 일부이다. 이순신의 혐의는 왜적의 무고誣告이므로 은전을 베풀어 전공을 세워 보답할 수 있는 기회를 주도록 청한 것이다. 약포는 「논구이순신차論救李舜臣箚」에서도 "죄목이 매우 엄중하다 하여 조금도 용서하지 않고, 또 공로와 죄상의 비중을 묻지 않고 공로와 능력의 유무를 헤아리지 않은 채, 그 정세를 천천히 규명하여 보지도 않고 끝내 큰 벌을 내린다면, 공이 있는 자도 스스로 더 권면할 수 없고 능력이 있는 자도 스스로 더 면려할 수 없을 것입니다" 라고 하며 은전을 내려주기를 청하였다. 이순신의 처형은 개인의 문제가 아니라 국가의 존망과 관련된 중차대한 사안이므로 감형하여 국가의 전란을 극복할 기회를 주어야 한다는 것이다. 이 헌의는 가납되어 '이순신의 사형을 감면하라'는 특명이 내려졌다. 약포의 상소로 방면된 이순신은 이후 수군통제사로 복귀하여 명량해전과 노량해전에서 승리함으로써 국가를 위기로부터 구했던 것이다. 약포의 신구伸救가 국체를 보존하는 데 기여한 셈이다.

김덕령의 옥사 사건이 일어나자 약포는 사건의 전말을 면밀히 검토한

---

11) 『藥圃集』, 「李舜臣獄事議」, "今如舜臣者, 亦未易多得. 舜臣久將舟師, 備諳邊情, 嘗挫劇賊, 頗有威聲. 倭奴之最怕舟師者, 未必不在於此. 敵人之欲圖舜臣者, 固未嘗一日忘于心, 而不費數兩黃金, 而一朝坐見我國遽加顯戮, 恐爲敵人之幸也……今舜臣繫獄, 旣示以律名之甚嚴, 復以其有功有能之議, 特命減死, 使之立功自效則朝家處置之道, 似不失宜."

후, 정황을 살피지도 않고 왜적의 입에 이름이 오르내린 것만으로 김덕령을 역모죄로 처형하려는 것은 부당한 처사임을 진언하였다. 아울러 김덕령의 옥사는 의혹이 강하므로 신중하게 처결하되 장수로서 전공을 세울 수 있도록 관용을 베풀어 주기를 청하였다. 자신이 추천한 인재라 하여 편파적으로 두둔하거나 옹호하지 않고 합리적인 시각에서 김덕령의 옥사에 접근한 것이다. 그의 신구伸救가 균형감각을 잃지 않은 까닭이 여기에 있다.

4. 맺음말

약포는 현안 문제를 상소를 통해 적극적으로 개진하였다. 『약포집藥圃集』에는 소疏, 차箚, 계啓, 헌의獻議, 전箋 등 52편의 상소문이 수록되어 있다. 그는 과격한 말로 임금을 자극하지 않고 한결같이 성의誠意로 임금을 감동시켜 간언諫言을 받아들이게 한 쟁신諍臣으로 평가할 수 있다.

『약포집藥圃集』에 수록된 상소문은 전란에 따른 현안 문제와 그 해결방안, 그리고 사직을 청한 글이 대부분을 차지하고 있다. 특히, 전란이라는 위기를 바라보는 약포의 시각과 그 위기를 타개하고 극복하려는 대응자세가 주목할 만하다.

약포의 상소는 온통 전란 극복을 위한 방안의 진언進言에 집중되어 있다. 전란을 평정하여 국체國體를 보존하는 일은 선택사항이 아니라 신명身命을 다 바쳐 이루어야 할 가장 시급한 과업이었다. 그 타개의 방안을 마련하기 위해서는 우선 형세 파악이 무엇보다 긴요하였다.

이처럼 약포는 일의 형세를 정확하게 파악함으로써 그 구체적인 해결방안의 토대를 마련할 수 있었던 것이다. 이러한 형세 판단은 수합된 정보를 깊게 분석하여 전체적인 맥락에서 읽어 낸 통찰력에서 이루어진 것이다. 오랜 국정경험과 깊은 식견이 있었기에 가능했다.

약포는 일의 형세 파악 못지않게 시의時宜의 포착을 중시하였다. 형세 파악이 해결방안의 모색을 위한 토대 또는 전제라면, 시의時宜의 포착은 그 자체가 원론적이고 포괄적인 해결방안이라 할 수 있다.

이런 토대와 원칙론을 바탕으로 이루어진 전란 타개의 구체적인 대응과 방안은 기책奇策의 전략戰略 제안, 명장名將의 천거와 신구伸救라 할 수 있다. 그는 전란을 승리로 이끌기 위해서는 상황에 맞는 전략과 전술의 활용이 매우 긴요하다고 하였다. 아울러 이런 전략과 전술을 능수능란하게 구사할 수 있는 명장의 중용重用을 역설하였다. 억울한 누명에 빠진 명장의 신구伸救에 각별한 노력을 기울인 이유도 바로 여기에 있었다.

제7장 약포 정탁의 정주학 수용 양상

김 낙 진

1. 학통

약포藥圃 정탁鄭琢(1526~1605, 중종 26~선조 38)은 학자이자 관료였지만, 전자보다는 후자의 면모가 훨씬 더 강한 사람이다. 33세에 문과에 급제한 후 75세에 사임할 때까지 환로를 떠나지 않았고, 임란 시의 공로를 인정받아 호종공신에 책봉되었으며, 정승의 벼슬까지 역임하였으니, 관료로서 성공적인 삶을 살았다. 실무형 관료라기보다는 학자형 관료에 가까운 사람이 그였다. 30여 년 가까이 경연經筵에 출입하였다는 사실을 보더라도 그렇다.[1] 학자들이 흔히 그렇듯이 그가 지녔던 관념적 태도는 온화한 인품과 합해져서 세인들로부터 우활迂闊하다는 평가를 받게 된 원인인 듯한데, 고봉高峯 기대승奇大升(1527~1572), 우복愚伏 정경세鄭經世 (1563~1633), 동강東岡 김우옹金宇顒(1540~1603) 등 당대의 학자들과 함께 경연에 나갔다는 것에서 그의 학문적 수준을 짐작할 수 있다.

그의 사승師承관계부터가 범상치 않다. 퇴계退溪 이황李滉(1501~1570)과

---

1) 「(정탁)年譜」, 42세조, 『藥圃先生文集』 1(경인문화사, 1993), 27쪽.

남명南冥 조식曺植(1501~1572)을 스승으로 섬김으로써 그는 영남 최고의 학자들로부터 학문적·정신적 세례를 받았다. 17세부터 이황의 문하에서 공부한 그는 월천月天 조목趙穆(1524~1606), 서애西厓 유성룡柳成龍(1542~1607), 학봉鶴峰 김성일金誠一(1538~1593), 한강寒岡 정구鄭逑(1543~1620), 백담柏潭 구봉령具鳳齡(1526~1586), 설월당雪月堂 김부륜金富倫(1531~1598) 등 이 학단의 중진들과 지속적인 관계를 유지하였다.[2] 『도산문현록陶山門賢錄』에 그가 이황의 문하에 드나들면서 "심학心學의 요체를 배웠고 실천의 공부를 더하였다"[3]고 기록된 것을 보면, 그는 스승을 중심으로 심화되고 있던 조선 유학의 심학화 현상의 한가운데에 서 있었다. 이황은 그에게 학문은 물론 삶의 태도에서도 모범이었다. 이황의 사망을 알리는 부고가 조정에 도착한 날 석강夕講에 입시入侍한 그는 "우리나라에 학문하는 사람이 혹간 있었으나, 조예造詣가 정밀하고 깊으며, 실천이 순수하고 굳센 이는 오직 이 한 사람뿐입니다. 그의 진퇴進退·출처出處·사수辭受·취여取與가 모두 후인들의 모범입니다"[4]라고 함으로써 존경심을 표하였다.

정탁이 남명학단과 관계를 맺은 것은 36세에 진주향교의 교수가 되었을 때였다. 「연보」는 남명 조 선생으로부터 벽립천인壁立千仞의 기상을 배웠고, 처음부터 끝까지 절의節義를 온전히 할 수 있었던 것은 이때 얻은 것이 많았기[5] 때문이라고 하였다. 황여일黃汝一(1556~1622)이 쓴 「행

---

2) 柳成龍은 "처음부터 끝까지 선을 행하는 도"를 칭찬하였고, 鄭逑는 "拳拳히 선을 좋아하고, 勉勉히 進德하고, 지위는 三事에 이르고, 나이는 八旬에 이르렀으나, 묻고 배우는 정성이 미치지 못하는 듯하였는데, 나와는 무간한 사이였다"고 하였다.(「퇴계문인록」, 『약포선생문집』 2, 217쪽.) 정탁의 詩세계를 분석하면서 그의 교우관계를 언급한 글로는 여운필, 「藥圃 鄭琢의 삶과 詩世界」, 『韓國漢詩作家研究』 제6집(한국한시학회, 2001)을 참고하였다.

3) 『陶山門賢錄』, 『退溪全書』 4(성균관대학교 대동문화연구원, 1985), 342상a. 정탁의 연보는 "이황에게 心學의 요체와 진실을 실천하는 공부를 배우고 口耳로써 일삼지 않도록 배웠다"(17세조)고 하였다.

4) 「연보」 45세조, 28쪽.

장行狀」, 동계桐溪 정온鄭蘊(1569~1641)이 쓴 「묘지명墓誌銘」이 모두 두 스승의 감화를 거론하고 있거니와, "이황은 온유돈후溫柔敦厚한 인품의 소유자였고, 조식은 직절과강直截果剛한 인품의 소유자였는데, 정탁은 두 명현名賢을 스승으로 하여 안으로는 굳건한 심지心地를 지니고 밖으로는 온아溫雅한 기상을 견지하면서도 필요에 따라서는 강의한 절의를 실천하는 외유내강한 인품을 얻었던 것이다."[6]

정주학程朱學을 수용하고 심화하면서도 독자적 영역을 개척하는 두 인물들로부터 학문을 배운 정탁은 이들에 의해 이해된 정주학적 세계관과 인생관을 행위의 바탕으로 삼았다. 이 시대 사림파 학자들이 공유하는 정치적·도덕적 사태에 대한 비판적 성찰을 자양분으로 하면서, 두 문하에서 습득한 학문적 관점을 통해 자기를 정립하고 행위 하고자 한 학자가 정탁이다. 더욱이 이 시기는 정주학적 지식을 수용하는 데 그치지 않고, 그것을 일상화하던 시대였다. 본고는 이러한 분위기 속에서 활동한 정탁의 정주학 수용 양상을 검토하고자 한다.

그의 유고에는 조선 유학자들의 문집에 빈번히 게재되는 성리학 관련 논문이 없다. 그보다 정주학적 세계관과 자기 정립의 노력인 수양에 대한 감흥과 각오를 시라는 형식으로 발표하였다.[7] 간략하고도 상징적인

---

5) 「연보」 36세조, 26쪽. 황여일, 「行狀」, 『문집』 2, 415쪽.

6) 이상필, 「壬亂時 在朝 南冥 문인의 활동」, 『남명학연구』 제2집(1992), 189쪽. 설석규는 「壁立千仞에서 관용의 이치를 터득한 정승―藥圃 鄭琢」(『선비문화』 제9집, 남명학연구원, 2006)으로 정탁의 인품을 요약하였다. 그는 이러한 인품을 주로 조식의 訓導라는 측면에서 조명하였는데, 사사한 기간이나 교유관계, 학문 내용 등을 종합하여 볼 때, 조식의 영향을 과도하게 부각시켰다는 느낌을 준다.

7) 그의 시는 문학적으로 그다지 높은 평가를 받지 못하였다.(여운필, 「藥圃 鄭琢의 삶과 詩世界」, 53쪽.) 사실 그의 시는 눈에 띄는 시인다운 창의성이나 문학적 감수성이 많지 않다. 그보다는 철학적 관념을 시의 형식으로 표현한 것이 대부분이다. 본고는 주로 이것을 연구의 대상으로 삼았다. 그의 시는 원집과 속집에 수록되어 있는데, 그 창작 시기에 대하여서는 여운필, 「藥圃 鄭琢의

시문은 성리철학을 논리적 체계적으로 밝히는 데 유리한 자료는 아님이 분명하다. 따라서 주로 그의 시문을 해석의 대상으로 삼는 본고는 그의 정주학에 대한 정밀한 분석이 아닌 그의 의식 세계에 대한 개략적 묘사에 그칠 것이며, 정주학의 심층적 수용을 통해 새로운 세계관과 인생관을 확립해 가던 이 시대 사람들의 정신세계를 짐작해 보고자 한다.

2. 선호한 경전들

「행장」은 정탁이 경학經學을 위주로 하면서도 천문天文·지리地理·역수易數·병가兵家의 학문을 탐구하였고, 팔진八陣과 육화六花 등의 진법에도 깊은 관심을 기울였다[8]고 함으로써 경학에 정통한 학자이면서도 실사實事에 관련된 학문에도 박학하였음을 알려 준다. 그런 그가 철학적 정신적 차원에서 중시한 전적은『소학小學』·『대학大學』·『중용中庸』이었다. 정온은 이렇게 적고 있다. "(정탁은) 경經·사史에 관통하지 않음이 없었으나,『중용』과『대학』을 더욱 좋아하여 늘그막에 이르러서도 묵송默誦하기를 그치지 않았으며,『소학』을 매우 신뢰하여…… (주자의) 여러 책을 초록하여『소학연의小學衍義』를 만듦으로써 입교立敎·명륜明倫·경신敬身의 뜻을 넓히고자 하였으나 완성하지 못하였다."[9] 유가의 경經·사史에 대한 학습이 그가 세상을 바라보는 관점과 삶의 태도를 형성하였을 것인데, 그것은 다시『소학』·『대학』·『중용』의 정신으로 요약될 수 있는 것이었다. 따라서 그의 정주학 수용 양상을 따지는 본고는

삶과 詩世界」, 60~61쪽 참조.
8) 黃汝一,「행장」, 435~436쪽.
9) 鄭蘊,「貞簡公西原府院君鄭公墓地銘」,『문집』2, 159쪽.

주로 이것들에 관한 그의 생각에 주목하고자 한다.

『소학』·『대학』·『중용』을 중시한 것은 조선 정주학계의 일반적 사정을 감안하면 특이한 일은 아니다. 사림파土林派는 소학수진을 한 선배들을 자신들의 학문적·정신적 연원으로 여겨 『소학』의 학습을 공부의 출발점으로 삼았다. 『대학』·『중용』은 정주학자라면 누구나 학습하는 기초 서적이었다. 더욱이 정탁은 이 서적들에 대한 자신의 견해를 밝힌 글을 남기고 있지 않으므로 그가 이것들에 부여한 의미를 짐작하기도 쉽지 않다. 그러므로 이에 대해 그가 가지고 있던 생각을 이해하기 위해서는 학계 일반의 풍토, 그중에서도 퇴계학단의 의식을 검토하는 일로부터 출발해 보는 것이 좋을 것이다.

『소학』과 『대학』을 중시한 이황은 집 짓는 일에 비유하여 이 서적들의 가치를 설명하였다. 『소학』은 집을 짓기 위하여 기초를 닦고 재목을 준비하는 일이라면, 『대학』은 그 기초 위에 집의 골격을 만들어 가는 일이라고 설명하였다.[10] 집의 기초를 만드는 일에 비유된 도덕적 인격의 정립이 『소학』의 학습을 통해 이루어진다는 생각에 정탁이 동의하였을 것이라는 점은 가칭 『소학연의』를 편집하고자 한 것에서 미루어 짐작하기 어렵지 않다. 이 『소학』의 기초 위에서 전개되는 『대학』의 학습은 신身·가家·국國·천하天下라는 순서대로 수修·제齊·치治·평平의 학습과 사고를 확산시켜 가는 과정이다. 정탁은 이것을 다음과 같이 시로 말하였다.

공부에는 차서가 있으니,　　　　　　　　　　　　　　　　工夫有次序
이에 힘쓸 수 있는 사람이 군자라네.　　　　　　　　　　　君子是能勖

10) 「退溪先生言行錄」, 『退溪全書』 4(성대 대동문화연구원, 1985), 172하b~173상a.

자기로부터 말미암아 남에게까지 미루어 가고,　　　　　　　由己可推人

집안으로부터 시작하여 나라에까지 이른다.11)　　　　　　　自家便及國

이황의 말대로라면 다른 경전 및 성리서의 학습은 이『대학』의 골조
위에 장식을 입히는 일이다.12)

　현재 남아 있는 시문을 볼 때, 그가 가장 애독하였던 서적은『대학』과
『중용』이었다. 두 서적의 핵심적인 용어들이 그의 시작詩作과 철학적·도
덕적 사유의 기본적인 골격을 형성한다. 명덕明德·명명덕明明德·신독愼
獨·성誠·명성明誠·비은費隱·중中 등이 그가 즐겨 사용한 시어이거나
표현하고자 한 주제였다.13)『대학』과『중용』이 그의 뇌리를 지배하는
경전이었고, 그 중에서도『중용』에 나타난 사상이 그의 내면세계를
지배한 철학이었다고 추정된다.

　그는 유가의 진리는 중용일 뿐이라고 강조한다.

우리의 도道는 중용에 있는데,　　　　　　　　　　　　　吾道在中庸

어찌하여 과過·불급不及할까?　　　　　　　　　　　　　奈何過不及

군자가 되는 까닭은,　　　　　　　　　　　　　　　　　所以爲君子

선善을 택하여 굳게 잡는 데 있다네.14)　　　　　　　　擇善而固執

---

11) 정탁,「閑居感興 十二絶」中 其十二,『문집』2, 245쪽.
12)「퇴계선생언행록」, 173상a.
13) 주희는 章句의 구분이 없던 古本中庸을 33장으로 나누고, 다시 내용에 따라 六大
　　節로 나누었다. 제1절은 장구 首章으로 和를 설한 것이고, 제2절은 장구 제2장
　　에서 제11장까지로 中庸을 설한 것이고, 제3절은 제12장에서 제19장까지로 費隱
　　을 설한 것이고, 제4절은 제20장에서 제25장까지로 誠을 설한 것이고, 제5절은
　　제26장에서 제32장까지로 大德·小德을 설한 것이며, 제6절은 마지막 장으로 제
　　1장의 뜻을 거듭 밝힌 것이라고 한다.(朱熹,「讀中庸法」,『中庸章句』) 각 대절을
　　요약한 용어들이 정탁의 詩語 또는 주제로 사용된다.
14) 정탁,「閑居感興 十二節」中 其九,『문집』2, 244쪽.

주자학자로서, 퇴계학단의 학자로서『중용』에 보인 깊은 관심은 심학, 그중에서도『심경부주心經附註』의 천착을 통해 조선 특유의 심학 이론을 형성하였던 이황의 학풍과 관계있다고 논자는 추정한다.[15] 그는 주자의 「중용장구서中庸章句序」와 서산西山 진덕수眞德秀(1178~1235)의 「심경찬心經贊」을 연상시키는, 도통관道統觀을 담은 시를 남기고 있다.

마음을 보존存心함은 오로지 경敬에 있으니,	存心惟在敬
군자는 밥 먹는 사이에도 허둥거리지 않는다네.	君子不遑食
우순虞舜은 하늘을 우러러 공경하였고,	虞舜仰欽哉
주周나라 문왕文王은 공경하고 삼갔다.	周文思翼翼
중니仲尼는 큰 덕이 있었고,	仲尼有大德
만고에 사람들이 모두 우러른다네.	萬古人皆仰
......	
천 년 동안 진짜 유학자가 없었으니,	千載無眞儒
멀도다! 우하虞夏의 시대여.	遠哉虞夏世
신불해申不害와 한비韓非가 세상을 어지럽혔는데,	申韓紛雜亂
누가 떨어진 실마리를 찾았는가?	誰復尋墮緒
양자楊子와 묵자墨子는 각기 한쪽으로 기울었으니,	楊墨各偏倚
중中을 잃음은 둘이 똑같다.	失中斯所同
집중執中 또한 불가한데,	執中亦不可
자막子莫이 집중執中하였다네.	子莫還執中
......	
사도師道가 오랫동안 쓸쓸하니,	師道久寥寥

---

15) 위의 「연보」 77세조에는 "梅堂 權旭과『心經』을 강하였다"고 하였는데, 이것이 최초의 강은 아닐 것이다. 퇴계학단의 일원으로서 정탁 역시『심경』및『심경부주』 연구에 참여하였을 것이라고 추정되는데,『심경부주』 수용에 대한 퇴계학파의 공헌에 대해서는 송희준, 「우리나라에 있어서 심경 주석서의 사적 전개」, 『동방한문학』 제15집(동방한문학회, 1998)을 참조.

천추千秋에 자양紫陽선생을 그리워한다.	千秋想紫陽
성음聲音은 작아져 다시 접할 수 없으니,	音微無復接
구름 같은 세상 내 마음 슬프게 한다.	雲物我心傷
도산陶山선생이 성인聖人의 도를 강론하시니,	陶山講古道
바다 밖에서도 북두北斗처럼 우러른다.	海外皆斗仰
선비들이 스승으로 모시니,	函丈士摳衣
우리 동방의 문물이 상실되지 않았구나.16)	吾東文不喪

요순堯舜의 16자 전법을 선구로 하여 도가 공孔·맹孟·정程·주朱로 이어진다는 유학의 도통관을 계승하면서, 여기에 이황(도산)을 첨가하고 있다. 그런데 요순이 서로 전한 심법心法과 도통이 있음을 천명하고 『중용』은 그 서로 전한 심법을 기록한 책이라고 이해한 사람은 주자이다. 그의 생각을 계승하면서 심법을 부연한 책이 진덕수의 『심경心經』이다. 수양론의 핵심적 목표는 중을 잡는 데 있고, 그 방법은 경敬공부에 있다고 보고 그에 관한 이론을 집성한 것이 이 책이다.17) 이황이 진덕수의 『심경』에 주석을 더한 정민정程敏政의 『심경부주』를 신명神明처럼 부모처럼 존숭한 까닭도 심학공부의 절차를 상세하고도 체계적으로 제시했기 때문이었다. 후일 정구는 『심경부주』를 개작한 『심경발휘心經發揮』를 저술하기도 하였지만, 경공부를 바탕으로 중을 추구(執中)하는 수양론의 수용은 퇴계학단의 공통된 입장이었다. 정탁은 바로 이 점에서 요순 이래의 도통에 이황을 포함시키고 있다고 볼 수 있고, 그렇다면 그의

---

16) 정탁, 「慕古 八絶」, 『문집』 2, 256쪽.
17) 『心經』의 머리말에 해당하는 진덕수의 「心經贊」은 舜·禹의 16字 傳法이 萬世 心學의 淵源임을 밝힘으로써 시작하는데, 이것은 주희의 『중용』 해석을 계승하여 그 정신의 바탕 위에 수양론 즉 경공부의 필요성을 제기하고 있음을 보여 준다. 정민정, 「心經附註序」, 『心經附註』(보경문화사, 1986), "盖是經所訓, 不出敬之一言."

『중용』에 대한 관심은 『심경』 연구의 학풍이 형성되었다는 전반적 상황 속에서 이해될 수 있다.18)

3. 정주학 수용 양상

1) 주자학적 세계관의 수용

유가의 도를 중용이라고 파악한 정탁은 중용의 의미를 두 가지 측면에서 이해하고 있다. 하나는 위에서 보았듯이 과·불급이 없음이고, 다른 하나는 우리의 생활을 구성하는 일상적 인간관계에서 요구되는 도리라는 의미이다. 그는 후자를 다음과 같이 언표하였다.

큰 도는 본래 평이하니,	大道本平易
종래從來로 사람에게서 멀리 있지 않다네.	從來不遠人
오로지 시종일관하여야 하니,	始終惟一貫
결과와 힘써 공부함(功力)은 서로 말미암는다네.	功力實相因
......19)	

---

18) 眞德秀야말로 『대학』과 『중용』을 중시한 학자였다. 顔若愚는 스승 진덕수의 저술이 모두 『중용』과 『대학』에 근본하였다고 증언하였다.(정민정, 『심경부주』, 3상b, "其著書皆本於中庸大學......") 아울러 시야를 확대하면 정탁의 『중용』 중시는 天命圖說을 제작하던 학풍과도 관계가 있다고 보인다. 중용의 정신을 기본축으로 하여 세계와 인간을 연결 짓는 것이 천명도이다. 鄭之雲, 이황, 金麟厚 등이 이에 관여하였고, 사단칠정론의 단서도 여기서 마련되었다. 또한 이황이 '敎人之方'의 일환으로 제시한 독서 순서 역시 정탁을 이해하는 데 간접적인 도움이 될 수 있을 것이다. 이황, 『언행록』, 30상a, "先生敎人, 先之以小學, 次及大學, 次及心經, 次及語孟, 次及朱書, 而後及諸經."

19) 정탁, 「觀書寓感 二絶」, 『문집』 2, 250쪽. 위의 시 뒷부분에 그는 다음과 같이 읊었다. "力學不能已, 流年須更惜, 古人志有在, 時來佐明辟." 논자는 이것을 부지런히 공부하여 후일 明君을 돕는 治國平天下의 결과를 꾀하여야 한다고 이해함으로써 功力의 功을 '결과'로 해석하였다.

도가 평이하다는 것은 일상생활에 도가 있다는 말이다. 도는 현실에서 유리되어 있는 것이 아니라 일상의 생활에서 실천할 생활 규범이라는 것이며, 또한 일거수일투족까지도 도에 의하여 제어되어야 한다는 신념의 표현이다. 도의 지배에서부터 벗어날 수 있는 곳은 물리적으로나 정신적으로 없다는 것인데, 평범한 일생 생활마저도 도덕에 의하여 통제되어야 한다는 경건주의이다.[20]

그 일상은 행위 주체와 타인을 포함한 사물이 공존하면서 관계를 맺고 살아가는 세계이다. 이 관계망의 공간에서 도덕적 주체는 사물에 대한 적의한 판단과 행위를 실천하여야 하고, 그 판단과 행위가 유가의 도덕적 규율에 합치될 때 시중時中이라고 한다. 그런데 주자학은 사물들에 본래부터 이치가 부여되어 있다고 봄으로써, 객관적 판단과 선택을 강제한다. 사와 물의 세계는 인위적 주관적이 아닌 객관적 이치의 세계이며, 인간의 대응은 그 이치에 합당한 것이어야 한다. 정탁이 이 사물의 세계가 이치의 세계임을 드러내고자 할 때 즐겨 사용한 소재는 『중용』의 연비어약鳶飛魚躍이었다.

대臺 아래 물고기 떼가 자유로이 노니는데,	臺下群魚自在遊
비늘 반짝이고 지느러미 흔들며 그칠 줄 모르네.	揚鱗縱鬣不知休
이에 지극한 이치가 천지를 가득 채우고 있음을 생각하니,	仍思至理盈天地
하늘을 나는 솔개와 더불어 위·아래에서 유행하는구나.[21]	併與鳶飛上下流

---

20) 또 도리의 일상화가 사회적으로는 鄕約으로 나타난다고 할 때, 그는 향약 운동에 앞장서기도 하였다. 그의 향약 운동에 대해서는 박익환, 「약포 정탁의 생애와 임란 극복의 공적」, 『진주문화』 제18호(진주교대 진주문화권연구소, 2002)를 참고.
21) 정탁, 「桃村八詠」, 『문집』 2, 257쪽.

연비어약은 본래 『시경詩經』「대아大雅・한록편旱麓篇」의 "연비여천鳶
飛戻天, 어약우연魚躍于淵"에서 가져온 말이다. 주자는 이것이 사물의
세계는 도道가 작용한 결과 아님이 없고(費) 그 이면에 보이지 않는(隱)
도체道體가 있음을 노래함으로써, 모든 현상에 리理라는 원인이 있음을
알려주는 시구라고 해석하였다. 이에 따르면 도의 용用은 필부필부匹夫
匹婦도 능히 알 수 있고 행할 수 있는 것으로부터 성인聖人도 다할
수 없는 것까지 광범위한 것이지만, 소이연所以然으로서의 리가 있고
그것이 작용하여 나온 것이 광범위한 도의 작용이다. '연비어약'은
그것을 상징한 시어이다.22)

정탁에 의하면 사물들은 리의 존재와 작용을 의식하지 못함에도
불구하고 이 사물의 세계는 조화를 이루고 있다. 그렇다면 그것들로
하여금 그렇게 되도록 하는 원인자가 있어야 한다. 그는 그것을 건원乾元
이라고 한다.

건원乾元은 아울러서 기르니,	乾元咸竝育
만물은 서로 해하지 않는다.	萬物不相害
이 하늘 밖에 다시 이치가 없으니,	天外更無理
본래부터 하나이자 큼(一大)이다.23)	從來本一大

건원은 유일하고도 위대한 근원으로서의 하늘이다. 그리고 정주학의
천즉리天卽理라는 명제에 의하면 리理이기도 하다. 주자학에서 소이연으
로서의 일리一理라고 말하는 원인자가 그것이다.

---

22) 주희, 『中庸章句』제12장 및 주자 주 참고.
23) 정탁, 「齋居詠懷 十三絶」, 『문집』2, 262쪽.

지극한 도가 은밀한 곳에 감추어져 있어,　　　　　　至道藏於密

사방의 사물들을 분분히 생生한다.　　　　　　　　紛紛生事物

그 종류는 수없이 많지만,　　　　　　　　　　　厥類雖百千

그 이치는 하나에 근본根本한다네.　　　　　　　　其理本乎一

천지가 무슨 말을 하리,　　　　　　　　　　　　天地亦何言

만물은 질그릇과 같다.　　　　　　　　　　　　萬物猶陶器

조화造化에 참된 주재자가 있으니,　　　　　　　造化有眞宰

중간에는 단지 일기一氣뿐이네.24)　　　　　　　中間只一氣

　세계는 하나의 기氣(一氣)로 가득 차 있는 시간과 공간이며 그 가운데에
서 생성과 소멸이 거듭하면서 부단히 사물 현상이 전개되지만,25) 그
조화의 이면에는 참된 주재자가 있다. 이치가 그것이다. 사물들은 그
이치의 주재 작용에 의하여 생성·소멸·변화하는데, 만물이 소유한
이치는 일리에서 파생된 것으로서 '이치는 하나이지만 나뉘면 달라진다'
(理一分殊)고 설명된다.26)

　이치는 기를 이용하여 세계를 변화시키고 표현한다. 그리하여 그
규칙성은 물리적으로는 상상과 수數를 통해 드러나니 리체상용理體象用으
로도 파악할 수 있는 것이 이 세계이다. 주자는 의리역義理易을 중심으로
삼으면서 상수역象數易과 점서역占筮易을 종합하였고, 이황은 그 주자를
추종하였다. 정탁은 이황 문하의 학자로서 상수학象數學에도 조예가
있었다. 상수를 통해 세계의 변화와 그 특성을 이해할 수 있다고 그는
믿었다.27) 이치와 상수의 존재, 그리고 그에 대한 이해 가능성이야말로

---

24) 정탁, 「讀邵子易 四絶」, 『문집』 2, 250쪽.

25) 정탁, 「偶吟」, 『문집』 2, 285쪽, "一氣恒轇轕, 自然成歲功, 往來宇宙間, 千古無終窮."

26) 정탁, 「재거영회 십삼절」, 262쪽, "一理杳無聲, 萬殊之所由, 考亭千載後, 誰復說從
頭……."

27) 「연보」, 57세조, 31쪽, "先生精於象數之學, 少時陶山門下, 已曉渾儀制度……." 그의

사물들에 둘러싸인 인간이 시의에 맞는 행위를 할 수 있는 존재론적, 인식론적 근거이다.[28]

　이것이 정탁의 시문을 통해 찾아지는 세계 이해의 대략이지만, 여기서 간과하고 넘어갈 수 없는 것이 건원乾元이라는 표현을 즐겨 사용한다는 점이다. 건원은 『주역周易』의 용어이다. 건乾은 하늘(天)의 상상象이자 "하늘의 성정性情"이다. 원元은 "만물(생성)의 시초"[29]를 뜻한다. 또한 건은 아비(父)와 군주(君)의 상으로서 만물생성을 주재하는 존재를 상징한다.[30] 그러나 주자학의 논리에 따르면 하늘이 주재자가 아니라 리理가 주재자 또는 소이연이며, 하늘은 리에 의하여 발생하는 사물 중의 하나이니, 이 둘 사이에는 명백한 구분이 있다.[31] 인간을 포함한 사물은 하늘로부터 이치를 실제로 부여받는 것이 아니라, 시간과 방소方所의 제한이 없는

　「觀物吟 四絶」(『문집』 2, 255쪽)은 그의 상수학적 소양을 보여 주는 참고자료이다. 이렇게 易學을 활용하여 세상을 이해할 수 있다는 것은 그의 스승 이황의 견해이기도 하였다. 이황, 「퇴계선생언행록」, 27하b, "金土純學啓蒙書, 曰此書於初學工夫, 則似不親切. 先生久之曰若於此書熟讀詳味久久, 實體呈露, 目前事物, 無非這箇, 如何不親切."

28) 정탁은 상수학에 관심이 깊었던 것으로 보인다. 『선조실록』, 27년 11월 12일(병술), "辰時에 상이 別殿에 나아가 비로소 『周易』을 강하였다.……知事 左贊成 鄭琢이 아뢰기를, '氣數에 대한 설은 감히 상달할 수 없거니와, 지금 이 변란은 전고에 없던 것입니다. 비록 인간의 일이 그를 불러일으킨 것이라 하지만, 어찌 인간의 일에만 연유한 것이겠습니까' 하니, 상이 답하지 않았다"라고 하였다. 이에 대하여 선조는 물론이고 史臣 역시 불만이었던 듯하다. "사신은 논한다.…… 애석하다, 당시 신하들이 학술이 노무하여 능히 성인이 밝힌 진퇴 존망의 이치로 계발하고 보도하지 못하고 더러는 氣數의 설로써 한갓 임금의 귀를 어지럽히기만 했으니 아, 이것이 어찌 『주역』을 강론하는 본의이겠는가!"라고 비판하였는데, 이것은 형이상학적이고 관념적인 성향에 대한 불만일 것이다.(CD-ROM 『국역 조선왕조실록』, 서울시스템(주) 한국학 데이터베이스 연구소, 1997.)

29) 程頤, 『易傳』(『周易』 수록본, 보경문화사, 1994), 63상a~b.

30) 『주역』, 「說卦傳」 제10장 및 제11장, 643상a~하b. 그리고 『周易』, 乾卦, "象曰大哉乾元! 萬物資始, 乃統天. 雲行雨施, 品物流形. 大明終始, 六位時成, 時乘六龍以御天. 乾道變化, 各正性命, 保合太和, 乃利貞. 首出庶物, 萬國咸寧."

31) 『역전』, 63상a, "夫天專言之, 則道也. 天且弗違也."

형이상자形而上者인 리가 사물마다 내재할 따름이다. 그럼에도 그가 건원이라는 용어를 중시한 것은 이것이 주재자의 상이기에 세계 생성의 원인자인 리의 작용을 건이라는 상을 통해 묘사하고, 그 천의 덕성으로 간주되는 자강불식自彊不息의 태도를 부각시키기 위함이라고 생각된다.32) 아버지와 같은 신성한 하늘의 이치를 나누어 가진 인간은 그 신성함을 분유分有하고 있으므로 하늘을 본받아야 한다고 그는 생각한다.33) 건원의 자강불식함을 『중용』은 지성무식至誠無息의 의미를 지닌 성誠으로 바꾸어 놓았고, 그를 본받는 인간의 부단한 노력을 성지誠之라고 하였는데, 이 용어 역시 그의 중요한 시어였다.

2) 수양론의 성격

정탁에 의하면 인간은 객관적 이치를 본구한 사물의 세계에 존재하면서 그것에 적의適宜하게 대응할 수 있는 능력이 있다.

태어날 때 백성은 본성을 품부稟賦받으니,　　　　　　　厥初民稟賦

하나라도 온전한 하늘 아님이 없다.　　　　　　　　　　無一不全天

......

마땅히 행할 도리는,　　　　　　　　　　　　　　　　當行底道理

본성을 따르지 않는다면 다시 어찌 실천할 수 있으랴?34)　不率更何爲

인간은 사물과 동일한 이치를 품수하고 있으면서 외물과 내면의 이치를 지각함으로써 매사에 도에 합치하도록 적절히 대응할 수 있는

---

32) 「說卦傳」 제7장, 641하a, "乾, 健也.", 건괘, 75하b, "象曰, 天行健, 君子以自强不息."
33) 정탁, 「관물음사절」, 255쪽, "君子法天道."
34) 정탁, 「齋居詠懷 十三絶」, 262쪽.

'구중리具衆理 응만사應萬事'의 능력이 있다.

그러나 선한 본성을 타고났음에도 인간이 선하지 못하다는 것이 현실이다. 그는 리를 품부稟賦받아 자신 속에 온전한 하늘을 품고 있는 인간이 "어찌하여 외물外物에 부림을 받아 점차로 본연을 잃어 가는가"라고 한탄하였고, 그렇게 된 까닭을 기질氣質에 통색通塞이 있다는 점에서 찾는다. 그리고는 하늘이 부여한 최초의 상태로 복귀할 수 있음을 확신하면서[35] 수양의 방법으로 『중용』의 성誠과 명明을 제시한다.

도는 본래 형체가 없으니,	道是本無形
어찌하면 찾을 수 있을까?	如何求得覓
명明과 성誠을 함께 실천하면,	明誠要兩進
성현聖賢의 경지에 들어가고도 남지.[36]	優入聖賢域

성과 명은 『중용장구中庸章句』 제21장의 '자성명自誠明 자명성自明誠'에서 연원한 개념들이다. 주희의 주석에 의하면 자성명은 "덕德이 진실하지 않음이 없고 밝음明이 비추지 않음이 없는 상태"로서 성인聖人의 경지이다. 이에 비하여 자명성은 "먼저 선을 밝히고 이후에 그 선을 진실하게 해 나갈 수 있는 경지"로서 "현인이 모범이 되는 가르침을 학습하여 배움으로 들어가는 것"을 뜻한다.[37] 정탁이 사용하는 공부법으로서의 성과 명은 이 두 구절의 앞부분에 해당한다고 볼 수 있다. 그러나 전자는 『심경부주』에 인용된 초려草盧 오징吳澄(1249~1333)의 분석처럼, 진실무망

---

35) 정탁, 「재거영회 십삼절」, 262쪽, "胡奈役外物, 浸浸喪本然.";「閑居感興 十二絶」, 『약포선생속집』, 245쪽, "學道在明誠, 人稟有通塞, 休言我蔑劣, 他一己當百.";「心體 二絶」, 254쪽, "塵磨鏡還明, 風靜派自止, 誰復厥初心, 止派明鏡矣."
36) 정탁, 「勉學 三絶」, 『문집』 2, 253쪽.
37) 주희, 『중용장구』 제21장의 주석.

眞實无妄한 성인의 성·명이 아니라, 도리와 욕망 혹은 선과 악(理欲善惡)을 정밀하게 나누고, 악을 막으며 선을 지향하는 범인의 노력 단계라고 보아야 한다.[38]

명과 성은 16자 전법의 유정유일惟精惟一이다. 유일이 성, 유정은 명에 해당한다. 주희는 이 유정과 유일에『대학』과『중용』에 나오는 수양의 개념들을 분속하였는데, 정탁의 생각도 이를 벗어나지 않는 듯하다. 주희에 의하면『중용』의 택선擇善·박학博學·심문審問·근사謹思·명변明辨, 명선明善은 유정이고, 고집固執·독행篤行·성신誠身은 유일이다.『대학』의 격물치지格物致知는 유정에 기반을 둔 활동이고, 의성意誠은 유일이다.[39] 그런데 정탁이 명하고 성하는 공부의 가장 기초적인 방법으로 채택한 것은 거경居敬과 격물치지라는 정주학 고유의 방법이다. 존성存誠 공부를 중시한다고 하여도 그 공부는 경으로부터 시작하여야 한다는 조선 성리학자들의 인식을 그 역시 공유하고 있다고 추측된다. 이 방법들을 기반으로 하여 본원을 함양하고 선과 악에 관한 지식을 넓힐 때, 여타의 진보된 수양도 가능하다고 생각했을 것이다.

한 호흡 중에도 태만할 수 없으니,	一息不可慢
항상 깨어 있고 깨어 있으려는 까닭이네.	所以恒惺惺
명덕明德이 어두워지는 때 있으니,	明德有昧時
밝게 하려고 한 후에야 밝아진다네.[40]	明之然後明

태만할 수 없다 함은 정제엄숙整齊嚴肅하면서 주일무적主一無適한다는

---

38) 정민정,『심경부주』, 권1, 8상b~하b. "臨川吳氏曰……." 참조.
39) 정민정,『심경부주』, 5상b~하a.
40) 정탁,「閑居感興 十二節」中 其二, 243쪽.

경의 사조법四條法을 염두에 두고 이렇게 썼을 것이다. 이렇게 함으로써 사특한 인욕을 하나하나 막아 냄으로써, 한 몸의 주재자이자 만화萬化의 영요領要인 마음을 항상 깨어 있는 상태로 유지하는 것이 경이다.

......

옛사람을 다시 볼 수 없으니,	古人無復見
의지할 것은 옛 성현의 서적이라네.	賴有對陳編
도를 찾음은 모름지기 빨라야 하니,	訪道要須早
흐르는 세월은 저 가는 강물처럼 빠르다네.	流年劇逝川
일리一理는 아득하여 소리가 없으나,	一理杳無聲
만 가지 다름(萬殊)이 이것에서 말미암는다.	萬殊之所由
고정考亭으로부터 천 년 후,	考亭千載後
누가 다시 근본을 밝혀 줄까?	誰復說從頭
마땅히 행할 도리는,	當行底道理
본성을 따르지 않는다면 다시 어찌 실천할 수 있으랴?[41]	不率更何爲

성현의 가르침이 없는 시대에 처하여 고서古書에 대한 독서라는 공부를 행하여 리일분수理一分殊를 인식하고 본성을 회복함으로써 당위적 도리를 실천할 수 있다고 그는 말하고 있다. 이 수양의 목적은 기질에 의하여 가려진 명덕을 밝혀내어 성성한 마음을 유지하는 데 있다. 이것이 거경과 격물치지를 위주로 하는 그의 공부론의 대략이다.

이런 가운데 정탁이 성과 명을 공부의 방법으로 제시한 것은 건원이라는 개념을 중시한 그의 세계 이해와 밀접한 관련이 있다고 보인다. 건도 개념을 통해 천도를 따르는 인간의 노력을 강조하고자 하였다면, 그것은 『중용』의 성誠으로 바꾸어 말할 수 있다. 그는 수양을 거론할

---

41) 정탁, 「재거영회 십삼절」, 262쪽.

때 이와 관련된 용어를 자주 사용하고 있는데, 『중용』의 성은 크게
두 가지의 의미를 가진다. 첫째가 진실무망眞實无妄, 순純純一不雜)으로
말해지는 진실성의 의미이고, 둘째는 불이不已, 무식無息으로 말해지는
지속성의 의미이다. 주일무적主一無適하고 성시성종成始成終하는 경42)공
부와 다를 것이 없지만, 이처럼 『중용』의 개념을 도출시키는 것은 진실성
과 지속성이 중요함을 강조하기 위한 것이라고 추정된다.43)

그는 이황과 조식을 사사한 학자답게 선악이 갈리는 지점인 기미(意幾)
에서 선악을 정찰하고 선을 지향해 가는 자기 진실성의 노력을 소중히
여긴다.

의념이 발생하는 기미에 선악이 갈리니,	意幾有善惡
진실하고자 노력하는 것이 가장 귀하다네.	誠之最爲貴
마음의 떨리기 시작하는 처음에 조금이라도 틀어지면,	一闢咫尺間
사람이 될지 귀신이 될지가 갈린다네.44)	千里別人鬼

시인詩人이 옥루屋漏에 부끄러워한다고 경계하니,	詩人戒屋漏
군자가 성성惺惺이라고 풀었다네.	君子訓惺惺
하늘이 단지 푸르다고 말하지 말라,	莫道但蒼蒼
호천昊天은 매우 밝다네.45)	昊天其甚明

이때 하늘은 나의 밖에 있는 하늘을 가리키면서도, 이미 나에게 들어와
있는 온전한 하늘이기도 하다고 해석할 수 있다. '처음에 백성이 본성을

---

42) 정탁, 「閑居感興 十二絶」 中 其三, 243쪽, "敬是主於一, 貫徹終始學."
43) 이황, 『퇴계선생언행록』, 35하b, "先生曰敬是入道之門, 必以誠, 然後不至於間斷."
44) 정탁, 「閑居感興 十二節」 中 其六, 244쪽.
45) 정탁, 「閑居感興 十二節」 中 其七, 244쪽.

품부 받으니 하나라도 온전한 하늘 아님이 없다'는 그의 말을 볼 때 이렇게 해석될 수 있다. 그렇다면 하늘은 인간과 우주의 주재자·감시자이자, 내 마음에 있는 양심이다. 그 신성한 힘을 지닌 존재로서 자신에게 부끄럽지 않은 흡족한 삶을 살고자 하는 자기 진실성의 노력을 경주해야 한다는 것이 그가 『중용』의 '성'이라는 개념을 통해 주장하고자 한 바였다고 이해된다. 그가 '남은 알지 못하고 자기만 홀로 아는 곳'에서도 삼가는 신독愼獨의 공부를 거듭 거론하고[46] 자경自警의 자세를 유지하고자 한 것은 이 때문이다.

그는 이와 함께 공부의 지속성을 중시한다. 건원의 자강불식함을 본받는 노력이 있어야 함을 그는 다음과 같이 읊고 있다.

도를 공부하는 것은 다른 것이 아니니,	學道固無他
공부는 쉬지 않음에 있다네.	工夫在不舍
쉬지 않는 건원이 유행流行하여,	所以體乾元
밤낮 없이 운행함을 체득함이네.[47]	流行運晝夜

주자학자들이 지속적인 공부를 강조할 때는 단지 쉬지 말고 공부해야 한다는 의미가 아니라, 자기 성취는 점차적이어야 하며 등급과 차서를 뛰어 넘는 속성의 효과를 바라서는 안 된다는 교훈으로 이어지는 경우가 많다. 그는 이 생각을 다음의 시로써 보여 준다.

빨리 성취하고자 한다면 도달할 수 없으니,	欲速則不達
경敬의 태도를 유지할 뿐 속성速成을 바라지 않네.	敬之無欲速

---

46) 정탁, 「閑居感興 十二節」 中 其八, 244쪽, "一毫不可欺, 謹獨斯爲貴……."
47) 정탁, 「閑居感興 十二節」 中 其四, 243쪽.

이기二氣가 저절로 혼돈하여 아득하니,　　　　　　　　　　二氣自混茫

주야晝夜는 서로 이어간다.　　　　　　　　　　　　　　晝夜認相續

......48)

엽등獵等하는 공부가 불가한 것임을 그는 음양이기陰陽二氣를 활용하여 순차적으로 세공歲功을 이루어 가는 천도에 비유하여 주장하고 있다. 일상의 평이한 일에서 경공부를 하여야 하며, 반드시 일삼으면서 잊지도 않고 조장하지도 않는, 자연스러우면서도 단절되지 않는 공부를 해야 한다고 가르친 이황의 가르침과 다르지 않은 것이 이것이다.49) 평생토록 전전긍긍하는 삶을 살아가면서, 내 안의 양심을 계발하고 그것의 감시 하에 자신을 규율하는 행위를 지속하는 것이 그의 수양론이었다.

4. 절의 실천

황여일과 정온은 정탁을 절의의 실천자로 평가하는 데 「행장」과 「묘지명」의 많은 지면을 할애하였다. 진퇴일절進退一節, 이험일절夷險一節50), 종시일절終始一節, 수시행지隨時行止51) 등이 그의 절의를 설명하기 위하여 동원된 용어들이었다. 의리義理는 상대자와의 관계에 따라 변화하는 지위에서 요구되는 역할職責을 진실하게 수행하는 태도이다. 그 의리의 실천에서 본성을 지각하고 발휘하는 마음의 활동에 과·불급이 없음을 중용이라고 한다. 더욱이 불교의 영향 아래 심성에 관한 연구를 천착한

---

48) 정탁, 「無欲速 二絶」, 283쪽.

49) 「퇴계선생언행록」, 175하b∼176상a.

50) 황여일, 「행장」, 415쪽.

51) 정온, 「묘지명」, 160∼162쪽.

정주학은 절의, 즉 의리가 어떠한 이해타산의 마음가짐도 없는 상태에서 인간의 선한 본성에 따라 발휘되어야 한다는 의식의 순수함을 강조하였고, 비록 도덕적인 행위라고 하더라도 마음속에 사심이 작동했다면 의리가 아니라고 배척하였다. 정탁의 다음과 같은 말도 이 정신을 표현하고 있다.

> 부富와 귀貴, 이익利益과 현달顯達은 운명에 달린 것이다. 단지 나에게 있는 것을 다할 뿐이다. 배우는 자는 항상 '먹을 때 배부르길 구하지 않고, 처함에 편안함을 구함이 없고, 일에 민첩하고 말에 삼가고, 도가 있는 곳에 나아가 바르게 살겠다'고 마음먹을 뿐이다.[52]

이해타산을 고려하지 않고 오로지 자신에게 주어진 임무를 본성(나에게 있는 것)에 따라 실천하는 것이 의리라는 점에서 절의의 실천은 허신許身까지도 포함하는, 대상에 대한 순수한 몰입을 요구한다. 『중용』이 '성실誠實'을 강조한 것은 이 때문이다. 이험일절은 이러한 절의관에 입각하여 내려진 평가이다. 절대 권력자였던 문정왕후의 부당한 명령에 불복함으로써 무명의 관료에 지나지 않던 그가 일약 유명해진 일, 전란의 와중에 죽음의 공포와 환난의 괴로움을 이겨 내고 군주를 호종扈從하고 왕세자의 분조分朝를 수행하면서 자신에게 주어진 직책을 수행하는 절의를 실천하였다는 사실에 근거하여 이렇게 평가하였다.[53]

이해타산을 고려치 않고 오로지 최선을 다해 도의를 실천하여야 한다는 의리관은 이해의 첨예한 대상인 재물과 관직 등에 대한 태도를

---

52) 황여일, 「행장」, 435쪽, "又曰富貴利達, 命也. 但盡其在我者而已. 學者, 恒以食無求飽, 居無求安, 敏於事而愼於言, 就有道而正焉爲心."

53) 정온은 「묘지명」의 銘에 이를 다음과 같이 간결하게 표현하였다. "於歲龍蛇, 天步西蹇, 公從于亂, 始終一節, 事不辭難, 行不避艱, 臨危經畫, 辭義俱烈……."

제한한다. 따라서 절의의 실천 여부는 진퇴사수進退辭受에 어떻게 대처하였는가에 의하여 평가된다. 공자孔子가 "부와 귀함은 사람들이 바라는 바이지만, 도로써 얻지 않으면 처하지 않고, 가난함과 천함은 사람들이 싫어하는 바이지만 그 도로써 얻지 않으면 떠나지 않는다"[54)라고 한 것이 이 정신을 잘 보여 준다. 정탁의 시대를 전후하여 절의의 삶은 지상의 가치가 되었고, 진퇴사수를 법도에 맞게 하였는가가 절의 실천 여부를 가르는 시금석이 되었다. 특히 이해의 가장 막강한 도구가 될 수 있는 관직에의 진출과 물러남을 뜻하는 출처出處에 어떠한 태도를 보였는가가 그 사람을 평가하는 기준이었다.[55) 정탁이 진퇴일절하였다는 말은 벼슬에 나가고 물러남에 있어서 한결같이 의리에 맞도록 했다는 말이다. 정온은 특히 이 점을 높이 평가하여 "만절晩節에 이르러서는 또한 능히 자신의 몸을 보존하여 물러나 산림에서 편안하여 마치 세상의 일에 뜻이 없는 사람과 같았으나, 조정의 득실에 대한 소문을 들으면 근심하고 기뻐함이 마치 조정에서 그 직책을 맡은 사람과 같았다"[56)고 하였다. 종시일절은 이와 같은 절의에 맞는 삶을 일생토록 유지하였다는 말이다.

그는 이러한 삶에 대한 가르침을 그의 스승인 이황과 조식을 통해

---

54) 『論語』, 「里仁」, "富與貴是人之所欲也, 不以其道得之, 不處也; 貧與賤是人之所惡也, 不以其道得之, 不去也."

55) 조선의 정주학자들은 절의라는 기준을 통해 사람을 평가하기 시작하였다. 李珥는 "사람들을 관찰할 때에는 먼저 그의 절개를 보고 그 다음에 세세한 행동을 논해야 한다"(이이, 윤사순 옮김, 『석담일기』 상, 삼성문화재단, 1986, 50쪽) 하였고, 曺植 또한 "고금의 인물을 논함에는 반드시 먼저 출처를 살핀 연후에 행사의 득실을 논한다"라고 하여 인물 평가의 제1의 기준이 진퇴 출처에 있음을 밝힌 바 있다. 정탁의 시대는 이 절의정신이 일반화되어 가던 시절로서 그 역시 이 관심에서 크게 벗어나지 않았다.

56) 정온, 「묘지명」, 160쪽.

배웠다. 이황이 진퇴사수의 절의에 충실한 학자라는 그의 평가와 존경심은 이미 본 대로이지만, 그는 조식에 대해서는 다음과 같이 만사輓詞를 썼다.

조부자曹夫子를 경앙景仰하노니,	景仰曹夫子
산림에 거하였으나 도는 절로 높았다네.	林居道自尊
세 번의 초빙을 끝내 사양하고,	終辭三聘幣
가난한 삶 속에서의 즐거움을 고치지 않았네.	不改一簞飧
엄릉嚴陵의 절개를 일으켜 세우고,	扶起嚴陵節
가의賈誼의 말로 다스려 편안하였네.	治安賈傅言
두류산처럼 만길 높이 우뚝 서서,	頭流萬仞立
천년토록 따를 모범을 보이셨다네.57)	千載典刑存

생사를 불문에 붙이고 험난한 전쟁터를 누비며 자기소임에 충실했고 결과적으로 이험일절의 평가를 받게 되기까지는 조식에게서 감발한 바가 많았을 것이다.

정탁의 중용 철학, 수양론은 이 절의론이 평범한 범인의 생활에까지 침투해 가던 시기의 산물이자, 퇴계학단과 남명학단의 가르침이 농축된 결실이다. 30대 중반의 나이로부터 출사하여 70세가 넘은 나이에 치사한 그가 과연 일호의 어김도 없이 진퇴일절하였는지는 현재로서는 확실히 알 수 없지만, 후인들이 그를 이렇게 높이 평가하였다는 것은 그의 삶이 그만큼 절의의 실천이라는 가치관에 부합하였음을 말해 준다.

---

57) 정탁, 「輓曺南冥先生」, 『약포선생문집』, 92쪽.

5. 맺음말

정탁이 출사한 시기는 훈구파의 정권이 사림파로 이양되던 때였다. 이 변화는 좁게 보면 부패한 정권을 참신한 신진들이 전복시킨 사건으로 볼 수 있으나, 넓게 보면 정치사상 내지 윤리학의 변화를 내포한다. 전기 관학파의 왕패병용王覇並用 즉 의리를 가치 있는 것으로 인정하면서도 지모와 힘을 사용하는 정치를 병행하던 태도가 왕도王道 일방주의로 전환되었다는 것이 그것이다. 절의를 높이 평가할 줄 알면서도 개인과 국가생활에 필요한 이해의 추구를 부정하지 않음으로써, 활물活物과 같은 생활 세계에 능동적으로 대처하던 전기 관학파의 입장은 의리를 일원적 가치로 수용한 사림파에 의하여 패도정치로 평가절하 되었다.[58] 이제 도덕으로부터 독립된 이해利害의 세계를 허용하는 대신 의리론에 입각하여 이해의 세계를 재해석하고, 이해타산이 아닌 순수한 도덕 감정에 의해, 사심私心 없는 도덕성에 의해 영위되는 삶을 살고자 하였다. 그것은 일상의 세계를 이상적 도덕관념에 의하여 엄밀하게 통제하여 감을 뜻한다.

이러한 실천적 목적 하에서 사림파 성리학자들은 주자학적 리기론理氣論에 입각한 세계 해석을 가다듬었고, 내향적으로는 인간의 도덕적 가능성에 주목하여 심성의 세계를 정밀하고도 집요하게 탐구하기 시작하였다. 아울러 그로부터 추출된 객관화된 도덕성을 내면화(體化)하기 위한 경건한 수양의 노력을 추구하였다. 특히 정탁의 시대에 절기切己의 학문을 지향하고 강화하려는 노력이 기울여졌음에 주목할 필요가 있다.

---

58) 김낙진, 「訥齋 梁誠之의 사회사상―현실주의적 왕도정치론」, 『유교사상연구』 제22집(2005) 및 「한국 유학사에 나타난 공리주의 사상과 그 영향」, 『유교사상연구』 제23집(한국유교학회, 2005), 97쪽.

유학자의 절기 의식은 세계 속에 위치한 인간이 그 안에서 선택할 수 있는 다양한 삶의 길을 놓고 고민하고, 자신의 역량과 희망, 여건 등을 고려함으로써 생긴다. 의리의 삶을 살겠다는 의지, 인간의 한계와 가능성, 정치와 역사에 대한 비판의식과 소명의식은 이로부터 비롯된다.[59] 이 목표를 이루기 위해 심성론과 리기론에서 검토하고 수양론에 의하여 체화하고자 한 것이 이황을 위시한 이 시대 학자들의 학문이었다. 정치적으로는 왕도주의를, 윤리적으로는 이해를 고려치 않는 순수 도덕주의를, 철학적으로는 리기이분법이라는 협소한 길을, 수양론적으로는 경건주의를 선택함으로써, 16세기 조선의 성리학계는 자기 방향성을 확립해 갔다.

이 같은 의식의 확산과 함께 정치적 힘과 사회적 영향력의 획득은 점차 생활 속에 유가의 윤리를 확산시키고 뿌리내리도록 한 원인이 되었다. 이 노력들에 의해 유교문화의 정착(禮俗化)이라는 차원에서도 큰 성과를 거두었다. 하나의 예만 든다면 기대승은 "근래 여항閭巷 간에 하천배下賤輩들까지도 상례喪禮를 닦아 거행하지 않는 사람이 없고 젊은 나이의 과부도 다른 곳으로 재가하지 않는다"고 증언하였다.[60] 예제禮制 중에서 가장 실천하기 어려우면서도 가장 근본적인 의의를 지닌 상례마저도 보편화되고 있다는 사실을 이 글은 보여 주는데, 절의정신의 일반화가 진행되고 있음을 알 수 있다. 절의가 '사람으로서 마땅히 해야 할 바른 도리를 어떤 피해에도 불구하고 끝내 지키고자 하는 자발적 의지'의

<hr>

59) 이황, 「퇴계선생언행록」, 『퇴계전서』 4, 235하b~236상a, "大凡世無切己根本上做工夫底人, 却有南冥唱南華之學, 蘇齋守象山之見, 甚可懼也. 不知高峰百尺竿頭更進一步乎? 不然則陸學之盛, 恐不獨於中原也." 시대비판과 소명의식에 대한 치열한 고민의 한 양상은 『퇴계와 고봉 편지를 주고받다』(김영두 옮김, 소나무, 2003)를 통해 볼 수 있다.

60) 『선조실록』, 2년 6월 7일 己酉.

의미를 내포한다고 볼 때, 집상자執喪者와 과부로 상징된 곤고한 위치에 있는 사람들마저도 유교의 도리를 일상적으로 그리고 자발적으로 실천하려는 의지를 발휘하고 있었다.

이것이 정탁의 유학사상이 위치한 시대적 배경이다. 정탁의 철학은 이러한 정주학계의 흐름 속에서 형성되었는데, 그의 정신세계는 경-중용-절의의 세 요소가 서로 유기적으로 연관되어 하나의 체계를 형성한다. 중용과 절의를 최선의 가치로 본 유가의 철학에 세계와 인간의 신성함에 대한 성찰을 더하면서, 수양에 의한 인격화 및 사회적 확산을 도모하는 도정에 나타난 것이 정탁의 사상이다. 명종 대의 정치적 도덕적 혼란, 선조 대의 임진왜란이 인간의 도덕적 합리성에 대한 절망을 야기할 수 있는 사건들이었음에도, 정탁이 흐트러지지 않는 모습을 보인 것은 이 학문을 몸으로 체득하였기 때문이다. 이 점에서 정탁은 시대의 철학을 몸으로 체득하여 실천한 사람이었다.

그러나 도덕적 관념을 일상화하고 세계와 인간의 본질을 신성화하는 정탁의 생각은 도덕적 근본주의라고 부를 수 있는 것으로, 세상을 바라보는 아주 좁은 시각이다. 사람들 사이에, 국가와 국가 사이에 필연적으로 발생하는 이해타산, 즉 삶의 기본적 욕망에서 발생하는 문제를 순수하게 의리론의 범위 안에서 해결하고자 하였을 때 나타나는 문제점은 역설적으로 정탁을 높이 평가하게 하는 일에서 그 모습을 드러낸다. 정탁이 임란 시 화의론和議論을 거부한 일을 유학자들은 청의淸議로 평가한다. 그러나 이것은 인민의 삶과 실리實利를 도외시한 관념주의로 볼 수도 있다.61) 이런 태도가 정치적 혼란과 전란을 야기한 원인이었음에도,

---

61) 예컨대 화의론자 중의 한 사람인 成渾은 국고의 고갈이나 전쟁과 실농으로 도탄에 빠진 백성들의 처지와 소극적인 명나라의 태도를 고려하면서 주전을 주장하는 것은 망국의 길로 치닫는 첩경일 뿐이며, 화전을 약속함으로써 여유를 찾고

전란 중에도 동일한 의식을 견지하고 있다. 정주학적 세계관과 윤리관의 착근과 순수성에의 몰입은 이념의 경색화와 다른 것이 아니었다. 전기 관학파가 의리와 함께 실리를 중시하다가 이해의 함정에 빠졌다면, 사림파는 도의의 순정성을 중시함으로써 일상에 대한 탄력적 대응 능력을 상실하였다. 정탁의 시대는 정주학이 이 두 모습을 모두 드러내던 시기였다.

‖ 『남명학연구』 제24집(경상대학교 남명학연구소, 2007)에 수록된 글을 수정 게재함.

힘을 기르는 기회를 얻는 것이 가장 적합한 판단이라 여긴다는 소회를 여러 차례 피력하였다. 그 역시 원수에 대하여 복수하는 것이 최선의 의리(第一義)임을 부인하지 않는다. 그렇지만 상황을 고려할 때 최선책이 사용될 수 없으므로, 차선의 의리(第二義)를 사용하는 것이 옳다고 여긴다. 청의론이 君父의 원수는 不共戴天之讎라는 復讎義에 근거를 두고 있다면, 君父보다 인민의 보호가 더 귀중한 원칙임을 천명한 이가 성혼이었다.(金洛眞, 「成渾의 義理사상」, 『牛溪學報』 제19집, 우계문화재단, 2000.) 정탁 역시 임란 시 인민들이 겪고 있던 참상을 시로 그려 내고 있으나(「憫饑 古風」, 『문집』2, 289~290쪽), 의리 실천의 차원에서는 군부에 대한 대의를 우선시한 듯하다.

제8장 임란기 전란 극복을 위한 약포의 대응 방식
—임란기 산문을 중심으로

김 원 준

1. 들어가기

약포藥圃 정탁鄭琢(1526~1605)은 영남좌우도를 대표하는 퇴계와 남명을 스승으로 모셨던 인물이다. 그의 생평을 살펴보면 학자적 면모보다 관료적 면모가 더 부각되고 있다. 약포는 33세(1558) 때 문과에 급제하여 늦은 출사의 길에 올랐다. 교서관을 시작으로 다소 늦은 출사이지만 75세 좌의정에서 치사하기까지 오랜 시간 환로에 머물면서 강의剛毅한 절의節義로 신하의 본분을 충실히 행했다. 그는 퇴계선생을 사사하여 내면을 향한 진실과 실천공부를 배우고 남명선생에게서는 도를 지키고 뜻을 길러 굳건한 기상[1]을 견지하도록 배운 외유내강의 인물이었다. 위기지학爲己之學을 실천하는 공부에 진력했으며, 특히 『중용』과 『대학』을 좋아하여 노년에도 암송을 그만두지 않았던 진정한 유자였다. 뿐만

---

1) 『藥圃集』, 권7, 附錄, 「貞簡公西原府院君鄭公墓誌銘」(鄭蘊), "嘗師事退溪李先生, 出入其門殆二十餘年, 有聞於眞知實踐向裏工夫, 其敎于晉也. 從南冥曹先生游, 先生亢少可, 於公與酬酢, 有見於守道養志, 千仞壁立處, 故一生定力, 自不得不與流輩異也."

아니라 천문과 지리와 상수와 병가에 관해 두루 섭렵했으며, 이 가운데 병법에 더욱 관심을 두어[2] 훗날 전란에서 그 진가를 발휘했다. 다방면에서 재능을 갖춘 약포는 임진왜란이란 누란의 위기에서 정확하고 냉철한 시세 판단에 따른 대처와 계책을 세워 위기의 조선을 구하는 데 일조를 담당했다.

약포는 40여 년의 환로를 통해 위란危亂의 조선을 지키고 안정시킨 경세가로서의 명망만 부각될 뿐 학자나 문학가로서의 업적이나 성과는 제대로 밝혀진 것이 없다. 『약포집藥圃集』은 원집 7권 4책, 속집은 4권 2책으로 모두 11권 6책으로 이루어졌다. 수량으로 본다면 결코 적은 분량이라고 할 수 없다. 그럼에도 불구하고 약포에 대한 연구가 미흡한 것은 문집의 내용을 들여다볼 때 그의 사상이 집약된 글을 찾아보기 어렵기 때문이다. 그런 까닭에 약포에 대한 심도 있는 학문적 조명이 쉽사리 이루어지지 않은 것으로 보인다. 지금까지의 약포 연구 결과물이 이를 반증해 준다.

데이터베이스를 통해 살펴본 결과, 약포의 사상과 관련해서 연구 발표된 논문은 한 편에 불과하다. 약포의 정주학程朱學 수용 양상을 연구한 김낙진의 논문[3]이 이에 해당한다. 김낙진은 약포의 시 가운데 주자학적 세계관 일부가 수용된 것을 바탕으로 약포의 정주학 수용 양상을 밝히는 데 그쳤다.[4] 약포의 시문학 연구도 학위논문 한 편을

---

2) 『藥圃集』, 권7, 附錄, 「貞簡公西原府院君鄭公墓誌銘」(鄭蘊), "知有爲己之學, 而加踐實之功, 不以口耳爲事, 於經史, 無不貫通, 而尤好庸學, 至老猶默誦不輟, 篤信小學書……至於天文地理象數兵家之流, 無不旁通涉獵, 得其歸趣, 以爲士不知兵, 不足以當大任, 故於八陣六花等法, 尤加意焉."

3) 金洛眞, 「藥圃 鄭琢의 程朱學 수용 양상」, 『南冥學硏究』 24집(남명학연구소, 2007), 83~108쪽.

4) 약포 사상에 대한 깊이 있는 논의가 빈약할 수밖에 없는 것은 문집 내용의 한계 때문이 아닌가 한다. 문집에는 약포의 독자적 사상이나 왕복서를 통한 사상적

포함해 모두 3편5)에 불과한 정도이다. 그 외 약포의 임란 활동 상황을 중심으로 한 약간의 논문6)이 지금까지 연구의 전부다.

약포의 글이 사상적 논쟁을 불러일으킬 만한 철학을 담았다거나 그의 시가 당대 시풍을 주도할 정도로 시명을 날리지 못해 지금까지 주목을 받지 못했다는 연구자의 결과7)가 있다. 약포의 시문이 당대나 후대의 문인들에게 주목을 받지 못했다고 해서 그 가치를 약화시킬 이유는 없다. 오히려 주목받지 못한 부분을 밝혀 그 가치를 새롭게 조명하는 것이 연구자의 몫이라고 볼 때, 전쟁 기록의 생생한 현장물을 남긴 약포의 산문은 좋은 연구 대상이 아닐 수 없다. 약포의 산문 가운데 편지글을 제외한 소疏·차箚·계啓·의議와 같은 글에는 임란극복을 위한 냉철하고 객관적인 시선이 투영되어 있다. 또한 임진왜란이란 미증유의 전란 동안 동궁을 호종하며 작성한 「피난행록」상·하는 전장을 누비며 목도했던 체험들을 생생한 일기체 형식으로 작성했다. 약포의

변론이 이루어진 글을 제대로 볼 수 없기 때문이다.

5) 박명숙, 「藥圃 鄭琢 先生의 삶과 詩世界」, 『동양예학』 31집(동양예학회, 2014), 135~179쪽. 여운필, 「藥圃 鄭琢의 삶과 詩世界」, 『한국한시작가연구』 6(한국한시학회, 2001), 53~81쪽. 朴權魯, 「藥圃 鄭琢의 文學에 나타난 憂國意識─상소활동과 임란 체험의 시적 형상화를 중심으로」(안동대학교 교육대학원 석사논문, 2006. 12), 1~173쪽. 그 외 약포의 상소문을 대상으로 연구한 정병호의 논문이 전부이다. 정병호, 「藥圃 鄭琢의 현실인식과 대응─『藥圃集』所載 上疏文을 대상으로」, 『동양예학』 31집(동양예학회, 2014), 109~134쪽.

6) 김정운, 「鄭琢의 『龍蛇日記』와 倭亂 극복 활동」, 『韓國思想과 文化』 63집(한국사상문화학회, 2012), 188~215쪽. 황만기, 「鄭琢의 병법 수용 양상 연구」, 『영남학』 25호(영남문화연구원, 2014), 313~337쪽. 이상필, 「壬亂時 在朝 南冥 門人의 活動─藥圃·東岡·寒岡을 중심으로」, 『南冥學研究』 2집(남명학연구소, 1992), 187~203쪽. 박해원, 「임진왜란기 재상 정탁의 정치적 활동과 그 성격」(경북대학교 교육대학원 석사논문, 2015. 6), 1~64쪽.

7) 여운필은 그의 글 「藥圃 鄭琢의 삶과 詩世界」에서 "약포의 시는 시풍이나 기법상의 두드러진 특징을 지녔다고 보기 어려울 뿐 아니라, 스스로 문학과, 시인식을 밝히거나 선호하는 시풍, 시인에 대하여 언급한 경우도 없어, 제재와 의미의 과점 이외에 그의 시세계를 살필 방법을 생각하기 어렵다"고 했다.

산문에는 국난을 바라보는 날카로운 시선과 이를 극복하기 위한 예지적 결단력이 갖추어져 있어 기존의 논의를 넘어서는 심도 있고 진전된 연구가 필요하다.

본 연구는 임란기에 지은 약포 산문을 대상으로 그 특징적 면모를 찾아 밝혀내는 데 있다. 이를 위해 먼저 약포 산문 가운데 임란기에 지은 것을 추출하여 제재별 유형 분류를 할 것이다. 제재별로 유형을 분류하는 이유는 전란을 대하는 약포의 인식과 전란 극복을 위한 해결 방안을 체계화하기 위해서다. 이는 전란을 대하는 약포의 인식과 대응 방법을 알 수 있는 지표가 될 것이다. 전장의 한가운데서 국가와 백성, 그리고 사직을 수호하기 위해 내린 약포의 단호한 결정이 어디에서 나온 것인지 그 향방을 찾을 수 있다. 약포 산문의 제재별 유형이 마련되었다면 유형별 특징에 따라 전란 극복을 위한 약포의 다각적 모색과 실질적 방안을 갈래지어 그 속에 약포가 지향한 것이 무엇인지 밝힌다. 이를 바탕으로 위란의 극복에 경주한 약포의 기저에는 어떤 정신적 측면이 깔려 있는지를 제시하는 것으로 글을 마무리하고자 한다.

2. 임란기 산문의 유형 분류

『약포집』 원집 7권과 속집 4권으로 이루어졌다. 원집의 경우 권1은 시詩・서書, 권2는 서書・소疏・차箚, 권3은 계啓・헌의獻議・제문祭文・기記・서序・발跋, 권4는 묘지墓誌・잡저雜著[8], 권5는 「피난행록 하避難行錄下」, 권6~7은 「용만문견록龍灣聞見錄」과 부록附錄으로 구성되었다. 속집은

---

8) 『약포집』 원집 권4에 「避難行錄 上」이 수록되어 있다. 이하 속집의 경우는 밝히고 원집은 생략.

권1은 시, 권2~3은 소·차·계·전箋·서·지識·제문, 권4는 부록과 증행시贈行詩로 이루어졌다. 이 가운데 임란기에 지은 것으로 약포의 전란 극복 방식을 보여 주는 글은 원집에 수록되어 있는데, 권2의 소·차, 권3의 계·헌의, 권4와 권5의 「피난행록」 상·하와 권6의 「용만문견록」에 집중되어 있다. 각권에 수록된 글 가운데 임란기 전쟁과 연관성을 가진 것을 권수별로 나누어 정리해 본다.

<표 1> 임란 관련 글 분류

권수	제목	내용	문체
원집 권2	與明儒胡煥(1594)	明 相公 호환에게 적군의 정황과 적을 제압할 계책을 적은 글	書
	斥和疏(1594)	왜군이 강화할 것을 청하자 이에 반대하고 김덕령, 이순신 등과 합동 작전을 펼칠 것을 아뢴 글	疏
	條陳事宜箚(1593)	진주가 위태로운 상황에서 몇 가지 계책을 진언한 글	
	請停拜陵箚(1596)	전란의 상황에서 선대 왕릉에 참배를 그만둘 것을 청한 글	
	請自行巡邊箚(1597.1)	호남과 호서의 인심을 안정시키고 왜적을 막기 위해 자신을 남쪽으로 파견시켜 줄 것을 청한 글	
	再箚(1597.2)		箚
	論救李舜臣箚(1597.3)	한 번의 형신을 치른 이순신에게 은로한 하명으로 다시 공을 세워 은혜에 보답할 수 있도록 청한 글	
	請勿再下王世子攝政之命箚	세자에게 섭정하라는 명을 다시 내리지 말기를 청한 글	
	請寢內禪之命箚(1598)	세자에게 왕위를 물려주려는 명을 거두기를 청한 글	
	決策討賊箚	수군과 보병으로 왜적의 보급로를 차단하여 섬멸할 것을 청한 글	
원집 권3	請堅守平壤啓(1592.6)	왜군의 북진에 다시 대가를 옮기려는 것에 반대하여 굳게 평양을 지키기를 청한 글	
	上東宮啓(1592.11)	용강은 적의 공격에 취약하므로 영유로 옮기자고 세자에게 제안한 글	
	再啓		
	請許用降倭酒叱其謀啓 (1595)	降倭한 주질기가 적장을 암살하려는 계책에 대해 이를 허락할 것을 아뢴 글	啓
	十條取士單子啓	무사를 취하는 단자에 대한 열 가지 조목의 글. 곽재우, 김덕령, 권인룡만 예시	
	金德齡獄事啓(1596)	덕령의 역모는 적의 계책이므로 명장을 죽여서는 안 됨을 올린 글	
	咸崇德等七人罪名及金德齡 獄事議(1596)	함숭덕 외 6인은 인정으로 처결하고 덕령의 옥사는 의혹스러운 것이므로 상이 관용을 베풀어 재량해 주길 바란 글	
	其人議(1596 ?)	기인을 예로 들어 오래된 법의 폐단을 없애 생민을 구휼하기를 바라는 의론	獻議
	李舜臣獄事議(1597)	이순신의 사형을 감하고 그로 하여금 공을 세워 보답할 수 있는 기회를 주길 바란 글	

권수	제목	내용	문체
원집 권4	異同辭書示沈公直	각자의 직분에 따라 다른 뜻을 가질 수 있음을 변론한 글	雜著
	梁大樸倡義事蹟	양대박이 창의한 사적을 기록한 글	
	「避難行錄」上(1592)	1592년 4월부터 8월까지 대가에서 분조를 호종한 당시 상황을 빠짐없이 기록한 일기	日錄
원집 권5	「避難行錄」下 (1592~1593)	1592년 9월부터 다음해 1월 28일, 분조가 다시 대가와 합류한 직후까지의 상황을 기록	日錄
원집 권6	「龍灣聞見錄」(1593)	영위사가 되어 명나라 장수를 영접하면서 그들의 말과 행적을 기록으로 남긴 글	見聞錄
	書示胡相公(1593)	왜군과의 전투에 능한 중국 남방 병사의 파병을 도와달라고 요청한 글	書

<표 1>에서 확인할 수 있듯이 임란기 전란 극복과 직접적인 연관성을 띤 약포의 글은 25편으로 모두 원집에만 수록되어 있다. 속집은 임란 이후에 지은 글이므로 연구의 대상에서 제외된다. 이를 정리해보면 소 1편, 차 8편, 계 6편, 의 3편, 서 2편, 잡저 2편과 함께 장편의글인 일록日錄 2편과 문견록聞見錄 1편이 있다. 이 가운데 임금에게올린 글은 '소·차·계·(헌)의'로 4종 18편이다.9) 원집의 '소·차·계·(헌)의'에 수록된 편수를 문체별로 보면 5·11·10·6편으로 모두 32편이다. 수량으로 보면 임란시기 왕에게 올린 글이 전체의 약 60%를 차지하고 있다. 내정과 관련해서 올리는 글이나 사직을 청하는 소를 제외한다면 임금에게 올린 글의 대부분은 전란 극복을 위한 약포의 의지와방책을 제시한 것으로 볼 수 있다. 이들 '소·차·계·(헌)의' 가운데작성 연대가 확실한 14편을 연대순으로 나누어 문체와 그 편수를정리해 보면 약포가 중점을 두고 말하려 했던 것이 무엇인지 알 수있다.

---

9) 속집에 수록된 글은 임란 이후의 것이므로 제외한다.

<표 2> '소·차·계·(헌)의'의 연도별 분류

연도 문제	1592	1593	1594	1595	1596	1597	1598	合
疏	-	-	1	-	-	-	-	1
箚	-	1	-	-	1	3	1	6
啓	3	-	-	-	1	-	-	5
(獻)議	-	-	-	-	1	1	-	2
合	3	1	1	1	3	4	1	14

<표 2>를 통해서 볼 때 임란기에 지은 14편은 소가 1편, 차가 6편, 계가 5편, 의가 2편이며, 창작 연도의 경우 1597년에 4편, 1592년과 1596년에 각각 3편을 지어 1편에 불과했던 다른 해에 비해 많은 편이다. 이 시기에 지은 10편은 계와 차가 각각 4편이고, 의가 2편이다. 4편을 지은 1597년을 주목해 보자. 1597년은 정유재란이 일어난 해이다. 그해 정월에 일본은 약 20만의 왜군을 이끌고 조선을 재침략했다. 화의로 전운이 잠시 거두어졌던 조선은 다시금 왜군의 거센 공격과 수탈에 직면하게 되었다. 약포는 이때 선조에게 3편의 차10)와 1편의 의11)를 올렸다. 왜군이 재침략하는 상황에서 약포는 차자箚子로 선조에게 자신의 뜻을 알렸다. 왜적이 기승을 부리는 호남과 호서 지방으로 내려가 민심을 안정시킬 것을 청했으나 윤허하지 않아 2월에 재차 차자를 올렸으나 역시 허락되지 않았다.

차자는 간단한 서식의 상소문이다. 차자는 상소에 비해 서식이 간단할 뿐 아니라 하고자 하는 말을 모두 표현할 수 있는 이점이 있는 형식의 글이다. 「논구이순신차論救李舜臣箚」와 같은 차자의 경우, 왜군의 재침이

---

10) 권2, 「請自行巡邊箚」, 「再箚」, 「論救李舜臣箚」.
11) 권3, 「李舜臣獄事議」.

라는 위기를 극복하기 위해 이순신의 구원은 필수적이다. 이런 급박한 상황에서 이순신을 구원해야 하는 구체적 이유를 간략하게 정리해서 상달하기에는 차자의 형식이 효율적일 수밖에 없다. 1편의 의인 「이순신 옥사의李舜臣獄事議」는 옥에 갇힌 이순신을 위해 의론을 펼친 것이다. 의議는 정도正道에 근거하여 이치를 밝히고 올바른 방향에서 정사를 논하는 것이므로 이순신을 구명하기 위해서는 (헌)의가 가장 적절한 형식이다.

한편 1592년에는 계의 형식을 빌린 글 3편만 있다. 1592년에 올린 3편의 계 가운데 1편은 선조에게 올린 것이고 2편은 세자인 광해군에게 올린 것이다. 왜군이 4월에 조선을 침략한 후 한 달도 안 되어 한성을 점령하고 대동강에 이르자 대가大駕를 옮기자는 주장이 만연했다. 이에 약포는 평양을 굳게 지키기를 청하는 계(請堅守平壤啓)를 올렸다. 계啓는 자기의 뜻을 윗사람에게 개진하는 것으로, 일반적으로는 지방 장관이나 관원이 임금이나 중앙관청에 올리는 공식적이고 사무적인 성격의 글이다. 이 글에서 약포는 평양성을 지켜야만 하는 이유에 대한 자신의 생각을 펼쳐 공시적으로 아뢰었다. 2편의 계는 동궁에게 올린 것으로, 실기失期하여 용강에 머물러 있는 것의 위험성을 개진하여 영유로 옮길 것을 요구한 후, 다시 올린 계에서는 급히 옮겨야 하는 이유를 제시했다. 위급한 상황에서 자기의 뜻이 상달되어 받아들여지기 위해서는 사실을 밝혀 의견을 드러내는 계의 형식이 적절하다.

반면 3편의 글을 올린 1596년은 전쟁이 다소 소강 국면에 접어든 때였다. 이때는 전쟁 발발이나 재침 시기에 비해 급박하지 않아 상황에 따라 상달해야 할 내용이 다르듯 그에 따라 형식도 달라졌다. 재이의 발생과 민력이 고갈된 전시 상황에서 왕릉 행차는 적절치 못함을 아뢴 글(請停拜陵箚)은 차자의 형식을 빌렸고, 역모사건에 연루된 김덕령을 변호한 글(金德齡獄事啓)은 계(사)의 형식으로 작성했으며, 전쟁 중에 죄를 지은 함숭덕 외 6인과 김덕령의 의심스런 옥사에 대해 논의한 글(咸崇德等七人罪名及金德齡獄事議)은 (헌)의의 형식으로 지어졌다. 이처럼 임란기에 지은 약포의 산문은 임금에게 아뢰는 '소·차·계·의'가 중심이며 전운의 심천과 사세事勢에 따라 글의 형식을 달리하고 있음을 알 수 있다. 그 외 전장의 상황을 생생하게 전하는 일록과 영위사로서 경험한 사실을 구체적으로 밝힌 문견록이 약포 산문의 특징적 양식이 되겠다.

3. 전란 인식과 극복 방안

1592년 4월 13일은 일본군 선봉대 18,700명이 병선 700여 척을 나누어 타고 부산포에 침입하여 임진왜란의 시작을 알린 날이다. 일본군은 4~5월에 걸쳐 총병력 20여 만 명을 3로로 나누어 조선을 침탈하니, 이후 칠 년은 조선의 전국토가 유린되는 참혹의 시간이었다. 임란이 발발하자 환갑을 훌쩍 넘긴 67세의 약포는 내의제조內醫提調로 한양에서 개성부, 평양, 영변부(6월 13일)에 이르기까지 대가大駕를 호종했다. 6월 14일, 선조의 명으로 약포는 대조大朝를 모시는 대신 이사貳師로서 동궁을 호종하는 분조分朝에 배속되어 강계로 가게 되었다. 이후 정주에서 대조를 맞이하기(1593.1.19.)까지 동궁을 모시고 대조를 대신해서 국난 극복과 수습의 실질적 역할을 담당했다. 그해 11월에 전주부를 향하는 동궁을 뒤따라 2차 분조를 수행하여 이듬해(1594) 7월까지 전주·공주·홍주를 왕래하며 민심을 살피고 기민을 구휼하는 데 진력을 다했다. 8월에 대조의 명을 받들어 동궁을 모시고 서울로 돌아온 후 곧 비변사에 복무했다. 1599년(74세) 9월 성묘를 빌미로 고향으로 내려가기 전까지 약포는 중앙정계에 머물면서 국난 대응과 수습에 전념했다.

약포의 문집을 보면 임란시기에 작성한 시문이 어림잡아 1/3이상을 차지하고 있다. 70을 전후한 나이에 글이 집중적으로 지어졌다는 점은 생각해 볼 문제다. 이유는 한 가지로, 전장의 한복판에 서 있었기 때문이다. 대조를 대신해 분조가 전란 극복을 위한 실질적 역할을 담당했고 그 중심에 약포가 있었다. 전란을 바라보는 약포의 시선은 예리하면서도 객관성을 유지했다. 임란 극복을 위한 약포의 냉철한 시세 판단은 전란 극복을 위한 실제적이고 구체적인 방안을 마련했다. 개전開戰 초 분조를 호종하면서 기술한 「피난행록」 상·하와 영위사 역할을 담당할 때 기술한 「용만문견록」을 제외하고라도 약포의 산문(소·차·계·의·서) 22편에는 전란을 대하는 그의 인식과 극복하기 위한 방안들이 글 속에 켜켜이 새겨져 있다. 약포의 글에는 개전 초의 인식과 대응 방안, 전란 극복을 위한 계책 및 전략, 인재 천거 및 구원, 백성 구휼 및 민심 수습 등이 잘 드러나 있다. 글의 형식과 분량, 그리고 그의 의도를 고려하여 「피난행록」 상·하와 '소·차·계·의·서'로 나누어 논의를 진행한다.

1) 「피난행록」을 통해 본 전란 초기의 인식과 대응 방안

전란이라는 절대적 위기 상황에서 보여 준 약포의 탁월한 대처 능력은 사세와 전황 전반에 대한 적확한 인지를 바탕으로 가장 실질적이고 실효적인 극복 방안을 제시했다는 데 있다. 약포의 개전 초 전란 인식은

「피난행록」 상·하에 잘 나타난다. 임란 직후 어가를 호종하면서 쓴 일기인 「피난행록」 상·하에는 전란 당시의 상황을 하루도 거르지 않고 기록했을 뿐만 아니라 전란 극복을 위해 올린 장계까지 수록하고 있다. 이는 개전 초기의 급박한 상황을 냉철하게 바라보며 그 대응 방안까지 제시했음을 보여 준다. 일기는 1592년 4월 30일에 시작하여 이듬해 1월 28일까지의 상황을 기록하고 있다. 일기의 주된 내용은 신하의 파직, 서용敍用, 머문 곳, 날씨, 전황 등이며 전란 극복을 위한 다양한 계책까지 밝혀 놓았다.

「피난행록」 상은 1592년 4월 30일부터 8월 29일까지의 일들을 기록하고 있다. 이 기간은 전란 초기로 난을 피해 어가를 안전하게 모시는 게 급선무였다. 본조와 헤어져[12] 동궁을 모시고 따로 이행移行을 해야 했던 약포에게 있어서는 동궁의 안위가 최우선이었다. 그런 까닭에 개전 초기에는 전란 극복을 위한 적극적 인식 태도나 그에 상응하는 대응 방안을 마련하는 데 미흡했다. 그런 점을 감안하더라도 전황에 대한 그의 정확한 시세 판단은 실천 가능한 대책을 제시하여 이를 실현하도록 했다.

전란 극복을 위한 약포의 적극적인 대응은 「피난행록」 하에서 구체적으로 나타난다. 전란 초기라 반격을 위한 체계적인 준비를 할 수 없는 상황이지만 분조를 호종하면서 가장 시급히 해야 할 일을 정확하게 간파하여 이를 「피난행록」 상에 수록했다. 그 실행의 첫 번째는 비어 있는 고을의 수령을 즉시 전보하는 것이다. 전란의 상황에서 수령의 부재는 심각한 폐해를 불러일으킨다. 백성들은 흩어지고 노략질은 날로

---

12) 4월 30일 대가가 돈화문을 나온 뒤 벽제−임진−개성−평산−봉산−황주−평양− 숙천−안주 등을 지나 영변에 이르러서 동궁은 대가와 나눠져 분조(6월 14일)한 뒤 왕은 의주로 향하고 세자는 강계로 향했다.

심해져 그에 따른 고통은 고스란히 백성들에게 전가된다. 뿐만 아니라 수령이란 구심점이 없기에 적을 토벌하는 데 두서가 없게 되는 문제를 야기했다. 전란 초기 약포가 올린 장계 가운데 수령 임명을 급선무로 요구하는 것들이 많은데 이와 맥락을 같이하기 때문이다.

① 근래에 각 도의 형세를 보건대 여러 고을의 수령이 혹은 전쟁으로 사망하고, 혹은 고을을 버리고, 혹은 몸이 죽어서 수령이 없는 고을 아닌 곳이 없어서 백성이 모두 흩어지고 살인과 노략질을 일삼으며 으르고 협박하니 지금의 급선무는 각 읍의 수령들이 비는 대로 즉시 전보하여 그들로 하여금 고을의 업무를 보며 민병을 모집하게 하는 것만한 것이 없습니다.13) (7월 23일)

② 우리 백성들이 적에게 학살을 당하여 날마다 중론이 다 같이 비어 있는 고을에 먼저 수령을 뽑아 그로 하여금 고을을 지키게 한 연후에야 일에 계통이 있을 것이라 하기 때문에 임시로 파견하였습니다.14) (7월 28일)

③ 적병들의 기세가 치열한 곳에서는 혹은 관아를 버리거나 혹은 죽었는데도 오랫동안 수령을 파견하지 못하여, 한 고을의 인민이 적의 수중에 맡겨진 채 수복할 기약이 없어서 부득이 전하여 들리는 말에 따라 관리를 차출하여 그 이름을 기록하여 올립니다.15) (8월 9일)

④ 신들의 외람된 생각으로는 이렇게 나라 형세가 위급한 때일수록 비어 있는 고을의 수령을 채우는 것이 하루가 급하다고 여겨서, 그중에서 가장 급한 곳을 택하여 여러 명을 임시로 임명하였습니다.16) (8월 10일)

---

13) 권4, 「피난행록 상」, "近觀各道形勢, 列邑守令, 或陣亡, 或棄邑, 或身死, 無非無守之邑, 民皆散亂, 殺掠攻劫, 當今急務, 莫如各邑守令, 隨闕塡差, 使之經理邑務, 召聚民兵."

14) 권4, 「피난행록 상」, "我民被其殺虐, 日望官軍之至, 物情皆以爲先出空邑守令, 使之把守, 然後事有統緖."

15) 권4, 「피난행록 상」, "賊兵熾盛處, 或棄官, 或身死, 久不差出, 一邑人民, 委之賊手, 收復無期, 不得已隨所聞差出, 開錄上送."

인용문 ①~④에서 보듯이 약포가 분조를 호종하는 중에 우선적으로 시행한 일은 전란으로 인해 수령이 없는 고을에 수령을 임명하고 그 사실을 행재소에 알리는 것이었다. 고을에 수령을 비울 수 없는 이유는 두 가지로 집약된다. 첫째, 민심 수습과 안정을 위해서이다. 수령이 없는 고을은 살인과 노략질이 빈번하고 서로 간에 으르고 협박하는 일이 난무하여 질서나 체계를 찾아볼 수 없는 무법한 세계로 변했다. 민심을 수습하고 안정시키는 일은 수령이 자기의 자리에서 중심을 잡고 민심을 보듬을 때 가능한 것이다. 둘째, 적의 토벌을 위한 수령의 역할이다. 수령이 자리를 지켜서 고을 업무가 원활해지면 모든 일은 순리대로 나아갈 수 있다. 전란의 상황에서 수령이 먼저 고을을 안정시켰다면, 다음은 전란 극복을 위한 후속책을 도모할 수 있다. 후속책은 다름 아닌 민병의 모집이다. 전쟁에서 병사는 전력의 중추적 기능을 한다. 이렇게 볼 때 약포가 수령 임명을 시급하게 선행[17]했던 이유를 알 만하다. 백성의 안정이 곧 전력의 보강으로 이어질 수 있다는 간단하면서도 일반적 원리를 통해 문제 해결의 핵심을 말한 것이다.

① 신들이 가만히 생각해 보니 무사들을 기꺼이 달려가게 하는 데에는 과거만한 것이 없습니다. 그러나 사람을 선발하는 것은 중대한 일이어서 형편상 거행하기 어려워도 만약 머무르시는 근방 고을에 공문을 보내 알리고 규정을 정하여 전하께서

---

16) 권4, 「피난행록 상」, "臣等妄料當此國勢岌岌之日, 塡差空邑守令, 一日爲急, 擇其最急處, 多數權差."

17) 약포는 수령 임명에 있어 선조치 후보고 형식을 빌렸다. 그 이유는 7월 12일 내용에 "하나하나 대조에 아뢰려 한다면 길이 막히고 멀어서 오고 가는 데만 걸핏하면 몇 개월이 걸려 앉아서 일의 기회를 놓치게 되니 황공하고 민망하기 그지없습니다. 부득이 제때 보충해야 할 관원들은 임시로 임명하여 한편으로는 일을 맡기며 한편으로는 대조에 아뢰겠습니다"에서 알 수 있다. 약포는 전란이란 위급한 상황에서 선조치의 중요성을 인식했다. 그런 까닭에 약포는 수령 임명을 우선한 후 행재소에 사후 보고하는 형식을 택했다.

직접 참관하는 활쏘기 시험을 본다…… 제수하신다면 사람들이 반드시 다투어 모이는 병사가 또한 많을 것입니다.[18] (8월 14일)

② 소직이 생각건대, 관전보 등의 관병을 속히 늘리지 않을 수 없습니다. 북방의 사람은 북쪽 오랑캐를 방어하는 데 뛰어나고, 남방의 사람은 왜적을 막는 데 뛰어납니다. 만약 왜적과 전투를 함에 있어 남병 2만을 얻지 않으면 어찌 왜적들의 예봉을 꺾을 수 있겠습니까? 그러니 남병을 빨리 징발하지 않으면 안 됩니다.[19] (8월 17일)

인용문 ①은 무사를 신속히 그리고 많이 모으기 위한 방법을 장계로 올린 것이다. 임진란을 일으킨 왜군은 총 7군 20만으로 구성하여 파상공세를 펼치며 진군한 지 2주 만인 5월 3일에 서울을 점령했다. 계속된 북진에 평양성은 한 달 뒤인 6월 15일에 함락되었다. 이 기간 동안 조선의 승전보는 이순신이 이끄는 해전과 의기한 의병들에 의해서만 간혹 전해질 뿐이었다. 전세를 반전시키기 위해서는 적과 싸울 수 있는 무사를 많이 선발해야 한다. 병사를 모으기 위해 약포가 내놓은 방법은 과거科擧를 이용하자는 것이다. 병사를 빨리 모으기 위해 인근 고을에 공문을 보내 과거가 실시됨을 공포하고, 임금이 직접 참관하여 시험 결과에 따라 등용케 한다는 사실을 알리는 것이다. 활쏘기의 실력에 따라 임금이 전시와 회시에 응시하도록 하거나 금군으로 제수한다면 반드시 무사들이 다투어 모이게 될 것이라고 약포는 본 것이다. 약포는 자신의 이러한 발상이 망녕된 생각이라고 겸양했지만 당시 상황에서는 합당한 방책이다. 이러한 방법은 임시변통이라고 보기보다는 능력과

---

18) 권4, 「피난행록 상」, "臣等竊念, 武士之樂赴, 莫如科擧. 而取人重事, 勢難擧行, 若所住近邑, 行移知會, 定規觀射.……除授, 則人必爭先, 聚兵亦多."

19) 권4, 「피난행록 상」, "職謂寬奠等處官兵, 不可不速爲之添設也. 北人善於禦虜, 南人善於禦倭. 若與倭戰, 非得南兵二萬, 其何以挫其鋒而折其銳乎. 則南兵不可不速調也."

상황을 고려한 합리적 인재 선발[20]이라 할 수 있다.

인용문 ②는 행인사행인行人司行人인 설번薛藩이 명 황제에게 보내는 주문奏文과 허의후許儀後의 조목을 약포가 본 후에 부기한 일부이다. 5월에 이덕형이 명군을 요청하자 그에 대한 답으로 7월에 요양부총병遼陽副摠兵 조승훈祖承訓이 5,000의 병력을 이끌고 선봉으로 참전하게 되었다. 이에 조·명연합군이 구성되어 평양성을 공격했지만 실패로 끝나고 말았다. 이 글을 쓸 당시는 일본의 제2군이 이미 함경도 회령까지 입성(7월 24일)하여 장악한 상태였다. 이런 상황을 간파한 약포는 두만강을 넘어 왜적이 침범해 오면 어떻게 막을 수 있겠냐고 반문한다. 그에 대한 대비책 또한 제시하는데, 우선 관전보 등의 관병을 2만으로 늘려야 하며 그 관병은 왜적을 막는 데 뛰어난 남방인(복건과 절강인)이 되어야 예봉을 꺾을 수 있다고 했다. 지리地理나 병가兵家를 널리 통하지 않고 병법에 관심을 두지 않았다면 나올 수 없는 방안이다.

「피난행록」 상에서 보여 준 약포의 전란 인식과 대응은 본격적인 반격을 위한 준비 단계로 볼 수 있다. 백성을 안정시키고 모병을 위한 효율적 방안을 제시한 것이 「피난행록」 상에서 이루어졌다면, 하에서는 여기에 더해 전황을 고려한 전략을 구상하기에 이른다. 9월 8일 일기에 실린 장계를 보면, "근래 적들의 세력이 점차 줄어드는 것 같고, 우리나라 군대의 힘 역시 부족하지 않습니다. 그런데 다만 여러 장수들이 되돌아와서 왜적들을 구경만 하고 공격하지 않으며 무사히 하루하루 보내는 것을 좋은 계책으로 삼는 것이 걱정입니다"라고 되어 있다. 9월 이후부터는 전세의 변화가 일고 있었다. 왜군에 의해 함락되었던 성을 하나씩

---

20) 이러한 모병 방식은 「피난행록 하」 9월 8일과 15일 일기에서도 볼 수 있다. 등급을 나누어 사람의 지위 고하에 따르고, 수급의 많고 적음을 정하여 품등을 내리는 방식으로 모병을 독려하고 있다.

탈환[21]하고, 지휘체계가 확립되며, 송응창, 이여송이 이끄는 4만의 명군이 지원하기에 이르렀다. 그런 까닭에 「피난행록」 하에서는 전란 극복을 위한 적극적 전략으로 나가고 있다.

　① 행재소에서 우성전을 (인천부사) 제수하였습니다. 우성전이 즉시 임소로 가서 병사를 많이 모집하였는데, 경기도 일대에서 모병한 사람 가운데서 우성전의 군사가 가장 많고 정예합니다.…… 그런데 며칠 전에 삼가 행재소의 정목政目을 보건대, 우성전을 교체하여 봉상시정奉常寺正으로 제수하였습니다. 우성전이 모아 놓은 군사들이 인천부사가 교체되는 과정에서 무너지고 흩어질 폐단이 없지 않을 듯하니, 우성전을 그대로 인천부사에 유임시키는 것이 편리하고 유익할 듯합니다.[22] (9월 21일)

　② 개성유수 이정형이 의병을 많이 모아 장단에 있다 하니, 잠시 이정형을 유수에 겸임시켰다가 개성이 수복되면 따로 유수를 파견하는 것이 합당할 듯합니다.[23] (10월 27일)

　인용문은 각자의 능력과 상황을 고려하여 적재적소에 인재를 배치할 것을 요구하고 있다. 인용문 ①은 우성전의 봉상시奉常寺 제수의 부당성을 말한 것이고, 인용문 ②는 이정형이 의병장 임무를 계속할 것을 강조한 것이다. 행재소에서 우성전을 인천부사로 제수하자 우성전은 임소에서

---

21) 9월 8일에는 경주성, 16일에는 함경도 경성을 탈환하고, 10월 25일에는 명천성 수복하였으며, 급기야 이듬해 1월 9일에는 평양성까지 탈환하여 남진을 하게 되었다.

22) 「피난행록 하」, "自行在所, 以禹性傳除授. 性傳卽赴任所, 聚兵甚多, 畿甸募兵人中, 性傳之兵, 最多且精.……頃日, 伏覩行在所政目, 禹性傳遞授奉常寺正. 竊恐性傳已聚之軍, 遞代之際, 不無潰散之弊, 禹性傳仍任仁川, 似爲便益."

23) 「피난행록 하」, "開城留守李廷馨, 多聚義兵, 在長湍地, 姑以廷馨例兼留守, 松京收復, 別差留守, 似爲便當."

병사를 모집하여 경기 일대에서 가장 많고 정예한 병력을 양성했다. 이제 그런 그가 할 일은 왜군을 물리치는 일만 남았다. 그런데 얼마 지나지 않아 행재소에서 우성전을 인천부사에서 봉사시로 제수한 것이다. 이에 약포는 원래대로 인천부사로 유임할 것을 극력 주장했다. 약포의 논리는 간명하다. 가장 정예한 병력을 양성한 장수라면 자신의 지휘에 따라 일사분란하게 전투를 수행할 수 있음은 자명하다. 병사를 자유자재로 통솔하는 지휘자는 전세를 유리하게 이끌어 궁극적으로 승리로 나가게 한다. 당시에 가장 필요로 하는 것은 승전이다. 그런 우성전을 국가의 제사나 시호를 의론하고 관장하는 봉사시로 제수한다는 것은 재능과 능력을 무시한 부절적한 인재 배치가 되므로 이에 대한 시정을 요구한 것이다.

인용문 ②도 같은 맥락을 띠고 있다. 이정형은 좌승지로 임란 때 선조를 호종하다 개성에 이르러 개성부유수開城府留守로 임명되었지만 왜군에 의해 개성이 함락되자 의병을 모아 창의한 인물이다. 약포가 이정형에게 유수직을 겸하게 한 것은 개경민에게 구심점을 마련하기 위한 방책으로 볼 수 있다. 약포가 눈여겨본 것은 개성과 멀지 않은 장단長湍에서 많은 의병을 모아 왜적을 격파한 이정형의 통솔력이다. 그런 까닭에 개성이 수복되면 유수는 다른 인물로 대체하고 그에게는 의병장으로서 적을 섬멸할 수 있도록 하자는 것이다. 이듬해 이여송이 이끄는 명군과 함께 평양성을 탈환하는 데 일조를 담당할 수 있었던 것도 인사 배치에 대한 약포의 혜안이 아닐 수 없다. 이렇듯 약포는 전란이라는 위급한 상황을 극복하기 위해 필요한 인재를 정확하게 파악하고 적합한 지위나 임무를 부여24)했다.

---

24) 11월 3일 내용을 보면, 武事를 잘 알지 못하는 성천부사 이제민을 대신해 주부

① 명나라 장수의 50일 휴전 때문에 적을 토벌하는 일이 지연되면서 군대가 오래되어 군졸이 나태하고 군량미도 점차 고갈되게 되었습니다. 만약 이 추운 계절에 빨리 적을 토벌하지 않는다면 장차 도모하기 어렵게 됩니다. 지금은 명나라 장수가 휴전을 협약한 기한이 이미 지나버렸으니 명나라 군대가 신속하게 남하하지 않으면 시기에 뒤쳐졌다는 후회를 하게 될 것입니다. 여러 장수들에게 명하여 대책을 세워 적을 토벌하되, 완전히 소탕하도록 하는 것이 마땅할 듯합니다. 조정에서 급히 상의하여 기회를 놓치지 말기를 삼가 바랍니다.25) (11월 3일)

② 어리석은 신의 부질없는 견해로는 조정의 중신과 명망과 지위가 다 같이 높은 자를 따로 선발하여 도순찰사의 직책을 맡겨 경기도내의 군대와 의병들을 이끌고 지휘하여 기세를 올리며 경성으로 향하여 서울의 백성들과 안팎으로 합세하여 수복을 도모한다면 거의 성공할 수 있을 것입니다. 게다가 지금 날씨가 매우 추워 저 적들이 모두 춥다고 울부짖으며 분발할 용력이 없습니다.…… 또 들으니 경성과 경기도의 적들이 모두 마음대로 서쪽으로 내려와 명나라 군대를 대적한다고 하니, 경성은 그리 걱정할 것이 못 된다 하며 서경에만 온 힘을 쏟고자 하는 것입니다. 지금 만약 경성을 공격하여 적의 세력을 분산한다면 비록 정해진 기한 내에 소탕할 수는 없을지라도 평양을 공격하는 데는 일조가 될 수 있을 것입니다.26) (12월 4일)

조승훈이 이끌고 온 오천의 1차 명군이 평양성 공격에 실패하자 8월에 심유경에 의해 화의가 논의되면서부터 전투는 소강상태로 접어들게

---

25) 「피난행록 하」, "唐將五十日之限, 久稽討賊之擧, 師老卒惰, 兵糧將竭. 若不趁當此冱寒之節, 急急致討, 則將爲難圖之患. 今則約限已過, 天兵若不速下, 恐貽後時之悔. 令諸將設策, 侵攻期於勦滅似當. 自朝廷作速商確, 毋失機會伏望."

26) 「피난행록 하」, "愚臣妄意, 須另選一員重臣名位俱隆者, 委以都巡察職事, 督率畿內軍及義兵, 鼓向京城, 與京師之民, 內外合勢, 以圖收復, 則庶可成功. 況今天氣寒冷, 彼賊皆號凍無勇.……且聞京城及畿甸之賊, 皆恣意西下, 以敵唐兵云, 蓋以京師爲無足可慮, 欲專力於西京. 今若侵擾京城, 以分其勢, 則雖未能刻期掃盪, 亦可爲攻平壤之一助."

되었다. 인용문 ①·②는 명과 왜의 화의로 인해 토벌을 위한 기회를 놓칠 것에 대한 약포의 다급함과 함께, 한양 탈환의 적기임을 설파하고 있다. 인용문 ①에서 약포는 적의 토벌을 더 이상 지연해서는 안 된다고 주장하고 있다. 그 이유로 군졸의 나태와 군량미의 고갈, 추운 계절의 활용을 들고 있다. 명과 왜의 50일간의 휴전은 아군 병사들의 긴장감과 함께 토벌의 의지를 약화시킬 뿐만 아니라 군량미의 보충도 여의치 않게 했다. 그런 까닭에 약포는 전의가 약화되고 군량미가 부족해지기 전인 지금이 적을 토벌할 수 있는 마지막 기회라고 본 것이다. 거기에 더해 계절의 이점을 안고 가자는 것이다. 겨울은 전투에 있어 피아간에 힘든 시기이지만, 북쪽까지 올라온 왜군의 경우는 더욱 열악한 상황에 놓였기 때문이다. 추운 날씨로 인해 남쪽으로부터의 보급과 병력 보충이 쉽지 않아 고립을 초래할 수 있는 상황이다. 날이 풀려 보급과 병력 충원이 되기 전에 적을 토벌해야 한다는 약포의 주장은 전황을 적시한 판단에서 나온 것이다.

인용문 ②는 지금이 경성을 수복할 적기라고 보고 두 가지 이유를 들고 있다. 잘 갖추어진 충분한 병력이 있다는 것이 첫 번째 이유다. 약포는 경기도에 관군 외에 향병인 의려義旅 40여 단이 있는데 그 인원이 수만에 이른다는 사실을 알고 있었다. 명망과 지위가 높은 자를 지휘자로 선출하여 경기도 내의 군대와 의병을 이끌고 경성을 향하여 서울의 백성과 합세하여 수복을 도모한다면 성공할 확률이 높다고 본 것이다. 추운 겨울 날씨가 적기의 두 번째 이유다. 날씨는 전쟁과 밀접한 관계를 띠고 있다. 같은 추위지만 현지인과 외지인의 체감은 차이를 보일 수밖에 없다. 더욱 추워진 지금의 날씨는 왜적으로 하여금 분발할 용력까지 상실케 할 정도이다. 이러한 때를 맞아 적을 토벌하는 것은 천시天時와 인화人和가 우리 편에 있는 것과 같으므로 경성 탈환은 결코 어려운 일이 아님을 말하고 있다. 여기에 더해 경성 수복의 도모는 평양성 탈환에도 일조를 한다고 보았다. 왜적은 경성 방어에는 걱정을 하지 않고 서경에만 온 힘을 쏟고 있는 중이다. 지금 경성을 공격하면 적의 세력을 분산시켜 평양성을 공격하는 데도 큰 이점이 있다는 것이다. 약포의 이러한 판단은 전황과 사세에 대한 객관적 분석에 따른 결과물이란 점에서 뛰어난 전략가이자 탁월한 전술 운용가라 할 수 있다.

임란 초기에 보여 준 약포의 전란 인식과 그 대응 방안은 「피난행록」 속에 그대로 융해되어 그 특징적 면이 잘 나타나 있다. 앞서 언급했듯이 전란이 발발한 시점에는 호종의 임무가 주된 것이어서 전란을 극복하기 위한 적극적 대응 방안은 따르지 않았다. 백성의 안정을 위해 비어 있는 고을의 수령을 임명하는 데 우선순위를 두었다. 다음으로 모병을 위한 다양한 계책을 제시한 것 등이 「피난행록」 상(1593.4~8)에서 주로 언급된 사실이다. 반면 「피난행록」 하(1592.9~1593.1)에서는 인재의 적재적소 배치와 함께 반격을 모색하는 전술을 펼치고 있어 전란 극복을 위한 적극적 대응 방안으로 나갔다. 약포의 전란 인식과 대응 방안은 시세와 전황의 근거 위에 자신이 익힌 지리와 병법을 적용한 결과물로 나타나고 있다.

2) 전란 극복을 위한 계책 및 전술

전란 극복을 위한 계책 및 전술이 「피난행록」에도 없는 바는 아니나 2)절부터는 22편의 '소·차·계·의·서'를 중심으로 논의가 이루어진다. 전란 극복을 위한 계책 및 전술이 언급된 글을 정리하면 6편[27]

정도이다. 이 외 「피난행록」에 수록된 장계 등에서도 약포의 전술이나 계책을 볼 수 있지만 6편에 수록된 것과 비교하면 전술의 다양성이나 적절성에는 미치지 못하고 있다. 특히 약포는 전술을 논함에 있어 객관적 시각을 바탕에 두고 있다. 그런 까닭에 왜군에 비해 아군의 전력이 현저하게 떨어지고 있음을 인지했고, 이를 극복하기 위해서는 기책奇策이 필요함을 역설했다. 객관적 전력 차가 있을 경우에 적진과 마주하여 진을 치고 출병하여 서로 공격한다는 것은 필패必敗로 이어지므로 기책에 의한 공격일 때만 적에게 결정적 타격을 줄 수 있음을 설파하고 있다. 다음의 인용문은 기책과 관련한 약포의 견해를 밝힌 것이다.

⑪ 우리가 자주자주 침범하여 소요를 일으켜서 저들로 하여금 편안하게 머물 수 없게 하는 것이 곧 형세를 동요시키는 상책일 것입니다. 이를테면 밤에 공격하고 밤에 놀라게 하며 속여서 유인하고 허세를 부려 공갈하는 따위는 모두 그 병사들을 동요시키는 지극한 요체입니다. 만약 밤낮으로 난동을 일으킨다면 깃털이 저절로 떨어지고 뿌리를 붙일 곳이 없게 되어 위세와 기세가 저절로 녹아 없어질 것입니다.…… 만약 현재 상국의 병사 만여 명에 본국의 병사 수만 명을 합한다면, 공을 세우기는 지극히 어려울 것입니다. 그러므로 항상 정공법을 버리고 기책을 힘써서 먼저 모의를 한 뒤에 싸워야 하며, 매번 간첩을 보내어 저들의 허와 실을 엿보되, 척후병을 많이 두어 적들의 진퇴와 이합집산을 살펴야 합니다. 그런 뒤에 매복하여 길목을 지키고 추격하여 압박하며 뜻밖에 기습하여 공격하는 것을 상도로 삼아야 합니다.28)

---

27) 권2「與明儒胡煥」・「斥和疏」・「決策討賊箚」・「條陳事宜箚 癸巳」, 권3「請許用降倭
酒叱其謀啓」, 권6「書示胡相公」.
28) 권2, 「與明儒胡煥」, "如以見兵萬餘, 帶本國之兵數萬, 則極難爲功. 常捨正務奇, 先謀後
戰, 每以間諜, 覘其虛實, 而多設斥候, 審其賊之進退合散. 伏而要之, 追而迫之, 以不意掩
擊爲常道."

② 적과 성루에서 대치함에 있어 적군은 많고 우리는 적어 중과부적이 된다면 이길 수 있는 방법은 오로지 기이한 계책을 내는 데 달려 있습니다. 혹은 요해지에 복병을 매복시켜 두기도 하고, 혹은 험한 곳을 점거하여 적을 맞아 공격하며, 혹은 강을 반쯤 건너오는 틈을 타서 갑자기 공격하되 실수하지 않도록 하며, 야간의 전투와 화공술 같은 유형도 모두 쓸 만한 방법입니다. 또한 적의 형세를 살펴 때로는 성을 굳게 지키면서 청야하고 기다려 함부로 교전하지 말게 하여 며칠이 지나면 군량미가 떨어진 적들은 형세가 장차 도망갈 것이니, 또한 이 틈을 타면 곧 크게 이길 수 있을 것입니다.[29]

③ 주질기는 청적의 수하에 있던 군병으로 적진의 허실과 적장의 행동거지를 다 알고 있습니다. 때마침 이런 때에 우리 진영에 투항해 와서 흉적을 제거할 계책을 바치니, 청적에게 복수하려는 왜병들과 연결하여 마음을 합치고 지혜를 모아서 거사할 날짜를 정하여 거사한다면, 어찌 하늘이 청적을 죽이려고 이 왜병에게 손을 빌려 준 것이 아니겠습니까.[30]

잘 조련된 병사와 유능한 장수, 거기에 더해 잘 갖춰진 병기가 있다면 승전을 위한 필요조건을 갖추었다고 할 수 있다. 약포가 호환胡煥에게 준 글에 보면, 왜군의 객관적 전력을 천하 고금의 강적으로 평가했다. 그 이유는 전쟁에서 '장수의 유능함, 사졸의 강함, 기계의 정밀함, 용감하게 분투하는 병사, 식량의 비축' 가운데 장수의 유능함과 그 외 서너 가지를 갖추는 경우는 없는데 지금의 왜적은 그것을 다 갖추고 있기 때문이다.[31] 이렇게 볼 때 조선군은 모든 면에서 왜군에 비해 절대적

---

29) 권2, 「斥和疏」, "與賊對壘, 彼衆我寡, 衆寡不敵, 則取勝之道, 全在於出奇. 或埋伏要害, 或據險邀擊, 或乘其半渡, 急擊勿失, 至如夜戰火攻之類, 皆可用也. 且觀賊勢, 或固守城壘, 清野以待, 愼勿交鋒, 以過數日, 則糧乏之賊, 勢將遁去, 亦可乘勢, 便成大捷."

30) 권3, 「請許用降倭酒比其謀啓」, "前項酒比其, 係淸賊手下軍兵. 賊陣虛實, 賊將動止, 悉所備諳, 適以此時, 投降我陣, 獻策除兇, 連結淸賊腹心之倭, 同心協謀, 指日擧事, 豈天欲殄淸賊, 假手於此倭邪."

열세일 수밖에 없다. 그런 까닭에 일반적인 계책을 가지고는 승산이 없는 싸움이다. 왜군을 이길 수 있는 비결은 그들의 약점을 파고들어 기책奇策을 펼치는 데서 찾아야 한다.

위의 인용문 중 ①·②에서 말하는 기책은 적의 배후나 측면을 소규모의 병력으로 기습 공격하여 적을 교란시키는 게릴라 전술과 유사하다. 지금과 같이 열세인 상황에서는 밤낮으로 침범하여 소요를 일으켜서 병사를 동요케 하고, 간첩을 보내 적의 허실을 염탐하고, 길목에 매복하여 기습 공격을 하는 것을 상도常道로 보았다. 이는 역설적이게도 기책이 상도로 쓰여야 할 정도로 전력의 열세를 여실히 보여 주는 것이 된다. 또 다른 기책으로 지공을 말하고 있다. 적의 형세를 고려하여 성을 굳게 지킬 뿐 교전하지 말고 청야淸野하여 지역의 농작물이 군량미로 전용될 수 없도록 하는 것이다. 이렇게 되면 적군은 오래가지 않아 군량미가 떨어져 후퇴할 수밖에 없고 이 틈을 타서 적을 치면 크게 승리할 수 있다고 보았다.

①·②의 기책이 게릴라 전술이나 지공전遲攻戰 또는 수성전守城戰을 통한 기책을 보여 주었다면, ③은 투항해 온 군병 주질기의 계책을 적극 활용하자는 것이다. 주질기는 가토 기요마사의 수하 군병인 까닭에 적진의 허실과 적장의 행동거지를 잘 알고 있었다. 게다가 가토 기요마사의 포악한 성품 때문에 부하들은 이반하고 고니시 유키나가와는 공과를 다투어 갈등이 심화되는 상황이었다. 이러한 상황을 알고 있는 주질기가 조선인으로 귀화한 뜻을 보여 주기 위해 가토 기요마사를 암살할 기책을

---

31) 권2, 「與明儒胡煥」, "有將帥之能, 有士卒之彊, 有器械之精, 有勇敢之奮, 有隊伍之衆, 有形勢之合, 有糧餉之蓄, 自古將苟能矣. 其餘數事, 雖不盡備, 亦可以有所爲矣. 其間有一二之備者, 例或有焉. 有三四之備者, 極難得, 而至五六七之備者, 絶無其人, 今之倭賊, 盡得其備矣."

제시한 것이다. 가토 기요마사의 평소 행동반경과 습관을 익히 알고 있어 그의 암살이 결코 어렵지 않음을 말했다. 이에 약포는 주질기의 계획을 보고는 형세상 반드시 성공할 수 있는 기책으로, 일을 성사시킬 수 있다고 보았다. 설령 실패하더라도 변고가 적진 안에서 일어나 어떤 식으로든 우리에게 유리한 것으로 판단했다. 약포는 지금과 같이 적은 군사로 많은 군사를 이기고 약자가 강자를 도모하기 위해서는 기책의 적극적 활용이 필요함을 강조했다.

약포는 왜군과의 교전에 있어 다양한 전술을 제시하고 있다. 그는 전황과 피아군의 화력이나 병력에 대한 정확한 판단 위에서 필요로 하는 전술을 적용했다. 확연히 차이나는 전력의 열세를 만회하기 위해 다양한 계책과 전술을 언급했지만 그것에 앞서 가장 시급히 힘써야 할 것은 오직 병사를 조련하고 군량은 운반하는 것이라고 했다. 이 한마디는 당시 조선의 군사력을 평가할 수 있는 척도가 된다. 지극히 어려운 여건에서 싸울 수밖에 없는 상황이다. 이런 점을 감안하여 약포는 전장의 와중에서 왜군의 병기 및 전술을 고려하여 그에 대응할 수 있는 계책을 중심으로 전략을 펼쳤다.

⑪ 칼을 가진 자는 천백이고 총알을 가진 자는 수십 명이니, 이는 그들의 전술이 근전에는 빠르고 원전에는 느립니다. 이런 까닭으로 육전은 좋아하나 수전을 싫어합니다. 육지에서는 빨리 가서 맞붙어 손으로 죽이기 때문에 늘 이기지만, 물에서는 배로 가는 데 한계가 있어서 빨리 나아가면 길이 끊어지고, 순관이 견고하여 총을 쏘기에 불리하며, 배 뒷부분에 구거鉤距의 기술을 써서 화포 한 발을 쏘면 배가 부서져 물에 빠져 죽으니, 그들에게는 원전에서의 능한 기술이 근전에서의 묘한 기술만 못합니다. 그리고 보면 평소 싸울 때는 반드시 멀리서 막는 것을 요체로 삼아야 합니다.[32]

② 질려포와 진천뢰 같은 것은 야전에 유리하고 차자전과 포차 또한 보조적으로 쓸 수 있으며 승자총통은 수전에 유리한데, 모두가 왜적들을 방어하기에 지극히 신묘한 것들입니다. 본국의 사람들은 이 사용법을 배운 자가 매우 적지만, 만약 사람마다 다 익혀 사용법을 숙지하게 한다면 왜적을 막는 실효는 걱정이 없을 것입니다.[33]

③ 거북선에 승자총통을 많이 싣고 해로의 길목을 지키다가 적들의 조운선을 격파하는가 하면, 혹은 용감한 군사들을 모집하여 적의 진영에 잠입시켜 저들이 모아 놓은 식량을 불태우기도 하며…… 혹은 수확하는 곳을 물어 운반하는 길목을 지키고 있다가 가볍고 날랜 병사로 하여금 진퇴를 살펴 적들의 식량을 남김없이 다 빼앗아야 합니다. 이것은 그 기회를 놓칠 수 없는 하나의 떳떳한 계책입니다.[34]

④ 바다에서는 수군이 그들이 오가는 길목을 차단하고, 육지에서는 말과 보병이 그들이 출입하는 길목을 끊어버려서 이미 온 자들은 돌아갈 수 없게 하고 새롭게 보태는 병사들은 계속 오지 못하게 해야 합니다. 막고 끊으며 열 달 동안만 버티면 왜적들은 반드시 땔감과 물이 외부에서 차단되고 양식이 안에서 고갈되어 저절로 움츠러드는 형세가 없지 않을 것입니다.[35]

⑤ 병사를 늘리는 일이 진실로 매우 급급합니다. 그중에서도 사천과 절강의 병사가

---

32) 권2, 「與明儒胡煥」, "持劍者千百, 持丸者數十, 蓋其戰, 急於近而緩於遠. 是以, 好陸戰而厭水戰. 陸則急趨膚接, 極手獮殺, 故常勝, 水則舟行有限, 驟進路絶, 楯板之牢, 丸射不利, 鉤鉅其艫, 一發銃矢, 卽裂墮溺, 其遠技之能, 不如近技之妙也. 然則常戰必以遠拒爲要."

33) 권2, 「與明儒胡煥」, "如蒺藜砲震天雷, 利於夜戰, 車子箭砲車, 亦可補用也, 勝字銃筒, 利於水戰, 皆是禦倭之極神極妙者也. 本國之人, 學者甚尠, 若人人盡習成就, 則禦倭之實無虞矣."

34) 권2, 「與明儒胡煥」, "帶龜船船數十隻, 多載勝字銃筒, 要於海路, 破其漕運或募勇士, 潛入賊營, 燒其所聚……而或候刈獲之處, 伺於行跐之路, 以輕銳之兵, 觀望進退, 掠取無遺. 此不可一失其機之常策也."

35) 권2, 「決策討賊箚」, "決策用兵, 水焉, 舟師以塞其往來之路, 陸焉, 馬步以截其出入之途, 使旣來者不得去, 新添者無以繼. 且塞且截, 持以旬朔之久, 則賊必樵汲外絶, 糧粟內竭, 不無自戁之勢, 賊勢旣戁."

가장 급하고 요동과 광녕의 병사가 그다음으로 급합니다. 대개 요동의 병사는 오랑캐를 잘 막고 절강의 병사들은 왜적을 잘 막습니다.[36]

⑥ (우리나라 군사의) 활 쏘고 말 타는 기술은 역시 모두 잘 연습되어 있고 편전片箭에도 능하니, 이는 사방의 여러 나라에서도 할 수 없는 것입니다. 만약 화전의 여러 기술을 가르친다면 그 기예는 무척 쓸 만할 것입니다. 우리 병사들을 명나라 군대 속에 나누어 배속시켜서 하나하나 화전의 여러 병기들을 상세히 가르치고 신무神武(유정을 가리킴)의 지휘를 익히게 한다면 하루가 가고 또 하루가 가서 연습이 익숙해지고 작은 것에서부터 점차 커지며, 가까운 곳에서부터 먼 곳에까지 우리의 병사가 모두 총병 노야의 신묘한 교화에 물들어 성취를 얻는다면 적을 막는 일의 기틀에 반드시 여유가 있을 것입니다.[37]

왜군을 격퇴하기 위해 약포는 병기의 우위 비교, 실효적 계책, 시급한 과제 등을 고려하여 효과적이고 합리적인 전술을 제시했다. 인용문 ①과 ②는 피아간의 병기를 고려하여 가장 효과적인 공격법을 제시했고, ③과 ④는 전쟁에 있어 가장 중요한 보급로 차단과 같은 실효적 전술을 밝혔다. ⑤와 ⑥은 조선군에 있어 가장 시급히 해결해야 할 병사 증강을 위한 해결책과 함께 군사 조련의 필요성을 강조했다. 이상과 같이 약포는 실전에서의 승리를 위해 실질적이고 실효적인 계책을 제시했다. 이와 같은 전술 못지않게 중요한 강령일 될 수 있는 몇 가지를 말하고 있는데, '전쟁에서는 망설여서는 안 된다', '일은 반드시 과감하게 시행하고

---

36) 권2, 「與明儒胡煥」, "添兵之事, 固當汲汲. 而其中川浙之兵爲上, 遼廣之兵次之. 蓋遼兵能胡, 而浙兵能倭也."
.37) 권6, 「書示胡相公」, "弓馬之技, 亦皆精練, 而片箭之能, 四方萬國所不能者也. 若敎之以火戰諸技, 則其藝能極可用也. 以我兵分隷於行間, 一一詳敎火戰諸具, 而習之於神武之節制, 則日復一日, 習之而熟, 自小漸大, 自近及遠, 我國之兵, 盡染於老爺之神化, 得以成就, 則禦賊之機, 應有餘地."

용감하게 결단하라', '정확한 때를 놓쳐서는 안 된다'[38] 등이다. 한마디로 요약하면 순간의 기회를 놓치지 말고 용감하고 과감하게 행동으로 옮기라는 것이다. 다시 인용문으로 돌아가서 ①과 ②를 통해 밝힌 약포의 전술부터 살펴본다.

①과 ②는 적과의 전투에서 실효적인 방법을 말하고 있다. 약포는 피아의 전투 기술에 있어 장단을 밝혀 그 요체를 삼을 것을 요구했다. 왜군은 육상에서 근전近戰을 주요 전술로 삼고 있다. 소총을 병기로 사용하므로 육상 전투에서의 근전은 상당히 효과적인 전술이 될 수 있다. 육전陸戰에 비해 상대적으로 수전水戰은 기피하고 있다. 배로는 육지와 같은 속도로 나갈 수 없고, 배에서 쏘는 사격의 정확도도 떨어질 뿐 아니라 화포의 위력도 따라가지 못하기 때문이다. 이런 연유로 왜군과는 멀리서 전투를 벌이는 것이 요체라고 했다. 약포가 근전이 아닌 원전을 하라는 데는 양군의 무기 성능을 고려하여 결정한 것이다.

왜군의 조총이 근거리에서 위력을 발휘한다면 승자총통은 이에 비해 원거리에서도 위력을 발휘할 수 있는 병기[39]다. 한 발의 탄환이 나가는 조총에 비해 승자총통은 10여 발이 한 번의 격발에서 발사되기 때문에 훨씬 위력적이다. 또한 질려포나 진천뢰의 사용이다. 이것은 포차를 이용할 경우 포로도 쓸 수 있고, 포차 없이 사용할 경우에는 지금의 수류탄과 같아 야전夜戰에 효과적으로 활용할 수 있다. 그런 점에서 약포는 이들 무기의 사용법을 숙지하여 사용한다면 왜적을 막는 데 실효성을 거둘 수 있다고 보았다. 약포는 이론적 전술가가 아니다.

---

38) 권2, 「決策討賊箚」, "古法曰, 戰以猶豫爲凶. 又曰, 事莫大於必果, 功莫盛於勇決. 又曰, 先之一刻則太過, 後之一刻則失時, 蓋皆言機會之不可失也."

39) 조총의 유효 사거리 70~80m, 최대 사거리 500m이다. 이에 반해 승자총통은 유효 사거리 150~160m, 최대 사거리 700~800m이다.

전장에서 피아의 병기가 지닌 장단점을 실제적으로 체험한 결과에 따라 전술을 구사했다는 점에서 그의 전술은 실효적일 수밖에 없다.

③과 ④는 전쟁의 승패를 좌우할 수 있는 보급선補給線을 차단함으로써 보급품의 공급을 끊어 왜적을 고립의 상태로 만드는 계책을 말하고 있다. 약포는 적의 식량을 차단 또는 약취掠取, 경우에 따라서는 소각하는 것을 상책常策으로 두어 보급품 차단에 적극적이다. 해로의 길목을 지키고 있다가 조운선을 격파하는 것 수확물을 운반하는 길목을 지켜 식량을 남김없이 뺏는 것과 같은 보급선의 차단은 전세를 역전할 수 있는 중요한 변수가 된다. 보급선의 차단은 단순히 보급물자를 끊는 것에 그치는 것이 아니라 공격 의지를 무력화하는 효과까지 있어 중요한 전술로 활용되고 있다. 그런 까닭에 적의 진영에까지 잠입하여 식량을 불태우는 적극적 공략을 취하는 것이다. 보급로의 차단은 적군에게 물, 양식, 땔감 등을 고갈시켜 왜군으로 하여금 자축지세自蹙之勢로 몰아넣어 전세를 역전하는 데 매우 효과적인 전술이다.

⑤와 ⑥은 명군의 병력 지원과 조선군의 효율적 병기 사용 훈련을 통해 연합군의 전력을 제고하기 위한 약포의 견해다. 약포는 명군 지원의 절실함을 곳곳에서 피력했다.[40] 잠시의 화친으로 전쟁은 소강 국면으로 들어갔지만 왜군은 여전히 수적 우위를 점하고 있었다. 십만 명에 달하는 왜군에 비해 본국의 병사는 몇 만도 되지 않고 명나라 병사도 3만이

---

40) 「피난행록 상」 8월 17일조에 "북방 사람은 북쪽 오랑캐를 방어하는 데 뛰어나고, 남방의 사람은 왜적을 막는 데 뛰어납니다"(北人善於禦虜, 南人善於禦倭, 若與倭戰)라고 되었으며, 권6 「書示胡相公」에서도 "병력을 증원하는 계책은 매우 옳은 계책입니다. 병력을 증원하는 일 가운데서도 요동과 광녕의 병사들을 증원하는 것이 기어코 사천과 절강의 병사들을 증원하는 것만 못합니다"(添兵之策, 極是大計. 添兵之中, 添遼廣之兵, 必不如添川浙之兵)라고 하여 절강의 병사가 증원되기를 바라고 있다.

철군(1594.8)하여 1만의 군사만 남아 있는 상태다. 왜군은 전쟁터에서 열 배의 병사가 몇 길로 나누어 쳐들어오기에 막아 낼 방도가 없었다. 이 상황에서 가장 시급히 해야 할 일은 병사를 늘리는 것이다. 이왕 명군의 지원을 받아야 할 상황이라면 왜적을 막는 데 뛰어난 남방지역 사천과 절강의 병사로 충원되길 바랐다.

왜군과 대항해 조선군과 명군이 연합군을 결성할 때 전력을 극대화하기 위해서는 양측의 장점을 활용하여 훈련을 해야 한다. 약포는 우리나라 병사의 장점을 궁마지기弓馬之技라 하여 활 쏘고 말 타는 데 숙련되어 있을 뿐만 아니라 편전片箭에 능하다고 했다. 여기에 명나라의 화전火箭 기술이 더해지면 적이 두려워할 정도의 위협적인 군대가 된다고 보았다. 약포는 명나라의 무기 가운데 화전 기구가 지극히 신묘해 귀신도 달아나지 못할 것이라고 하여 화전의 위력을 높이 평가했다. 궁마 기술이 뛰어난 조선 병사에게 화전 기술을 익히고 신무의 지휘에 조명군이 일사분란해지면 왜군을 막는 일은 결코 어렵지 않음을 역설했다. 이상에서 보여 준 약포의 전술은 전장의 정확한 진단과 병가나 병법을 두루 섭렵한 병술가의 식견에서 나온 것이다.

3) 인재 천거 및 신구伸救

한 나라의 흥망은 인재의 발탁과 적재적소 배치에 달렸다고 해도 과언이 아니다. 약포는 후세 사가들이 간웅이라 칭한 조조가 천하를 통일할 수 있었던 비결은 인재를 굳건하게 믿고 의지한 데 있다고 보았다. 조조의 인재 등용은 "한 사람을 얻어 천하를 안정시킬 수 있고, 한 사람을 잃어 천하를 어지럽힐 수 있다"(得一人安天下, 失一人亂天下)는 관점을 지녔다. 모든 중요한 일의 성패成敗는 어떤 사람을 채용하여 어떻게

쓰느냐에 달렸다. 특히 국운을 결정하는 중요한 상황에서의 인재 채용은
더 말할 나위가 없는 것이다.

약포는 왜적과의 화친을 받아들이는 것에 반대하는 상소(斥和疏)에서
"적합한 사람을 얻고 적합한 계책을 시행하게 된다면, 천병天兵이 다시
오기를 기다리지 않아도 나라 안에서 오히려 토벌할 수 있을 것입니다"[41]
라고 하여 국난을 극복하는 방법으로 인재 등용과 계책에 두었다. 계책은
인재가 주어질 때 나오는 것이므로 결국 가장 중요한 것은 인재가
되는 셈이다. 이와 같은 약포의 인재관人才觀은 그의 글 곳곳에서 나타나
는데, 인물에 대한 평가를 통한 천거나 공적을 고려한 신구(伸救)[42] 등의
내용이 그러한 예다. 아래는 인재 천거와 관련한 자료들이다.

□ 김덕령은 대장군의 재주를 지녀 조정에서 칭찬하고 장려하여 특별히 충용장의
호칭을 내려 주었습니다. 지금 영남 우도에 주둔하고 있어 비록 포부를 크게 펼치지는
못하고 있으나, 때가 오기를 기다리고 있습니다. 권인룡은 재주가 만 명을 감당할
수 있는 용맹을 갖추어 그로 하여금 적을 토벌하는 데 힘쓰게 한다면 능히 한 방면을
감당할 수 있는데, 지금 호남 체찰사 군중에 있으면서 항오에 묻혀 있기 때문에
아는 자가 없습니다. 신의 생각으로는 두 사람을 선발하여 특별히 대장의 임무를
부여하고 그들로 하여금 육군을 통솔하고 방어하게 하여 이순신의 무리와 더불어
큰 진대를 편성하고 서로가 때때로 호응하여 두 날개를 이루어서 수륙으로 병진하게
한다면 왜적들은 평정할 거리도 못 될 것입니다.[43]

---

41) 권2, 「斥和疏」, "如得其人行其計, 則亦不待天兵之復來, 自國中猶可勦討."
42) 권2 「論救李舜臣箚」, 권3 「十條取士單子啓」·「金德齡獄事啓」·「咸崇德等七人罪名及
金德齡獄事議」·「李舜臣獄事議」.
43) 권2, 「斥和疏」, "如金德齡, 有大將才, 而朝廷嘉獎, 特賜以忠勇將號. 今方屯駐嶺南右道,
雖未及大伸抱負, 而時方有待. 權仁龍, 才兼萬夫之雄, 使之致力於討賊, 則足當一面, 時在
湖南體察使軍中, 沈於行伍, 人無有識之者. 臣之意, 選用兩人, 超授大將之任, 使之統禦陸
軍, 與李舜臣輩, 作爲巨陣, 相時度宜, 作爲兩翼, 水陸幷進, 則倭奴不足平."

② 곽재우 등과 같은 경우는 모두 방어하는 재주를 지녀 이미 현저하게 이름나 있으며, 김덕령 같은 이는 대장의 재주를 지녀 지금 막 싸움터에서 써 보고 있으나, 하료에 막혀 있어서 혹여 재주를 다 쓰지 못해 그의 포부를 다 펼칠 수 없을까 염려됩니다. 권인룡은 지금 대열 중에 있어 또한 그를 아는 사람이 없을까 염려되기 때문에 각자의 인명 아래 사람됨의 큰 줄거리만을 들어 표출해 놓았습니다.[44]

③ 이순신은 적을 방어하는 방법에 대해 환하게 알고 있었기 때문에 수하의 재주 있고 용감한 자들은 모두 즐거운 마음으로 쓰려 하여서 일찍이 군사를 잃은 적이 없었으며 위엄과 명성도 예나 다름없었으니, 왜노들이 수군을 가장 두려워한 것도 여기에 있지 않았나 싶습니다. 그가 변방을 진압하여 공로를 세운 것이 이와 같습니다.[45]

인용문은 인재의 능력에 따라 그에 맡는 역할을 부여함으로써 각자의 재질을 적극적으로 펼칠 수 있는 기회를 제공하자는 데 있다. 전장의 소용돌이 속에서 장수의 역할은 전쟁의 승패를 좌우하는 결정적 요소이다. 그런 까닭에 장수의 능력을 정확하게 가늠하고 그 그릇에 맞는 자리에 앉히는 것은 지도자의 몫이다. ①·②는 김덕령과 권인룡의 인물을 평하여 그에 걸맞은 역할이 부여될 수 있기를 바라며 올린 글이고, ③은 장군으로서의 이순신의 능력과 공로를 밝혀 놓음으로써 성상의 호생지덕好生之德으로 형신刑訊을 대신하여 은혜에 보답할 수 있는 공을 세우기를 바라며 올린 글이다.

약포는 인재를 두고 나라의 이기利器라고 하여 하급의 통역관이나 미천한 장사치라도 재주와 기예가 있으면 모두 다 마땅히 사랑하고

---

44) 권2, 「十條取士單子啓」, "如郭再祐等, 皆有守禦之才, 已有顯稱, 而至如金德齡, 則有大將才, 今方試用於戰陣, 而沈於下僚, 恐或用未盡才, 未得展盡抱負. 權仁龍則方在行伍中, 亦恐無識之者, 故各人名下, 槪擧爲人大段而表出之."

45) 권2, 「論救李舜臣箚」, "舜臣諳鍊備禦, 手下才勇, 咸樂爲用, 未嘗喪師, 威聲如舊, 倭奴之最怕舟師者, 未或不在於此. 其有功於鎭壓邊陲如此."

아껴야 한다46)고 했다. 나라에 도움이 되는 인재라면 그들의 재능을 아낄 줄 알아야 하며 지위 고하를 막론하고 마음껏 역량을 펼쳐질 수 있도록 기회를 골고루 부여해야 한다는 것이 약포의 생각이다. 특히 지금과 같은 위란의 시기에는 장수의 재질을 정확하게 파악하고 그에 합당한 역할을 담당하도록 하는 것이 중요하다. 김덕령은 충용장忠勇將의 군호47)를 받을 만큼 대장군으로서의 용기와 지략을 지닌 인물이다. 이런 대장을 영남 우도에 주둔하게 하여 출전의 기회를 주지 않는 것은 그의 재주와 포부를 다 펼칠 수 없게 만드는 결과를 가져온다. 전장에서 적에게 지는 것만이 패배가 아니다. 인재를 제대로 배치하지 못해 초래하는 전력의 손실은 눈에 보이지 않는 치명적 타격으로 돌아오게 된다는 점을 약포는 말하고 있다.

　권인룡의 경우도 마찬가지다. 만 명을 감당할 수 있는 재주와 용맹을 겸했다면 당연히 적을 토벌하는 데 그 역량을 다 쏟아 내게 해야 한다. 그런데 정작 권인룡은 항오에 묻혀 있어서 자신의 존재조차 알 수 없는 미미한 상태이다. 병졸의 틈 속에서 자신이 할 일이란 그저 명령만을 기다리는 것뿐이다. 대장으로서의 기상과 용맹을 갖춘 인물에게는 그에 부합한 임무가 주어져야 한다. 약포는 두 사람의 재질에 맞는 대장의 임무를 부여하여 육군을 통솔, 방어하게 하는 것이 가장 적합한 인사라고 보았다. 이렇게 될 때 이순신과 더불어 수륙의 두 날개를 이루어 왜적을 평정할 수 있는 것이다.

　장수 이순신에 대한 약포의 평가는 더 구체적이다. 약포는 이순신을 두고 진실로 장수의 재질을 지녔으며, 재능은 수륙을 겸비하여 불가능한

---

46) 권2, 「論救李舜臣箚」, "大抵人才, 國家之利器, 雖至於譯官算士之類, 苟有才藝, 則皆當愛惜."
47) 세자에게서는 翼虎將軍을, 선조로부터는 超承將軍의 군호를 받았다.

일이 없으니 이 같은 사람은 쉽게 얻지 못한다[48]고 했다. 약포가 이순신을 두고 진실로 장수의 재질을 지녔다고 한 이유를 세 가지로 나누어 볼 수 있다. 공격과 방어와 같은 전술을 환하게 운용할 수 있는 지장知將으로서의 능력과 수하의 부하가 되고 싶어할 정도로 부하의 믿음이 독실한 신장信將으로서의 능력, 그리고 왜노들이 가장 두려워할 정도로 사기가 충만한 군대를 이끌 수 있는 용장勇將으로서의 자질을 모두 갖추었다. 그런 까닭에 약포는 이순신을 결코 쉽게 얻을 수 없는 장수라 했다. 왜적이 재침한 위급한 상황에서 전투에 소극적이란 이유로 압송되어 투옥된 이순신을 그대로 방치할 수 없는 것이다. 한 사람을 얻어 천하를 안정시킬 수 있다는 말이 참으로 유효하게 쓰이는 시점에 이루어진 약포의 진언이 아닐 수 없다.

① 지난날 장계 속에 진술된 말들은 허망한 점이 있어 매우 괴이쩍고 놀라우나, 이 말이 만약 아랫사람들의 과장된 보고에서 나온 것이라면 중간에 제대로 살피지 못하였을 수도 있었을 듯합니다.…… 저 난리가 일어나던 초기에 군공을 알리는 장계에서 하나하나 사실을 다루지 않고 남의 공로를 탐내어 자신의 공로로 삼은 것은 너무 무망한 짓이 되니, 이것으로 죄를 묻는다면 이순신인들 또한 무슨 말을 하겠습니까?……

장수된 자는 군민의 운명을 맡고 있어 국가의 안위에 관계된 사람이기에 그 중요함이 이와 같으므로 예부터 제왕들이 군권을 위임하여 은전과 신의를 특별히 보여 주었으며, 큰 죄를 저지르지 않으면 곡진하게 보호하고 완전하게 하여 그 임무를 다하게 하였으니 그 뜻이 여기에 있었습니다.…… 장수의 재질을 가진 자는 적을 막아 내는 데 가장 관계가 깊습니다. 그러니 어찌 법을 적용함에 있어 너그럽게 용서하지 않을 수 있겠습니까?…… 만일 죄명이 매우 엄중하다고 하여 조금도 용서하지 않고, 또 공로와 죄상의 비중을 묻지 않고 공로와 능력의 유무를 헤아리지 않은 채, 그 정세를

---

48) 권2, 「論救李舜臣箚」, "舜臣實有將才, 才兼水陸, 無或不可, 如此之人."

천천히 규명하여 보지도 않고 끝내 큰 벌을 내린다면, 공이 있는 자도 스스로 더 권면할 수 없고 능력이 있는 자도 스스로 더 면려할 수 없을 것입니다.49)

② 지금 이순신과 같은 자는 또한 얻기가 쉽지 않습니다. 이순신은 오래도록 수군을 거느려서 변방의 정세를 자세히 알고 있고, 일찍이 극악한 왜적을 무찔러 위엄과 명성이 꽤 있습니다. 왜노들이 수군을 가장 두려워하는 것도 반드시 여기에 있습니다. 적들 가운데 이순신을 도모하려는 자는 진실로 하루도 마음에서 잊은 적이 없는데, 몇 냥의 황금도 쓰지 않고 하루아침에 가만히 앉아서 우리나라가 갑자기 현륙을 가하는 것을 보게 된다면, 적들의 행운이 될까 두렵습니다. 이순신은 죄 때문에 이미 의금부에 송치되어 있고 죄목도 매우 중대합니다. 만일 이 때문에 끝내 죽음을 면할 수 없게 된다면 적들이 이 소식을 듣고 반드시 술자리를 마련하여 서로 경하할 것이고, 또 남방 변경의 많은 장사들은 모두 맥이 빠지게 될 것이니 이것이 매우 염려됩니다. 일개 이순신의 죽음은 진실로 애석할 것이 못되나, 국사에 있어서는 크게 관계됨이 없지 않습니다.50)

③ 호남의 왜적들이 난을 일으키던 초기에 원수의 전령을 듣고는 그날 즉시 병사를 동원해서 그다음 날 길을 떠났고, 또한 머뭇거리거나 관망한 자취도 별로 없었습니다. 다만 적들의 입에 이름이 올랐다는 이유로 정황을 따져보지도 않고 서둘러 엄한 국문을 하여 경폐하게 한다면, 죄명이 명백하지 않아서 국인들의 의심이 끝내 풀리지

---

49) 권2, 「論救李舜臣箚」, "往日馳啓中, 其所陳之辭, 涉於虛妄, 極可怪駭, 而此說如或得於下輩之誇張, 則恐亦容有中間不察之理……夫亂初軍功馳啓之中, 不爲一一從實, 貪人之功, 以爲己功, 委涉誣妄, 以此而問罪, 則舜臣亦何辭焉.……夫將臣者, 軍民之司命, 國家安危之所係, 其重如此, 故古之帝王, 委任閫寄, 別示恩信, 非有大罪, 則曲護而安全之, 以盡其用, 厥意有在……如將臣之有才者, 最關於敵愾禦侮之用, 其可一任用法, 而不爲之饒貸也.……若以律名之甚嚴, 而不暇容貸, 不問功罪之相準, 不念功能之有無, 不爲徐究其情勢, 而終致大謬, 則有功者無以自勸, 有能者無以自勵."

50) 권3, 「李舜臣獄事議」, "今如舜臣者, 亦未易多得. 舜臣久將舟師, 備諳邊情, 嘗挫劇賊, 頗有威聲. 倭奴之最怕舟師者, 未必不在於此. 敵人之欲圖舜臣者, 固未嘗一日忘于心, 而不費數兩黃金, 而一朝坐見我國遽加顯戮, 恐亦敵人之幸也. 舜臣以罪已致王獄, 律名甚嚴. 若以此而終不得免死, 則敵人聞之, 必置酒相慶, 抑恐南邊許多將士, 亦皆解體, 此深可慮. 一舜臣之死, 固不足惜, 而其於國事, 不無大段機關."

않을 것이며 남쪽 변방의 장수된 자들이 서로 두려워할 것이니, 모두가 전전반측하며 불안한 마음을 품게 된다면 아마도 국가의 복이 되지 않을까 두렵습니다. 신의 지나친 염려는 처음부터 끝까지 여기에 있었습니다. 국가의 많은 어려움이 아직도 진정되지 않았고 해구들의 정황도 예측하기 어려운데 이유도 없이 한 명의 명장을 죽인다면, 왜적의 비웃음만 사게 되고 난리를 평정하는 정책에는 아무런 보탬이 없게 될까 매우 두렵습니다.[51]

④ 함숭덕이 왜적에게 빌붙어서 우리나라 사람을 사살한 것은, 그 죄명이 매우 무거우나 달리 증거 삼을 만한 근거가 없습니다. 다만 화살에 이름을 새긴 것 때문에 죄과를 그에게로 돌린 것은 사안이 의옥에 가깝습니다. 양응운·송의·권극렬·박인현 등의 죄명도 무거우나 이미 형벌을 받았고 누차 발명하였습니다.…… 이승남의 죄명은 다만 민종록의 현장 고변에서 나왔지만 달리 드러난 장물이 없고, 또 민종록이 이미 무고를 자복하였으니 이것은 이미 완결된 옥사이므로 그대로 형신을 가하는 것은 마땅하지 않습니다. 윤옹의 죄명도 실로 장오를 범하였으나 장물로 받은 곡식을 자신과 원한이 있는 사람의 집에 가져다 놓았다는 것은 정황에 맞지 않는 듯합니다.…… 바로 조정에서 오직 정치를 너그럽게 할 때입니다. 죄를 범한 사람들이 비록 스스로 저지른 과실이 없지 않고 또한 잘못 모함에 빠진 일도 없지 않은데 한결같이 형벌을 가한다면, 혹여 옥중에서 억울하게 죽게 될까 두렵습니다.[52]

⑤ 김덕령의 옥사는 신이 의혹이 없을 수 없습니다. 사람을 죽인 자를 사형함은

---

51) 권3,「金德齡獄事啓」, "其湖賊倡亂之初, 聞元帥傳令, 卽日調兵, 翌日發行, 亦別無徘徊 觀望之跡. 只以騰諸賊口之故, 不究情跡, 而遽令徑斃嚴鞫之下, 則罪名不白, 國人疑終不 解, 而南藩授閫寄者, 相與危懼, 咸懷反側不自安之心, 則恐非國家之福也. 臣之過慮, 終始 在此. 且當國事多難, 尙未戡定, 海寇情跡, 亦且難測, 無故而殺一名將, 深恐徒致賊人之笑 侮, 而無裨於撥亂之政也."

52) 권3,「咸崇德等七人罪名及金德齡獄事議」, "咸崇德附賊, 射殺本國人命, 罪名極重, 而他 無可據. 只以箭上刻名之故歸罪, 事涉疑獄. 梁應運, 宋檥, 權克烈, 朴仁賢等罪名亦重, 而 已受刑, 累次發明.……李承男罪名, 特出於閔宗祿現告, 而別無現贓之物, 且宗祿旣以誣 告自服, 則此是已完之獄, 不當仍爲刑訊. 尹瀷罪名, 實犯贓汚, 而其穀, 置之於嫌怨人家, 似不近情.……此政朝家專尙寬政之時, 犯罪之人, 雖不無自致之失, 而亦不無誤陷之事, 一向加刑, 則恐或有枉死獄中之冤."

이는 실로 고금에 상행常行하는 바꿀 수 없는 정해진 법입니다. 그러나 장수된 자가 명을 받고 진중에 나가서 설령 잘못 죽인 죄가 있다고 해도 반드시 살인한 법률을 적용한다면, 이 어찌 옛날 장수에게 명을 내려 퇴곡하며 곤외 지역을 전권으로 제어하게 한 뜻이겠습니까?…… 무릇 진영을 주관하는 장수들에게 만약 아랫사람 때문에 조정에서 번번이 살인의 형을 가한다면, 그 형세는 장차 장수가 손을 쓸 수 없는 지경에 이르게 될 것이니 전쟁터에서 어떻게 그 군중을 단속하여 그들로 하여금 적진에 나아가 공을 세우게 할 수 있겠습니까? 덕령의 옥사는 불행이 이 경우와 같기에 신은 의혹이 없을 수 없는 것입니다. 진영을 주관하는 장수가 만약 군율로써 그 아랫사람을 죽였다고 해서 조정에서 중벌을 내려 장수의 권한을 떨어뜨릴 필요는 없다고 생각합니다. 국가가 많은 전란을 당하였을 때는 한 명의 인재라도 아껴야 합니다.[53]

전란의 소용돌이 속에서 정치적 판단이나 무고로 인해 장수를 잃는 것은 국가적 손실일 뿐만 아니라 이는 오히려 이적행위가 되는 것이다. 이런 불상사를 막기 위해 약포는 죄명을 받아 옥사를 하는 장수들에 대해 진위를 파악하고 부당한 점에 대해서는 죄가 없음을 사실대로 밝혀 구원함에 전심을 기울였다. 약포가 신구伸救한 대상은 이순신, 김덕령, 함승덕, 양응운, 송의, 권극렬, 박인현, 이승남, 윤운 등이다. 이 가운데 이순신과 김덕령의 경우는 형신刑訊을 감하고 죄를 사하기 위해서 적극적으로 나섰다. 이순신을 위해서는 「논구이순신차論救李舜臣箚」와 「이순신옥사의李舜臣獄事議」를 올려 구원해야 하는 이유를 논리

---

53) 권3, 「咸崇德等七人罪名及金德齡獄事議」, "金德齡獄事, 臣不能無惑焉. 殺人者死, 此實 古今常行不易之定法, 而爲將帥者, 受命臨陣, 設有誤殺之罪, 而必視殺人之律, 則此豈古 者命將推轂, 專制閫外之意乎.……凡爲主鎭之將, 如以管下之故, 朝廷輒加殺人之律則, 其勢將至於主將不能措手, 戰陣之間, 其何以整肅其衆, 而使赴功耶. 德齡之獄, 不幸似 之……主鎭之將, 若以軍律, 而殺其管下, 則朝廷恐不必深罪, 以損主將之權, 當國家多亂, 一才可惜."

적으로 고할 뿐만 아니라 옥사에 대한 약포의 의론을 극진하게 개진했다. 김덕령의 경우에는 「김덕령옥사계金德齡獄事啓」와 「함승덕등칠인죄명급김덕령옥사의咸崇德等七人罪名及金德齡獄事議」를 통해서 옥사의 부당함을 거듭 피력하여 한 명의 인재라도 아낄 것을 주장했다. 함승덕외 6인은 그들의 죄명에 대해 사실 여부를 다시 확인하여 옥중에서 억울하게 죽는 일이 없도록 공정하고 관대한 판단을 내려줄 것을 의론했다.

①·②는 이순신을 구원하기 위한 차자와 이순신의 옥사에 대한 의론이다. ①의 인용문에 앞서 이순신을 구원하기 위해 그의 공적과 장수로서의 능력을 부각시킨 후, 사면의 당위성을 인용문에서 밝히고 있다. 약포는 이순신의 공로로 우선 수군을 거느려 적의 흉봉凶鋒을 꺾었다는 점을 들었다. 이를 통해 민심에 생기를 일으키고 창의자倡義者에게 기운을 북돋우는 한편 적에게 빌붙은 자들에게는 마음을 돌리게 하는 계기를 마련했다는 점은 부수적이면서도 중요한 공로가 된다. 전투를 통해 왜군들이 이순신 휘하의 수군을 두려워하게 됐다는 점에서 장수로서의 큰 공적이 아닐 수 없다. 장수로서의 능력에 따른 직접적인 공로도 중요하지만 승전을 통해 민초에게는 생기를, 창의자에게는 용기를 불러 일으켰다는 점에서 이순신의 승리는 승리 이상의 의미를 지닌다. 이런 점을 서두에 밝힌 후 사면의 이유를 제시하고 있다.

약포는 이 글에서 사면의 이유로 ①장계의 진위를 파악할 것, ②초기 군공軍功을 알리는 장계의 문제점, ③장수가 큰 죄를 짓지 않으면 은전을 베풀 것, ④공로와 죄상의 비중 고려, ⑤공로와 능력의 유무를 헤아려 권면하게 할 것 등을 들고 난 후 은혜로운 하명으로 특별히 형신을 감하여 공을 세워 보답할 수 있도록 했다. ②의 내용도 ①과 큰 차이를 보이지 않는다. 이순신이라는 장수 한 명을 제거하기는 쉽지만 그와 같은 능력을 갖춘 자를 얻기는 쉽지 않다는 것이다. 유능한 장수의 죽음은 적들에게 경하인 데 반해 변경의 우리 장수는 맥을 빠지게 하는 결과를 초래하므로 국사와 크게 관계되는 문제가 된다. 비록 약포가 이순신의 잘못을 들춰내고 있지만 이는 상대의 심리를 이용하여 그 죄과를 덮어 주길 바라는 계산된 생각에서 나온 것으로 볼 수 있다. 이순신을 신구하기 위한 약포의 논리적 언변과 적극적 주장은 안천하安天下를 위한 인물을 구제하는 것이다.

③은 김덕령의 옥사에 대해 부당함을 알리는 계이고, ⑤는 김덕령의 옥사에 의심스러움을 제기한 의론이다. ③에서 약포는 김덕령의 옥사에 의혹을 제기했다. 김덕령이 옥사를 해야 하는 구체적인 증거나 정황이 없이 다만 적들의 입에 이름이 올랐다는 이유로 역모죄에 연루된 것은 이치에 맞지 않다고 보았다. 이때의 적은 홍산에서 난을 일으킨 이몽학李蒙鶴을 두고 말한다. 김덕령의 체포는 이몽학이 난을 일으킬 때 수하들에게 "김덕령은 나와 같이하기로 약속되어 있다"는 말만 믿고 따른 결과이다. 이에 대해 약포는 김덕령이 적들의 입에 오르내렸다는 이유로 정황을 따져보지 않고 엄한 국문을 한다는 것은 도리에 맞지 않다고 했다. 만약 확인된 사실 없이 엄한 국문을 한 후 형을 집행하기도 전에 죽게 한다면 국인은 당연히 의심하게 되고 변방 장수들은 자신의 처지와 같을까 두려워할 것이다. 이는 왜적에게 어부지리를 안겨 주는 셈이 된다. 지금(1596)은 전쟁이 잠시 소강상태일 뿐이다. 그런 상황에서 이유 없이 한 명의 명장이 자기편의 손에 의해 죽게 된다면 왜적의 비웃음을 사는 것은 둘째이고, 앞으로 난리를 평정하는 데 앞장설 사람이 있을까 하는 두려움이 앞서는 것이다.

③의 김덕령 옥사가 이몽학의 난과 관련된 것이라면, ⑤의 옥사는 윤근수의 노복을 장살한 죄로 인한 것이다. 약포는 이 사건에도 의문을 달고 시작한다. 비록 김덕령이 사람을 죽인 것은 사실이지만 명을 받는 장수가 진중에서 오살誤殺로 인한 죄를 지을 경우 이를 살인죄로 적용하는 것은 타당치 않다고 본 것이다. 약포의 논리는 이렇다. 전쟁터에서 오살을 살인자사殺人者死라는 정법定法으로만 다스린다면 장수는 진중을 단속할 수 없을 뿐만 아니라 적진에 나아가 공을 세울 수 없게 만드는 것이다. 이런 논리를 바탕으로 약포는 진영을 주관하는 장수가 군율로써 아랫사람을 죽일 경우 중벌을 내려 장수의 권한을 떨어뜨려서는 안 된다고 보았다. 지금과 같은 전란에는 한 명의 장수도 아껴야 할 때임을 강조하고 있다.

④는 함승덕 외 6인의 죄명에 대한 약포의 견해를 밝힌 것이다. 7인 가운데 양응운, 송의, 권극렬, 박인현의 경우는 비록 그 죄가 무거우나 이미 형벌을 받았을 뿐만 아니라 이미 그 죄에 잘못이 없음을 밝혔기 때문에 응당 무장으로서 공을 세우게 함이 타당하다는 의론을 폈다. 또한 함승덕, 이승남, 윤옹의 경우는 증거 삼을 만한 근거가 충분치 않으므로 방면하는 관용을 베풀어 장수를 부리고 인재를 등용하는 도리로 삼을 것을 아뢰었다. 약포는 전란의 상황을 감안하여 비록 득죄한 자일지라도 엄격한 법 적용을 통해 죄를 묻기보다는 성상이 호생지덕好生之德을 보여 공을 세울 수 있는 기회를 주는 것이 전란을 극복할 수 있는 대응책으로 보았다. 『선조실록』54)의 '의금부에서 함승덕·양응운·송의·권극렬·박인현·윤옹·이승남 등을 조사한 결과를 보고하

---

54) 『선조실록』, 72권, 선조 29년 2월 18일 을묘, '의금부에서 함승덕·양응운·송의·권극렬·박인현·윤옹·이승남 등을 조사한 결과를 보고하다'

다'라는 기사는 약포가 올린 의론과 거의 일치한 내용이다. 그 외 이들과 관련한 기사를 보면 다음과 같다.

안복장 **이승남**·박억득은 평양의 적 35과를 참수하였고…… 금화현감 **양응운**은 군사를 거느리고 차단, 살륙하여 35과의 수급을 참획하였다.(『선조실록』, 39권, 선조 26년 6월 6일, '경략에게 이자한 각진에서의 승첩과 노획 보고')

수문장 **함승덕**은 적들이 춘천에 주둔하던 날 본고장 사람으로서 적에게 투항하여 적과 한마음이 되었고, 관군과 접전하던 날에는 아군에게 난사하여 퇴각하게 하였습니다. 홍천 출신의 무사 허철이 전사한 뒤에 그의 가족이 시신을 거두어 보니 '승덕'이라고 이름을 새긴 화살이 등에 박혀 있었다 하니, 그가 적을 위하여 힘껏 싸운 정상은 의심할 것이 없습니다. 그런데 그가 적병이 흩어진 뒤에는 자신의 죄를 숨길 수 없음을 알고 적병의 수급을 베어 공 세우기를 도모하여 관작을 제수받기까지 하였으므로 그 소문을 들은 자는 모두가 통한해합니다. 나국을 명하여 그의 죄를 바로잡으소서.(『선조실록』, 56권, 선조 27년 10월 8일, '사헌부가 왜에 협조한 자들을 논죄할 것을 청하다')

유경선·공순·송강·현극·**윤응**·김예국 등은 지난번 수령으로 있을 때 관곡官穀을 도적질하였다고는 하더라도 혹은 익명장匿名狀에서 연루되기도 하고 더러는 믿을 만한 근거가 없는 것인데 벌써 여러 차례 형벌을 받았습니다. 용서하여 주는 것이 옳을 듯한데, 오직 성상의 처분에 달려 있습니다.(『선조실록』, 62권, 선조 28년 4월 27일, '의금부가 소열·소계희의 신원을 건의하다')

[**박인현**은 시임 명천현감으로 백응상·김신원 등이 전사할 때에 구원하지 않았다.] …… 군사가 대오를 잃어 제때에 주장을 구원하지 못한 경우에는 마땅히 일체 군법으로 처치해야 합니다. 만약 약속이 분명하지 못하여 복병 속에 빠져 전군이 흩어져 패한 경우는 전율로 처단하는 것이 불가할 듯합니다.(『선조실록』, 68권, 선조 28년 10월 20일, '명천 현감 박인현을 서울로 나국하지 말고 순찰사가 처결하도록 하다')

함숭덕 · 양웅운 · 송의 · 권극열 · 윤옹은 형을 감하여 공로를 세워 스스로 속죄하게 하고 **이숭남**은 방면하라 하였다.(『선조실록』, 72권, 선조 29년 2월 18일, '의금부에서 함숭덕 · 양웅운 · 송의 · 권극열 · 박인현 · 윤옹 · 이숭남 등을 조사한 결과를 보고하다')

실록을 통해서 볼 때 이숭남과 양웅운은 왜적의 수급을 참획한 공적이 있고, 특히 이숭남의 경우는 민종록의 무고가 밝혀졌기 때문에 이 옥사는 해명된 것이므로 약포의 의론과 일치한다. 윤옹의 경우도 약포의 의론과 유사하다. 윤옹이 수령으로 있을 때 관곡을 도적질한 사실은 정황상 맞지 않는 일이므로 믿을 만한 근거가 못 되며, 이미 여러 차례 형벌을 받은 까닭에 인정을 베풀어 풀어 주는 것이 타당하다고 했다. 함숭덕의 경우는 실록과 약포의 의론과는 차이를 보이지만 사건의 전말에서는 별 차이를 보이지 않는다. 춘천 수문장이던 함숭덕이 왜적에게 투항하여 관군과 접전을 벌이던 날 허철이 전사했는데 그의 등에 '숭덕'이란 이름이 새겨진 화살이 박혀 있었다. 이런 연유로 그를 나포하여 죄를 묻는 것이 실록의 내용이다. 이에 대해 약포는 함숭덕이 왜적에 빌붙어 아군을 사살한 증거로 단지 화살에 새겨진 '숭덕'이라는 이름을 들어 그 죄과를 돌리는 것은 충분한 근거가 될 수 없다고 했다. 박인현의 경우 주장主將을 구원하지 못하고 전사케 한 데 대한 죄과를 묻는 것이다. 다만 전군이 흩어져 패한 경우는 불가한 것이므로 다시 사감查勘하여 죄상을 분명히 하라고 했다.

실록과 약포의 의론에 다소의 차이가 있지만 대체적으로 근접한 사실들을 보여 주고 있다. 다만 함숭덕을 바라보는 데는 다른 시각점을 가지고 있다. 실록은 함숭덕을 사리에 빠져 왜적에 빌붙은 인간으로 치부하여 그 죄를 엄히 물을 것을 청하는 반면, 약포는 그런 사실을 증명할 근거가 불충분하다는 이유로 공을 세워 스스로 속죄할 수 있는 길을 열어 주자는 의견이다. 이렇게 볼 때 옥사獄事에 연루된 인물들을 위해 펼친 약포의 의론은 호의적이다. 약포가 이들에게 호의적인 시각을 둘 수밖에 없는 것은 큰 전란을 겪고 있는 시대적 상황 때문이다. 죄인으로 몰린 사람 중에는 스스로 저지른 과실이 있을 수도 있지만 모함에 빠지는 일도 있으므로 한결같이 형벌을 가하는 일은 옳지 않다고 여겼다. 혹 이 가운데 옥중에서 억울한 죽음을 맞이하게 된다면 잘못된 판결의 문제도 있지만 궁극적으로 전력에 손실을 보게 된다. 그런 점을 고려하여 약포는 성상에게 죄의 경중을 나누어 호생지덕을 펼칠 것을 바랐다.

4. 나오며 - 약포의 위란 극복 정신

약포에 대한 평가로 간명하면서도 정곡을 짚어 놓은 글이 「추록追錄」에 수록되어 있다. 수록된 내용의 핵심을 보면 "화락하고 돈후하고 확고하며 순수한 정금과 같고 우뚝한 교악과 같다"고 했으며, "도리를 지키고 벽처럼 우뚝하며, 진퇴는 의리로 하며, 이험夷險에는 절개를 지키고 겸허와 공손으로 사람을 대했다"고 했다. 또한 "경세에 뜻을 두어서는 대체를 우선으로 하여 명분을 바로잡았고, 마음가짐은 공정하고 충성스러우며 언론은 올바르고 공평하다"고 했으며 "당의가 분열됨을 만나서는 피차를 막론하고 선하기만 하면 함께하는"[55] 인물로 평했다. 대인待人

---

55) 권7, 부록, 「追錄」, "愷悌敦確, 粹如精金, 屹如喬嶽……有見守道壁立處, 進退一義, 夷險一節, 謙虛沖遜, 好賢樂善, 不肯詭隨, 不事厓異, 有經世之志, 當事則先大體, 正名分, 進言則振士氣, 扶國綱, 立心公忠, 言論正平, 値黨議分裂, 不論彼此, 唯善是與."

에 춘풍春風이면서도 지기持己에 추상秋霜인 약포의 인품은 위란의 시기를 맞아 단호함과 관용, 그리고 공정과 충성으로 이험夷險 없이 신하의 도리를 다했다. 약포의 인품과 연관하여 앞서 논의된 내용을 바탕으로 위란을 극복하는 과정에서 보여 준 약포의 정신이 무엇인지 정리하는 것으로 글을 마무리한다.

약포의 위란 극복 정신으로 관용 및 포용을 들 수 있다. 전란은 때로 정상적인 판단을 거스를 수 있는 상황을 만들 수 있으며, 자신의 안위를 위해 소극적인 행동을 하는 경우도 없지 않다. 임란 초기 벼슬한 자들이 자신만 살 궁리를 하고 군부君父의 위급함을 돌보지 않았다고 싸잡아 지적하여 이들을 죄인으로 취급하는 것은 정리에 맞지 않다고 했다. 자신의 의지와 상관없이 흩어져 유락함을 면치 못하는 경우가 있으므로 그들의 죄를 묻기보다 큰 은혜를 널리 베풀어 일체 탕척蕩滌하여 그들의 과오를 용서해 주기를 바랐다. 특히 이순신과 김덕령의 신구伸救를 통해 성상이 호생지덕好生之德을 펼칠 것을 강조했다. 위란의 시기는 문제를 들추어내기보다는 문제를 감싸 안을 때 해결의 실마리를 찾을 수 있다. 관용과 포용을 강조한 이유가 여기에 있다고 본다. 관용과 포용으로 상대의 허물까지 어루만질 때 진심으로 하나가 된다. 위란의 극복은 관용과 포용으로 상대의 허물 안기에서 그 시작을 찾을 수 있다.

약포의 위란 극복 정신으로 단호함을 들 수 있다. 전장은 상대를 배려하지 않는다. 격발해야 할 시간을 끌어서 놓치게 된다면 그 피해는 고스란히 아군에게로 미치게 된다. 전투는 진실로 시의적절한 계책을 세워 가장 적합한 때에 시행을 해야 한다. 그런 까닭에 계책과 시행은 미적거림 없이 단호하게 밀고 나가야 한다. "전쟁은 망설임을 나쁘게 여긴다"고 했다. 기회를 놓쳐서는 안 됨을 말한 것이다. 성상에게 평양성을 군게 지키기를 청하는 계사(請堅守平壤啓)에서 약포의 단호함을 볼 수 있다. 이 글에서 약포는 평양성을 떠나지 말아야 하는 근거로 ①지리적 이점, ②군민(軍民)들의 전의(戰意), ③군사 보강 및 지원56) 등과 같은 전력의 비교 우위를 들고 있다. 만약 대가가 떠난다면 ①대사를 그르치게 되고, ②평양성의 군민은 궤멸하고 흩어져 성은 함락되고, ③흉적이 추적해 오면 어떤 변고가 발생할 수 있게 된다는 이유를 들어 대가 서행(西行)의 불가함을 말하고 있다. 역사에 '만약이란' 말을 붙일 수 없지만 전자의 3가지 전략적 이점과 후자의 3가지 상황을 고려하여 평양성 수성에 들어갔다면 적의 예봉을 꺾을 수 있을 뿐만 아니라, 이것이 계기가 되어 전세의 전환을 꾀할 수 있었을 것이다. 단호함은 무모한 판단 결정이 아니라 논리적이고 냉철한 판단의 결과물이다. 약포가 7년의 긴 전쟁을 현장에서 이끌 수 있었던 것은 냉철하고 논리적인 시세판단에 따른 단호함에서 나온 것이다.

약포의 위란 극복 정신으로 소통을 들 수 있다. 전란기간 동안 약포는 무시로 성상에게 전장의 상황과 자신의 견해를 올려 재결(裁決)해 줄 것을 요청했다. '조보를 금지하지 말도록 청하는 차자'(請勿禁朝報箚)에서 소통을 중히 여기는 약포의 생각을 엿볼 수 있다. 조보의 금지령에 대해 약포는 조정의 득실을 대신들이 듣지 못하게 되어 계책이나 규정을 진언할 수 없다고 했다. 비밀로 해야 할 것은 드러낼 수 없지만 숨기지 않아도 될 것까지 감추면 제때 바로잡을 수 있는 기회를 놓치게 된다.

---

56) 1592년 7월 祖承訓을 중심으로 1차 원군이 조선에 급파되고, 이어서 동정제독으로 임명된 이여송이 4만여 군사를 이끌고 2차 원군으로 파병되었다. 이런 점을 고려한다면 평양성의 수성은 가능한 일이며 이후 전세는 상당히 달라졌을 수 있다.

언로와 정보가 막히면 신하들은 귀머거리와 마찬가지가 되므로 지금의 처사는 매우 온당치 못하다고 간했다. 소통은 일방적인 흐름이나 전달이 되어서는 안 된다. 위란의 시기는 지혜를 모아야 할 때이다. 상하의 소통이 원활하게 이루어져야 이상적 문제 해결의 방법을 찾을 수 있다. 상하의 소통뿐 아니라 수평적 소통 또한 중요하다. '다르고 같은 의견에 대한 변론을 써서 심공직 충겸에게 보이다'(異同辯書示沈公直)는 상대방과의 차이를 인정하는 소통의 모습을 말하고 있다. 약포는 나라의 중요한 일을 의론할 때 언론이 각자 다른 것을 괴이하게 여겨서는 감히 숨겨서는 안 된다고 했다. 일을 도모하고 논의에 참여함에 있어 이동異同은 있게 마련이다. 이동으로 인해 각을 세우고 다투어 극구 항변하지만 이는 상대에 대한 원망이나 의심이 아니라 문제 해결을 위한 진통인 것이다. 수직과 수평을 아우르려는 약포의 소통 정신은 위기일수록 그 빛을 발하였다.

제9장 임진왜란기 정탁의 대명 외교 활동

강 문 식

1. 머리말

약포藥圃 정탁鄭琢(1528~1605)은 16세기를 대표하는 학자·관료의 한 사람이다. 그는 퇴계退溪 이황李滉(1501~1570)과 남명南冥 조식曹植(1501~1572)을 모두 스승으로 섬김으로써 영남 최고의 학자들로부터 학문적·정신적 세례를 받은 학자였다. 그가 관직 생활 기간 중 30여 년 동안 기대승奇大升·정경세鄭經世·김우옹金宇顒 등 당대 최고의 학자들과 함께 경연에 나갔다는 것은 그의 학문적 역량을 단적으로 보여 준다고 할 수 있다.[1] 또 정탁은 스스로에 대한 성찰과 당시의 정치·사회적 현실에 대한 인식을 피력한 420여 편의 시를 남긴 문학가이기도 했다.[2]

그러나 정탁의 진면목을 가장 잘 보여 주는 것은 역시 그의 관료로서의 삶이라고 할 수 있다. 그는 33세에 문과에 급제하고 이듬해 교서관정자校書館正字에 보임된 이래로 74세에 치사致仕할 때까지 40여 년간 관료로

---

1) 金洛眞, 「藥圃 鄭琢의 程朱學 수용 양상」, 『남명학연구』 24(2007), 85쪽.
2) 정탁의 시문학의 내용과 특징에 관해서는 朴明淑, 「藥圃 鄭琢의 삶과 시세계」(『東洋禮學』 31, 2014)를 참조.

활동하면서 뚜렷한 업적을 남긴 인물이다. 특히 1592년 임진왜란이 발발했을 때 그는 67세의 고령이었지만 나이를 잊은 채 국난 극복에 진력하여 국체를 보존하는 데 큰 공을 세웠다.[3] 하지만 정탁의 관료로서의 삶과 그 역사적 의의를 고찰한 연구는 아직까지 부족한 상황이다.[4]

정탁의 40여 년 관료 활동 중에서 가장 중요한 것은 역시 임진왜란 기간 중의 전란 극복 활동이라고 할 수 있다. 그런데 임진왜란기 정탁의 활동 중에서 특히 주목되는 것은 그가 조선에 파견된 명明의 장수들과 사신들을 영접하는 업무를 전담했다는 점이다. 임진왜란 당시 명군明軍의 파견은 전란을 극복할 수 있었던 주요 요인 중 하나였으며, 명의 지원군 파견을 얻어내기 위해 조선은 여러 관료들이 사신으로 파견되어 치열한 외교적 노력을 펼쳤다.

그런데 명에 파견되어 그들을 설득해서 지원군을 얻어낸 것 못지않게 중요한 활동이 바로 조선에 파견된 명군 장수들을 상대하는 일이라고 할 수 있다. 그들이 일본군과의 전투에 적극적으로 임하도록 하여 전쟁을 승리로 이끌기 위해서는 그들을 잘 예우해서 조선에 대해 호감을 갖게 하는 것이 필요했기 때문이다. 이 점에서 명군 장수들의 영접은 매우 중요한 대명 외교 활동의 하나이며, 그 일을 전담한 정탁은 임진왜란 극복의 핵심적 역할을 수행했다고 할 수 있다.

이에 본고에서는 정탁의 관료 활동 연구의 일환으로 그의 임진왜란기 대명 외교 활동을 고찰해 보고자 한다. 먼저 제2절에서는 임진왜란

---

3) 鄭炳浩, 「藥圃 鄭琢의 현실인식과 대응—『藥圃集』 所載 上疏文을 대상으로」, 『東洋禮學』 31(2014), 109쪽.
4) 정탁의 관료 활동을 조명한 연구로는 아래와 같은 논문이 있다.
   朴翼煥, 「藥圃 鄭琢의 생애와 임란극복 공적」, 『진주문화』 17(2003).
   鄭炳浩, 「藥圃 鄭琢의 현실인식과 대응—『藥圃集』 所載 上疏文을 대상으로」, 『東洋禮學』 31(2014).

기간 동안 조선에 파견된 명의 장수들 및 사신들을 상대로 한 외교 활동의 추이를 검토할 것이다. 이어 제3절에서는 정탁이 1593년 9월 의주에서 명군 장수들을 전송한 과정을 기록한 『용만문견록龍灣聞見錄』 의 내용을 분석·정리하고, 이를 통해 정탁의 외교 활동의 구체적 실상, 명군 장수들에 대한 인식, 그리고 그가 제시한 전란 극복의 방안 등을 확인해 보고자 한다.

2. 임진왜란기 대명 외교 활동의 추이

임진왜란 초기 정탁은 분조分朝에서 광해군을 보좌하는 임무를 맡아 춘천·이천·성천 등지를 돌며 관군을 수습하고 독려하는 역할을 수행 하였다.[5] 정탁이 명군 장수들을 처음 상대한 것은 1593년(선조 26) 1월 안주安州에 주둔한 이여송의 군영에 가서 이여송을 만났을 때이다. 이로 부터 정탁은 임진왜란 기간 동안 명군 장수들을 접촉하면서 조선의 입장을 명군에게 설명하고 명군의 근황을 확인하여 정부에 전달하는 역할을 수행하였다. 또, 명과 일본 간의 강화협상이 진행되는 동안에는 협상을 위해 조선에 온 명 사신들을 접대하는 일도 담당하였다.

정탁이 명의 장수나 사신들을 상대하는 역할을 맡게 된 배경은 그가 임진왜란 전에 두 차례 명 사행을 다녀오면서 다른 관료들에 비해 명의 사정에 밝았던 것에서 찾을 수 있다. 정탁은 1582년(선조 15)과 1589년

---

5) 鄭琢, 『藥圃集』, 「年譜」, "(神宗萬曆)二十年壬辰[先生六十七歲]……六月……壬寅, 以 貳師承命, 陪東宮, 向江界路. [時大駕發向義州路, 王世子發向江界路, 先生與領相崔興源, 判書李憲國, 參判沈忠謙, 參判尹自新, 承旨柳希霖, 承分扈之命, 從至熙川, 右相兪泓, 右 贊成崔滉追至.]"

등 두 차례에 걸쳐 명에 사행을 다녀온 경험이 있었다.6) 1582년 겨울의
첫 번째 사행은 명의 황태자 탄생을 하례하는 진하사進賀使로 파견되었
다.7) 이때 정탁은 같은 해 1월에 우리나라에 표류해 왔던 명의 주민들을
명으로 데려가는 역할도 수행하였다.8) 정탁의 두 번째 명 사행은 1589년
겨울의 사은사謝恩使 파견이었다.9) 이에 앞서 같은 해 10월에 명은 이성계
의 출계出系를 바로잡은 종계변무宗系辨誣의 내용이 반영된『대명회전大
明會典』전질을 조선에 반사하였고,10) 성절사聖節使로 명에 파견되었던
윤근수尹根壽가 귀국할 때 이를 받아서 가지고 왔다.11) 따라서 정탁의
사은사 파견은『대명회전』하사에 대한 감사를 전하기 위한 것이었음을
알 수 있다. 이상과 같은 명 사행은 정탁이 명의 근황을 파악하고
명의 관료들과 친분을 맺는 기회가 되었을 것으로 생각된다.12) 그리고
정탁의 이러한 경력은 임진왜란기 명의 장수들과 사신들을 접대하면서

---

6) 鄭琢,『藥圃集』,「年譜」, "(神宗萬曆)十年壬午[先生五十七歲] 冬, 奉使皇京.", "十七年己
   丑[先生六十四歲] 冬, 特加崇政, 假右議政銜, 奉使皇京."
7) 1582년 10월에 명 황제가 황태자 탄생을 알리는 詔書를 반포했고(『宣祖修正實錄』,
   권16, 선조 15년 10월 1일[을유]), 같은 해 11월에 명의 詔使가 조선에 와서 조서
   를 전달하고 돌아갔다(『宣祖修正實錄』, 권16, 선조 15년 11월 1일[을묘]).
8)『宣祖修正實錄』, 권16, 선조 15년 1월 1일(경신).
   『선조수정실록』에는 1582년 1월 1일 기사에 정탁의 進賀使 파견에 관한 내용이
   실려 있는데, 이는 사행이 1월에 있었다는 것이 아니라, 중국 유민들이 표류한
   것이 1월이고 이들을 정탁의 사행 때 함께 보냈음을 서술한 것이다. 황태자 탄
   생을 알리는 조서가 조선에 온 것이 11월이므로 정탁의 사행은 그 이후에 있었
   음을 알 수 있다.
9)『宣祖實錄』, 권23, 선조 22년 11월 18일(임술); 12월 26일(기해).
10)『宣祖實錄』, 권23, 선조 22년 10월 27일(신축).
11)『宣祖實錄』, 권23, 선조 22년 11월 22일(병인).
12) 朴明淑의 연구에서도 "임진왜란 때 迎慰使로 명나라의 宋應昌을 영접하는 등 원
    병으로 온 명의 장수들과 우호적인 분위기를 유지할 수 있었던 것도 사행 시절
    의 인맥이 작용한 것으로 보인다"라고 하여, 정탁의 사행 경험이 명군 장수들을
    상대하는 데 도움이 되었다는 점을 지적하였다.(박명숙,「藥圃 鄭琢의 삶과 시세
    계」, 140쪽.)

조선의 입장을 전달하는 역할을 수행하기에 적합한 조건이 되었다고 할 수 있다.[13]

앞서 언급한 것처럼 정탁은 1593년 1월 제독提督 이여송李如松을 안주에 서 만난 이래로 임진왜란 기간 동안 조선에 파견된 명 장수들을 만나 참전의 노고를 위로하고 조선의 입장을 전달하는 역할을 수행하였다. 그 추이를 간략히 정리해 보면 다음과 같다.

먼저 1593년 1월 이여송과의 만남은 분조分朝를 이끌던 세자 광해군의 명에 따른 것이었다. 정탁은 1월 2일(정사)에 안주安州의 명 군영으로 찾아가 이여송을 만난 후 이튿날 분조로 복명했으며, 1월 5일에 선조에 게 장계를 올려 이여송과의 면담 내용을 보고하였다.[14] 장계에는 정탁 이 이여송에게 참전에 대한 감사의 뜻을 전한 내용, 이여송과 체찰사 유성룡이 만나 평양성을 수복할 방안에 대해 논의한 내용 등이 수록되 어 있다.[15] 또 1월 9일에 올린 장계에서는[16] 청천군淸川君 한준韓準과 순찰사 홍세공洪世恭에게 명군 접대 및 물자 조달 임무를 수행하도록 했다는 내용이 실려 있는데,[17] 이는 정탁이 명군의 군수軍需 요청에

---

13) 임진왜란기에 정탁과 함께 명 장수 및 사신 영접에서 중요한 역할을 수행했던 尹根壽가 여러 차례 명에 使行을 다녀온 경력이 있었다는 점도 이와 같은 추정을 뒷받침해 준다고 할 수 있다.

14) 鄭琢, 『藥圃集』, 「年譜」; 권5, 「避難行錄 下」.
「피난일록」에는 정탁이 이여송을 처음 만난 날이 '癸亥年 正月 初三日丁巳'로 기 록되어 있는데, 실제 1593년 1월의 정사일은 3일이 아니라 2일이다. 또, 이여송 과의 만남 결과를 선조에게 보고하는 장계를 올린 날짜는 '初五日己未'로 되어 있는데, 1월 5일의 간지는 丙辰이 맞다. 이처럼 1593년 1월의 「피난일록」 기사에 는 날짜와 간지가 하루씩 차이나는 오류가 보인다. 『약포집』 권수에 있는 「연보」 에는 날짜와 간지가 맞게 정리되어 있으므로, 본고에서는 「연보」의 날짜를 기 준으로 서술하였다. 단, 「피난일록」을 인용할 때는 「피난일록」 원문의 날짜를 먼저 쓴 다음 괄호 안에 「연보」의 날짜를 기록하였다.

15) 鄭琢, 『藥圃集』, 권5, 「避難行錄 下」, 癸亥年(1593) 正月 初五日己未.(「연보」는 丙辰)

16) 『선조실록』에는 1월 15일 기사에 이 장계 내용이 실려 있다.(『선조실록』, 권34, 선조 26년 1월 15일[경오])

대한 처리도 담당하고 있었음을 보여 준다.

1593년 1월 19일에 광해군의 분조가 선조 일행과 합류하였다.[18] 이어 같은 달 25일 정탁은 명군의 경략經略 송응창宋應昌을 맞이하는 영위사迎慰使로 차출되어 용천龍川의 양책관良策館으로 갔는데, 이때 아들 정윤목鄭允穆이 동행하였다.[19] 이후 정탁은 4월 7일까지 2개월여 동안 양책관에 머물렀는데, 이 기간 중에 그가 어떤 활동을 했는지는 기록이 남아 있지 않아 확인하기 어렵다. 다만 비교적 장기간 명군에 머물러 있었던 점과 정탁이 양책관을 떠날 때 송응창이 홍초紅綃 1단段을 주어 예를 표했다는 「연보」 내용을 볼 때,[20] 정탁이 명군의 활동을 지원하는 역할을 수행했던 것이 아닌가 추정된다.

정탁은 4월 7일에 양책관을 떠나 4월 11일에 선조에게 복명하였다. 그리고 4월 19일에 선조를 호종하여 숙천肅川으로 가서 명군의 총병摠兵 유정劉綎을 만났다.[21] 당시 선조는 유정을 직접 만나지 않고 정탁만 보내 인사하도록 했는데, 이에 대해 유정은 강한 불쾌감을 표시하였다. 이에 정탁은 선왕先王(중종)의 묘墓가 왜군에게 훼손된 일로 인해 왕이 애통 중에 있기 때문에 직접 오지 못했다고 해명하며 유정의 마음을 달랬다. 이어 정탁은 선조에게 돌아와 상황을 보고하면서 선조가 유정을

---

17) 鄭琢, 『藥圃集』, 권5, 「避難行錄 下」, 癸亥年(1593) 正月 初十日甲子.(「연보」는 9일)

18) 鄭琢, 『藥圃集』, 「年譜」, "二十一年癸巳[先生六十八歲] 正月……甲戌, 陪東宮, 迎謁大駕于定州."

19) 鄭琢, 『藥圃集』, 「年譜」, "庚辰, 承大朝命, 迎慰宋經略應昌於龍川良策館, 子允穆從." 「피난일록」은 1593년 1월 庚辰日에 영위사로 임명되어 출발했고 이틀 후인 壬午日 아침에 양책관에 도착했다고 기록되어 있다.(鄭琢, 『藥圃集』, 권5, 「避難行錄 下」) 따라서 정탁이 양책관에 당도한 것은 1월 27일임을 알 수 있다. 한편, 「피난일록」은 1593년 1월 임오일까지의 기사만 전해지고 있으며 그 이후의 기록이 유실되었다.

20) 鄭琢, 『藥圃集』, 「年譜」, "四月辛卯, 竣事歸. [經略贈以紅綃一段, 爲禮.]"

21) 鄭琢, 『藥圃集』, 「年譜」, "(四月)癸卯, 扈大駕, 見劉摠兵於肅川."

직접 만날 필요가 있음을 완곡하게 전달하였다.[22)]

1593년 5월 정탁은 다시 송응창의 군영에 사신으로 파견되었다.[23)] 당시 정탁과 송응창이 어떤 말을 나누었고 정탁이 어떤 활동을 했는지는 기록이 없어 분명하지 않다. 그런데 정탁은 송응창의 군영에 다녀온 직후 선조에게 차자箚子를 올려 시급히 시행해야 할 네 가지 조목을 진술하였는데, 그 두 번째 조목에 다음과 같은 내용이 있다.

> 둘째, 명군에게 심력을 다하여 왜적을 소탕해 달라고 청하십시오. 우리나라의 병력은 기강과 규율이 전혀 없어서 멀리서 바라만 보고도 먼저 무너집니다. 병란을 겪은 뒤로는 더욱 약해져 왜적에 대항할 기세가 전혀 없습니다. 삼도三都의 수복은 전적으로 천병天兵의 힘인데 이런 위태로운 형세를 당하여 천병에게 의지하지 않는다면 왜적을 섬멸하는 것은 결단코 어렵습니다. 엎드려 바라건대 급히 사유를 갖추어 품첩稟帖하소서. 만약 경략經略과 제독提督 두 대인에게 글을 보내어 정성을 다한다면 아마 마음을 돌리어 여러 장수들이 합세하여 앞으로 나아가 적을 소탕할 수 있을 것입니다.[24)]

위 인용문 가운데 있는 "만약 경략經略과 제독提督 두 대인에게 글을 보내어 정성을 다한다면 아마 마음을 돌리어 여러 장수들이 합세하여 앞으로 나아가 적을 소탕할 수 있을 것입니다"라는 말은 당시 송응창·

---

22) 『宣祖實錄』, 권37, 선조 26년 4월 26일(경술).
   당시 선조는 이 문제에 관하여 여러 대신들과 함께 의논했는데, 尹斗壽 역시 원활한 전쟁 수행을 위해서는 유정을 접견할 필요가 있다고 주장했고 선조도 이를 받아들였다.
23) 鄭琢, 『藥圃集』, 「年譜」, "五月, 出使宋經略應昌軍前."
24) 鄭琢, 『藥圃集』, 권2, 「條陳事宜箚 癸巳」, "乞請唐兵專心勦討. 本國兵力, 漫無紀律, 望風先潰. 自經兵亂, 尤甚單弱, 了無抗賊之勢. 三都之復, 全是天兵之力, 當此事勢岌岌, 非賴天兵, 則決難滅賊. 伏望急具由稟帖, 或移咨於經略提督兩大人, 極其誠懇, 庶見回心, 諸將合勢前進, 盪掃兇鋒."

이여송 등 명군 지휘부가 전투에 임하는 태도가 어떠했는지를 잘 보여 준다.

송응창·이여송 등이 43,000여 명의 병력을 이끌고 압록강을 건너온 것은 임진왜란이 시작된 지 8개월여가 지난 1592년 12월 하순이었다. 이들은 참전하자마자 1593년 1월 일본군을 패퇴시키고 평양과 개성을 연달아 수복하는 등 상당한 전공을 세웠다. 하지만 1월 하순 벽제碧蹄의 여석령礪石嶺에서 이여송이 패전한 이후 명군은 본국에 일본군의 전력을 과장하여 보고하면서 전투에 소극적인 태도로 일관하였다. 또 명군은 일본군이 강화를 원한다는 사실을 탐지하고 유격遊擊 심유경沈維敬을 보내 협상을 진행하도록 하였다. 이를 인지한 조선 정부는 일본과의 강화 추진을 강력히 반대했지만, 명군은 조선의 주장을 묵살하며 단독으로 일본과의 강화 협상을 진행하였다. 심지어 명군은 조선군이 일본군을 공격하지 못하도록 방해하기까지 했다.25)

정탁이 송응창의 군영에 갔던 1593년 5월은 바로 위와 같은 상황이 한창 진행 중이던 시기였다. 정탁은 송응창의 군영에서 명군 지휘부가 일본군과의 강화 협상에만 몰두하면서 전투에는 소극적으로 임하는 상황을 직접 목도했고, 이를 어떻게든 타개하기 위해 위와 같은 차자를 선조에게 올렸다고 할 수 있다.

1593년 8~9월에 정탁은 의주로 파견되어 요동지역으로 철군하는 송응창·이여송 등 명군 장수들을 전별하는 임무를 수행하였다. 송응창을 비롯한 명군 지휘부는 명과 일본 사이의 강화 협상이 진행되고 일본군이 한성에서 철수하여 경상도 해안지역으로 물러나자 명군의 군사적 임무는 마무리됐다고 판단하고 명 조정에 철군을 요청했다.

---

25) 국사편찬위원회 편, 『한국사 29—조선 중기의 외침과 그 대응』(1995), 94~97쪽.

명 조정도 이를 수용하여 총병總兵 유정劉綎이 지휘하는 16,000명의 병력만 남기고 나머지 부대는 요동으로 철수하도록 했다.[26]

전쟁이 끝나지도 않았고 일본군이 여전히 남해안지역에 주둔하고 있는 상황에서 명군이 철수하는 것은 조선에게 큰 문제가 아닐 수 없었다. 이에 정탁은 전별의 임무를 띠고 파견되었지만, 한편으로는 송응창 등에게 현재 상황에서 명군이 철수하는 것은 부당하다는 점을 여러 차례 강조하며 그들을 설득하기 위해 노력했으나, 성과를 얻지는 못하였다. 정탁은 전별 임무를 마친 후 당시 명군 장수들과 나눈 대화 내용 및 그 과정에서 파악한 명군의 동향을 기록하여 선조에게 올렸는데, 그것이 바로 『용만문견록龍灣聞見錄』이다.[27]

1593년 9월까지 정탁의 대명 외교 활동이 주로 조선에 파견된 명군 장수들을 상대로 한 것이었다면, 그 이후의 활동은 명의 사신들을 접대하는 것이 중심을 이루었다. 먼저 명군 장수들의 전별을 마친 직후인 1593년 10월에는 원접사遠接使로 임명되어 조선에 온 명 사신 사헌司憲을 맞이해서 평산까지 수행하였다.[28] 또, 1595년 4월에는 이항복과 함께 벽제관에 나가 명 사신을 맞이했으며, 사신이 한성에 들어온 이후에도 선조를 호종하여 사신 접대에 참여하였다.[29] 당시 정탁은 사신을 직접 접대하는 것뿐만 아니라 사신을 맞이하는 각종 의례를 논의하는 과정에도 참여하여 자신의 의견을 적극 개진하였다.[30]

---

26) 국사편찬위원회 편, 『한국사 29—조선 중기의 외침과 그 대응』, 98쪽.

27) 『용만문견록』의 구체적인 내용 분석은 본고 3장을 참조.

28) 鄭琢, 『藥圃集』, 「年譜」, "十月, 竣事將回, 天使司憲出來, 權攝遠接使, 隨向京都, 至平山府, 遇李公恒福遞代."

29) 鄭琢, 『藥圃集』, 「年譜」, "二十三年乙未[先生七十歲]……四月……承命, 與吏判李恒福, 迎慰天使於碧蹄館, 設宴. ○扈駕往兩天使所館, 設宴. ○扈駕見兩天使于南別館, 行茶禮."

30) 『宣祖實錄』, 권61, 선조 28년 3월 13일(병술); 권62, 선조 28년 4월 16일(무오)·20일(임술).

정탁은 1596년 4월에도 전위사戔慰使로 임명되어 벽제관에서 명 사신을 전송하는 임무를 수행하였다.[31] 그런데 이때의 사신 접대는 이전과 좀 다른 점이 있었다. 당시 정탁이 전송한 사신은 일본과의 강화 협상을 위해 파견된 사신단의 정사였는데, 일본으로 건너가기 위해 일본 군진에 머물던 중 위협을 느끼고 혼자 일본 군진에서 탈출하여 한성으로 돌아왔다. 이에 정탁은 명사明使가 적진에서 탈출하여 온 상황이므로 왕이 직접 나가 맞이하는 것은 합당하지 않고 도감당상都監堂上이 요속을 거느리고 가서 맞이하고 위로하는 것이 옳다고 하면서 사신 접대의 구체적인 절차를 제시하였다.[32]

1597년 1월 선조는 대신 및 비변사 유사당상들을 불러 사신으로 오는 심유경을 어떻게 대접할 것인가를 의논하였다. 당시 조선 정부는 심유경이 명에 거짓 보고를 하면서 일본과의 강화를 추진한 것에 대해 큰 반감을 가지고 있었다. 하지만 정탁은 심유경이 부덕하다고 하여 왕인王人을 박대할 수는 없다고 하면서 심유경에 대한 접대를 극진히 할 것을 주장하였다.[33] 그 역시 심유경의 처사에 대해 비판적인 입장을 가지고 있었지만, 그것을 표출하여 접대를 박하게 할 경우 자칫 명과의 마찰과 갈등으로 비화될 수 있었기 때문에 자제와 인내를 강조한 것이라고 할 수 있다.

이 밖에 정탁은 1598년 2월에 조선으로 파견되는 명군 장수들을 영접하는 방식에 대해 의견을 제시하여 선조의 재가를 받았으며,[34] 같은 해

---

31) 鄭琢, 『藥圃集』, 「年譜」, "二十四年丙申[先生七十一歲]……(四月)戊午, 以天使餞慰使, 往碧蹄館, 子允穆從."
32) 『宣祖實錄』, 권74, 선조 29년 4월 14일(경술).
33) 『宣祖實錄』, 권84, 선조 30년 1월 23일(갑인).
34) 『宣祖實錄』, 권97, 선조 31년 2월 29일(갑신).

9월에는 명에서 보낸 어사를 교외에서 맞이하는 의례에 대해서 자신의 입장을 개진하였다.[35] 이처럼 정탁은 자신이 직접 사신을 영접하고 접대했을 뿐만 아니라 그들을 맞이하는 의례를 정하는 과정에서도 중요한 역할을 수행하였다. 이는 정탁이 국가 전례에 대해 상당히 조예가 깊었으며, 특히 사신 영접과 관련해서는 최고의 전문가 중 한 사람이었음을 보여 준다고 할 수 있다.

3. 『용만문견록』의 내용과 의의

『용만문견록龍灣聞見錄』은 정탁이 1593년 9월에 의주의 용만관龍灣館에서 철군하는 명군 장수들을 전별했던 과정을 기록한 문견록이다. 이 글에는 당시 정탁이 만난 명군 장수들의 인적 사항 및 그들과 나눈 이야기, 장수들에 대한 정탁의 평가 등이 수록되어 있다. 정탁은 임무를 마치고 서울로 돌아온 그해 11월에 이 글을 선조에게 올렸다.[36] 따라서 『용만문견록』은 정탁의 개인적인 저술이라기보다는 관료로서의 임무 수행 과정에서 작성한 공적 기록이라고 할 수 있다.

앞서 말한 것처럼 당시 정탁이 의주에 파견된 것은 송응창·이여송 등 명군 장수들의 철수를 전송하기 위함이었다. 조선의 입장에서는 일본군이 여전히 경상도지역에 주둔하고 있고 조선군이 정비되지 못한 상황에서 명군의 주력부대가 철군하는 것은 상당히 큰 문제가 아닐 수 없었다. 이에 조선 정부는 명군 지휘부를 여러 차례 만나 철군이 적절하지 못하다는 점을 강조하면서 철회를 요청했지만, 받아

---

35) 『宣祖實錄』, 권104, 선조 31년 9월 27일(기유).
36) 鄭琢, 『藥圃集』, 「年譜」, "十一月, 入城復命, 進龍灣聞見錄."

들여지지 않았다. 결국 명군의 주력부대는 1593년 9월 압록강을 건너 요동으로 철수했는데, 정탁은 바로 이들을 전송하기 위해 의주에 갔던 것이다.

『용만문견록』의 서두에는 왕에게 올리는 전문箋文 성격의 글이 실려 있다. 여기에서 정탁은 이 글을 지은 목적을 다음과 같이 밝히고 있다.

> 신이 전하의 명을 받아 의주에 와서 경략經略에서 유격游擊에 이르기까지 명나라 장수 한 사람 한 사람을 모두 전별하고 위로하였습니다. 대략적인 내용은 이미 서계書 啓를 올려 아뢰었고, 그 밖의 다른 일들 및 주고받은 이야기를 이제 모두 기록하여 한 권의 책으로 정리했습니다. 명나라와 왕래한 일들을 듣고 본 대로 기록하는 고사故 事가 있거니와, 하물며 지금 나라가 재건되는 시기에 우리나라에 온 명군 장수들의 말과 행적은 국가에 관계되는 바가 있어서 감히 예삿일로 볼 수 없으므로 삼가 이를 기록하여 바칩니다. 황공한 마음 견디지 못하겠습니다.[37]

위 인용문에서 정탁은 조선에 원병으로 온 명군 장수들의 말과 행동이 국가에 관계되는 것이라는 점을 강조하였다. 즉, 명군 장수들의 언행이 조선의 운명에 영향을 끼칠 수 있기 때문에 이를 잘 기록해 두어서 향후 대명 외교에 대비한 자료로 삼아야 함을 주장한 것이라고 할 수 있다.

정탁이 명군 장수들의 언행을 중요하게 생각한 것은 당시 조선 정부와 명군의 관계가 원만하지 못했던 데서 기인한다고 할 수 있다. 2절에서 언급한 바와 같이 송응창 등 명군 지휘부는 벽제관 전투 패전 이후

---

37) 鄭琢, 『藥圃集』, 권6, 「龍灣聞見錄」, "臣受命到義州, 自經略至游擊, 一一餞慰. 大槪已盡 書啓, 其他事蹟及往復言語, 今皆載錄, 合爲一卷. 蓋上國往來, 隨聞見以錄, 自有故事, 而 況此再造之際, 東征將士言語事蹟, 有關國家者, 不敢以餘事爲視, 謹錄以進, 不勝惶恐焉."

일본과의 강화 협상에 주력하면서 조선 정부의 강화 반대 주장을 묵살했으며, 심지어 조선군의 일본군 공격을 방해하기까지 했다. 이 때문에 조선 정부와 명군 지휘부 사이에는 상당한 마찰과 갈등이 발생하고 있었다. 이와 같은 상황에서 명군의 주력부대와 지휘관들이 명으로 철수하게 된 것이다.

조선으로서는 명군의 철수 자체도 큰 위기이지만, 한편으로 명군 장수들이 본국으로 돌아가 조선의 상황을 어떻게 보고하는가도 중요한 문제가 아닐 수 없었다. 전란 초기 명은 조선이 일본을 인도하여 명을 침략하려 한다는 의심을 갖고 원병의 파견을 주저했던 바가 있었다.[38] 따라서 명군 장수들이 본국에 들어가서 조선에 대해 부정적인 보고를 하게 되면 조선으로서는 더욱 큰 위기 상황에 직면할 수 있기 때문이었다.

정탁이 위 인용문에서 명군 장수들의 말과 행동이 국가에 관계된다고 한 것은 바로 이와 같은 점을 의식한 것이라고 할 수 있다. 이에 정탁은 최대한의 예우로 명군 장수들의 공로와 노고를 치하하고 위로함으로써 그들이 조선에 대해 부정적인 인식을 갖지 않도록 노력하였다. 또 다른 한편으로는 조선의 어려운 입장을 설명하면서 철군 문제를 재고해 줄 것을 요청하기도 했다. 그리고 동시에 그들의 언행과 동향을 기록함으로써 향후의 외교 관계에 대비할 자료를 준비했는데, 그 결과물이 바로 『용만문견록』이다.

『용만문견록』에는 정탁이 1593년 9월에 의주에서 만난 명군 장수들에 대한 정보 및 그들과 나눈 대화 내용이 기록되어 있다. 당시 정탁이 만난 사람은 송응창宋應昌, 이여송李如松, 양원楊元, 척금戚金, 동양정佟養正,

---

38) 국사편찬위원회 편, 『한국사 29—조선 중기의 외침과 그 대응』, 71~73쪽.

장삼외張三畏, 방시휘方時輝, 호환胡煥 등 8명으로, 호환을 제외한 7명은 명군 장수이다. 호환은 명군을 따라 조선에 온 유사儒士로서 명군의 총병 유정이 스승으로 섬기는 인물이었다.

『용만문견록』의 내용은 각 인물별로 정리되어 있는데, 먼저 서두에 각 사람의 관직과 이름, 출신 지역, 호號, 조선으로 출병할 때의 직위 등과 같은 인적 사항이 간략히 기록되어 있다. 이어 정탁이 각 사람들을 만나서 대화한 내용, 전별연의 시행 경과, 각 인물에 대한 정탁의 평가 및 명군의 동향 등이 수록되어 있다. 이 중 지휘부에 해당하는 송응창·이여송·양원·척금 등 4인에 관한 기록은 정탁과의 대화 내용이 큰 비중을 차지한 반면, 동양정·장삼외·방시휘 등 3인의 경우는 그들의 행적과 인품에 대한 서술이 주를 이루고 있다. 그 내용을 정리하면 다음과 같다.

1) 송응창

정탁은 9월 10일에서 13일 사이에 세 차례에 걸쳐 송응창을 만났다. 먼저 9월 10일 면대에서 송응창은 선조가 현재 어디에 머물고 있는지를 물었고 이어 자신이 조선의 왕세자가 전라도로 내려가 군사들을 조련하고 독려하는 것이 필요하다는 내용의 자문咨文을 보냈음에도 지금까지 아무런 회신이 없다는 점을 지적하였다. 이에 대해 정탁은 왕세자가 분조 활동 과정에서 얻은 신병 때문에 남쪽으로 내려가기 어려운 상황임을 해명하며 양해를 구했지만 송응창은 계속해서 불쾌감을 표시하였다. 한편 정탁은 다음과 같이 말하며 송응창에게 철군의 재고를 요청하였다.

왜적이 아직 남쪽 부산 등의 여러 곳에 있는데 흉악하고 간교하여 행동을 예측하기 어렵습니다. 만약 노야老爺께서 군사를 철수시키고 그로 말미암아 왜적이 그 뒤를 밟는다면 작은 나라 조선은 반드시 지탱할 수가 없을 것입니다.[39]

그러나 송응창은 "나에게는 방략方略이 있으니 왜적은 반드시 다시 올 수 없을 것이오. 그대 나라의 군왕과 신료들은 지나치게 걱정하지 마시오."[40]라고 하면서 철군을 단행할 것임을 분명히 하였다.

9월 11일에는 송응창이 명군을 전송하러 온 조선 관리들에게 연회를 베풀어 주었다. 이때 정탁은 연회를 위해 도감청都監廳에 온 중국인 마문괴馬文魁를 통해 중요한 정보를 입수하였다. 먼저 송응창이 선조의 자문咨文이 오지 않으면 전별연을 받지 않으려고 한다는 것을 확인하였다. 그리고 송응창·이여송 등 명군 장수들의 근본적인 불만은 자신들이 회군하는데 선조가 직접 나와 전송하지 않는 것과 일본군에 잡혀 있다가 조선 정부로 귀환한 임해군 등이 자신들을 찾아와 사은謝恩하지 않는 것에 있다는 것도 알게 되었다.[41]

정탁은 이튿날(12일) 송응창을 찾아가 연회를 베풀어 준 것에 감사인사를 한 다음, 송응창을 위한 전별연에 참석해 줄 것을 요청했으나 송응창은 선조의 자문이 오지 않았다는 이유로 거절하였다. 그러나 그날 밤에 임해군이 의주에 도착하면서 상황이 달라졌다. 13일에 정탁·윤근

---

39) 鄭琢, 『藥圃集』, 권6, 「龍灣聞見錄」, "倭賊尙在南邊釜山等處, 凶狡莫測. 若因老爺旋師, 而躡其後, 則小邦勢必不支."

40) 鄭琢, 『藥圃集』, 권6, 「龍灣聞見錄」, "侍郞曰, 予有方略, 倭賊必不再來. 儞國君臣, 勿須過慮."

41) 鄭琢, 『藥圃集』, 권6, 「龍灣聞見錄」, "是日, 聞厥下人馬文魁言, 昨日重陽, 侍郞李提督劉員外會酌. 提督問, 陪臣請餞宴, 老爺許否. 侍郞曰, 雖有宴無來咨, 不可受也. 提督曰, 兵馬出來, 三京克復, 疆土盡恢, 今其旋也, 國王宜親謝老爺, 而竟不來, 王子自賊出還京, 而國王又不令王子來謝, 國王似不合禮, 尹陪臣不以此馳啓國王, 亦非矣."

수·오억령吳億齡 등은 임해군과 함께 송응창의 군영으로 찾아가서 인사하고 전별연 참석을 재차 요청하였다. 임해군이 직접 찾아온 것에 마음이 풀린 송응창은 정탁 등에게 조선의 군사 선발과 훈련에 대한 방책을 설명한 다음, 명군이 압록강을 건너더라도 왜군이 조선에서 완전히 철수할 때까지는 요동에 계속 머물러 있을 것임을 약속하고 전별연 참석도 허락하였다. 이어 송응창은 곧바로 부대를 이끌고 출발하여 의순관義順館에서 전별연을 받은 다음 압록강을 건너 요동으로 들어갔다.

정탁은 송응창과의 대화 내용을 기록한 다음, 송응창·이여송 등이 조선 정부에서 자신들의 공로를 크게 치하하지 않는 것에 대해 큰 불만을 가졌던 것을 다시 한 번 지적하고, 만약 임해군이 직접 오지 않았으면 상황이 매우 어려웠을 것이라고 하였다. 이어 정탁은, 송응창은 선조의 감사 편지가 없는 것 때문에, 이여송은 자신의 공로를 드러내는 시를 조선 정부에 요구했지만 정부에서 즉시 들어주지 않은 것 때문에 불만을 갖고 있음을 파악하고, 자신이 두 사람의 공을 찬양하는 근체시近體詩를 지어 주었으며 그들이 시를 받고 기뻐했다는 내용도 기록하였다.[42] 이러한 모습은 명군 장수들이 본국으로 돌아가 조선 정부에 해가 되는 말을 하지 않도록 하기 위해 여러 가지 방법으로 그들을 달랬던 정탁의 노력을 잘 보여 준다.

---

42) 鄭琢, 『藥圃集』, 권6, 「龍灣聞見錄」, "侍郞自謂有大功, 而國王只遣臣致餞, 爲未滿其意, 累及說話間. 若王子不來, 則餞宴必不許臨. 且曰, 予臨行而國王何不寄一言以送, 至有一杯水之說. 李提督, 亦當求詩以發揮其功, 而朝廷不卽應素, 甚爲不快於心云. 故臣於其行也, 謹製近體詩二首, 因譯官表憲投進, 幷及於提督之行, 皆感喜云."
정탁이 송응창과 이여송에게 지어준 시는 『藥圃集』 권1에 「上宋經略幕府」(2수), 「上李提督幕府」(2수)라는 제목으로 실려 있다.

2) 이여송

정탁은 이여송과도 9월 10일과 12~13일에 세 차례 만났다. 10일과 12일의 만남에서 정탁은 이여송에게 전별연에 참석해 줄 것을 요청하였고, 이여송은 경략經略(송응창)이 참석하지 않는데 자신 혼자 참석하기는 어렵다는 뜻을 전했다. 하지만 13일에 송응창이 전별연을 받았기 때문에 이여송도 별다른 이견 없이 전별연에 참석하였다. 이여송의 전별연은 중강中江에서 이루어졌다. 이여송은 임해군이 직접 전별연에 나온 것에 감사의 뜻을 표했고, 국왕(선조)에게도 후의에 감사한다는 말을 전했다.

한편, 정탁은 이여송과 나눈 대화를 통해 이여송과 송응창 사이에 상당한 갈등이 있었음을 확인하고 이를 『용만문견록』에 기록하였다. 그에 따르면 이여송이 전별연 중에 원망하고 분개하는 말을 많이 했는데, 불만의 내용은 다른 사람이 자신을 제어하여 뜻대로 할 수가 없었고, 그 때문에 이번 출정에서 큰 공을 세우지 못하고 돌아가게 됐다는 것이었다.[43] 이여송을 제어한 사람이 누구인지 밝히지는 않았지만, 명군의 지휘체계를 볼 때 당시 이여송을 제어할 수 있는 사람은 그의 상급자인 송응창뿐이었다. 명군이 벽제에서 패전한 이후 별다른 전과를 올리지 못한 채 철군하게 된 데에는 이와 같은 명군 지휘부 사이의 갈등이 중요한 요인으로 작용했다고 할 수 있다.[44] 정탁 역시

---

43) 鄭琢, 『藥圃集』, 권6, 「龍灣聞見錄」, "提督下馬, 卽入伏幕, 臣與李德馨, 陪王子隨入, 仍請行酒, 從容談話, 其所言多有怨憤慷慨之辭, 指意大槪爲人所掣肘, 此行不得成大功而去."

44) 기존 연구에서도 명군 장수 내부의 갈등이 명군의 적극적인 전투 수행에 장애가 되었음을 지적하였다.(국사편찬위원회 편, 『한국사 29─조선 중기의 외침과 그 대응』, 87~88쪽.)

이 점을 중요하게 생각하여 이여송의 불만 내용을 『용만문견록』에 기록해 놓은 것으로 보인다.

3) 양원

양원은 이여송을 따라 조선에 왔던 장수 중 한 사람이었다. 양원이 의주에 도착한 것은 8월 26일이었으며, 정탁은 그다음 날(27일)에 양원을 만났다. 이 자리에서 양원은 먼저 선조의 안부를 물은 다음, 조선의 서생 한 사람이 명의 어사御史 진효陳效에게 명군이 조선 사람들의 소와 말을 빼앗고 사람들에게 해를 입혔다는 내용의 소장訴狀을 올린 사실을 거론하였다. 양원은 자신의 부하들이 이런 일을 절대 안 했다고 할 수는 없지만, 명군이 조선에 와서 많은 사상자를 냈고 전쟁 비용도 많이 소비한 것을 생각하면 이런 일로 소를 올리는 것은 옳지 못하다며 강한 불쾌감을 표시하였다.[45] 이에 정탁은 어리석은 백성의 잘못이라고 사과하면서 양원의 마음을 달래는 데 힘을 기울였다.

양원에 대한 전별연은 9월 5일에 의순관에서 시행되었으며, 부장 이여백李如栢도 함께 참여하였다. 정탁은 이덕형 일행이 가져온 명주·모시·종이·부채·도검 등으로 급히 예단을 꾸려서 명군 장수들에게 주었는데, 양원 등은 종이와 도검만 받고 나머지 물건들은 돌려보냈다. 그리고 소첩小帖을 함께 보냈는데, 여기에는 "귀방貴邦에 출정하여 병사들이 조심하지 않았으니 병사들을 통제하는 자의 과실이 많습니다"[46]라

---

45) 鄭琢, 『藥圃集』, 권6, 「龍灣聞見錄」, "前御史陳效行過順安時, 有書生呈訴, 一路天兵軍卒, 刦奪國人牛馬, 擾害人物等事. 俺等下人寧有是事, 必是行商雜類所爲. 俺下人亦豈能必無此事, 然而天兵以爾國之故, 死傷者不可勝數, 且爲爾國, 輸運唐糧, 勞費鉅萬, 設或實有是事, 至於呈訴, 事體如何."

46) 鄭琢, 『藥圃集』, 권6, 「龍灣聞見錄」, "裁小帖寄示曰, 行役貴邦, 而士衆不戒, 司兵之過多矣."

고 하여 명군이 조선 민인들에게 해를 끼친 것에 대해 사과하는 내용이
실려 있었다. 이는 앞서 양원이 소장 사건에 대해 항의했던 것과는
상당히 다른 모습인데, 아마도 정탁 등이 겸손한 말로 명군 장수들의
마음을 달래고 예를 갖추어 전별연을 실시한 것이 효과가 있었던 것이
아닌가 생각된다.

4) 척금

척금도 이여송을 따라 조선에 참전한 장수로, 당시 요동으로 철군하지
않고 계속 조선에 주둔했던 이들 중 한 사람이었다. 서두에서 정탁은
척금에 대해 "사람됨이 절약하고 검소하며 타인을 사랑하고, 도의道義를
스스로 견지하였다.…… 그의 행장은 아주 초라했지만 지나가는 곳마다
조금도 범하는 바가 없었고 병졸들도 엄히 단속하여 지방에 해를 끼치지
못하게 했으니, 옛 장수의 풍모를 깊이 지니고 있었다"[47]라고 하여
매우 높이 평가하였다.

이어 척금과 대화한 내용을 기록하였는데, 특히 척금의 말을 인용하여
그가 송응창·심유경 등의 강화 추진에 반대하는 입장임을 상세히 서술
하였다. 먼저 척금은 평양성 전투 당시 자신이 파악한 왜군의 수는
4,000명을 넘지 않았고 황해도 각처에 주둔한 왜군도 방어 시설과 밥
짓는 아궁이의 수를 계산해 볼 때 많은 수가 아니었다고 하였다. 그런데도
심유경은 명 조정에 평양성의 왜군이 6만이 넘고 각처의 적이 매우
많아 대적하기 힘들다고 보고했으니, 이는 강화를 주장하여 공을 탐낸

---

47) 鄭琢, 『藥圃集』, 권6, 「龍灣聞見錄」, "統領薊府二營車兵游擊都指揮戚金, 爲人節儉愛
人, 以道義自持.……行李蕭然, 其所經過, 秋毫不犯, 嚴戢士卒, 勿令撓害地方, 深有古
將之風."

것이라고 비난하였다. 또, 이여송도 부산의 왜적이 60만에 이른다고
보고했으며, 명 조정이 그 말을 믿고 적은 병력으로 대군을 대적하지
못할 것을 걱정하고 있는 상황임을 설명하였다.[48]

한편, 척금은 총병總兵 유정劉綎의 병사 중 1,500명으로 경주를 지키게
하려는 윤근수의 계획이 송응창의 반대로 시행되지 못했음을 언급하고,
만일 이것이 꼭 필요한 일이라면 유정에게 직접 자문을 보낼 것을
권하면서 자신도 곧 남쪽으로 내려가 유정과 이 일을 협의하겠다고
하였다. 이어 송응창·이여송 등이 철군했으니, 앞으로 명군이 조선
정부의 활동을 견제할 일은 없을 것이라고 하였다.[49] 또, 척금은 "백성을
구휼하고 병사들을 훈련하며 화기火器를 많이 제조하는 것이 귀국에서
가장 시급히 도모해야 할 일"[50]이라고 조언했다. 이에 대해 정탁은
"말이 매우 간곡하고 줄곧 반복하며 그치지 않으니 척금의 사람됨이
대단함을 알 수 있다"[51]라며 높이 평가하였다.

척금과의 만남을 통해 정탁은 명군과 일본군의 강화 추진 및 이를
위해 송응창·이여송 등이 조선의 활동을 견제한 것에 대해 명군 장수들
내부에서도 이견과 갈등이 있었음을 확인하였다. 일본과의 강화를 반대
하는 조선의 입장에서 이와 같은 사실은 중요한 의미를 갖는다고 할

---

48) 鄭琢, 『藥圃集』, 권6, 「龍灣聞見錄」, "仍語及賊數多少, 游擊慷慨而言曰, 攻平壤時, 吾從
小西門先登, 審見城中賊數多少, 不滿四千, 黃海道各處賊窟, 俺一一登覽, 計其設防築窟
形止, 少者不滿一百, 多者亦不過二三百, 合而言之, 大槪可知, 沈唯敬乃言, 平壤之賊過六
萬, 各處賊甚野難敵, 蓋欲主和而貪功也, 繼以提督述之報云, 釜山賊衆, 幾六十萬, 廟堂信
其說, 欲出兵擊之, 唯恐衆寡不敵, 誠可歎也."

49) 鄭琢, 『藥圃集』, 권6, 「龍灣聞見錄」, "尹陪臣欲將劉副將兵一千五百, 防守慶州, 而宋爺
見棄帖而不肯曰, 這不解事機, 任他劉綎自處, 此事若緊急, 則速啓國王, 送咨劉副將營中,
予亦不久南下, 與劉副將協力善處, 今則經略提督已回, 權在劉副將手中, 可爲之事, 則必
無牽製之虞矣."

50) 鄭琢, 『藥圃集』, 권6, 「龍灣聞見錄」, "恤民鍊兵, 多造火器等事, 最爲貴國第一急謀."

51) 鄭琢, 『藥圃集』, 권6, 「龍灣聞見錄」, "語極丁寧, 反覆不已, 爲人大段, 此焉可想."

수 있다. 만약 명이 무리한 강화를 추진할 경우 조선이 그에 대응하는 데 있어 위와 같은 정보는 매우 유용하게 활용될 수 있기 때문이다. 정탁이 척금과의 대화 내용, 특히 강화 추진 및 송응창 등의 행위를 비난하는 척금의 발언을 상세히 기록한 것도 그러한 목적을 위해서였다 고 할 수 있다.

5) 동양정

동양정은 명군의 기무機務와 군량 조달 등을 관장했던 장수로, 앞서 본 척금과 더불어 정탁이 매우 긍정적으로 평가했던 인물이다. 동양정에 관한 기록은 그의 인품과 조선 출병 이후의 활동 내역이 주를 이루고 있으며, 대화 내용은 그다지 중요한 것이 없다.

먼저 정탁은 동양정이 문무文武를 겸비했으며 천성이 자애롭고 온화하 여 항상 남을 구제하는 것으로 마음을 삼으며 스스로 바름을 지켰기 때문에 관하管下 아문衙門의 모든 사람들이 그를 경외했다고 서술하였 다.[52] 이어 그가 임진왜란에 참전하여 주진主鎭의 총병總兵으로서 군대의 기무와 식량·마초의 조달 등을 모두 관할했는데, 심력을 다해 부족함이 없도록 했다고 하였다. 또, 송응창·이여송 등이 조선의 음식을 좋아하지 않자 동양정이 중국에서 닭·돼지·오리·야채 등을 조달하여 공급했던 일도 기록하였다.[53]

한편, 동양정이 조선에 온 명군 병사들을 단속하는 일에 적극적이었던

---

52) 鄭琢, 『藥圃集』, 권6, 「龍灣聞見錄」, "才兼文武, 天性慈和, 一以濟物爲心, 以正自守, 所 管衙門大小人員, 皆知畏敬."
53) 鄭琢, 『藥圃集』, 권6, 「龍灣聞見錄」, "時佟公以本府主鎭摠兵, 軍前機務兵馬芻糧等事, 無不管轄, 克殫心力, 靡有缺乏……宋侍郎李提督艾主事諸公, 不喜土饌, 則至備唐産雞 猪鵝鴨生菜以供之, 以慰其心."

사실도 기록되어 있다. 이에 따르면, 당시 명군이라고 칭하면서 민가에 드나들며 소와 말을 빼앗는 자들이 있었는데 동양정이 야불수夜不收 5~6명을 파견하여 이를 일절 금지시켰으며, 압록강과 중강 등지에 천총위관千摠委官을 배치하고 날마다 엄격히 검찰해서 조선인에게 빼앗은 소와 말을 찾아내어 돌려보냈다. 또, 명군 병사들이 인가人家에 기숙하면서 재물을 부수거나 약탈하는 등의 횡포를 부려 사람들이 매우 괴로워했는데, 동양정이 이를 자세히 조사해서 확인되는 대로 모두 엄단하였다.[54] 이와 같은 동양정의 행적에 대해 정탁은 "본부本府(의주부)의 사람들이 오늘까지 보존될 수 있었던 것에는 총병의 힘 아닌 것이 없다"[55]라고 하며 높이 평가하였다.

6) 장삼외

장삼외는 임진왜란 당시 참전한 명군 장수 중에서 군량 수송 업무를 담당했던 사람이었다. 정탁은 장삼외에 대해 "천성이 평이하고 너그러워 구차하게 남과 절교하지 않았다"[56]라고 평가하였다. 또, 조선에 파견된 이래로 그가 군량 운반을 총괄하면서 한 지방에 큰 공을 세워 온 나라 사람들의 도움을 받았다고 서술하였다.[57] 장삼외와의 대화 역시 전별연에 관한 것을 제외하면 특별히 중요한 내용은 없다.

---

54) 鄭琢, 『藥圃集』, 권6, 「龍灣聞見錄」, "自軍興以來, 有稱唐兵者, 衆寡無定, 出入閭閻, 奪人牛馬, 則別發夜不收五六人, 一切呵禁, 特置千摠委官於鴨綠中江等處, 使之十分檢察, 自越邊江岸, 以至湯站, 逐日搜檢, 所搶牛馬, 前後刷還者, 無慮四十餘頭……唐兵寄寓人家, 橫加凌暴, 或打破器皿, 或掠奪財産, 人甚苦之, 摠兵審問, 隨見窮治."

55) 鄭琢, 『藥圃集』, 권6, 「龍灣聞見錄」, "本府之人, 得保今日, 亦無非摠兵之力也."

56) 鄭琢, 『藥圃集』, 권6, 「龍灣聞見錄」, "天性平夷有容, 不苟絶人."

57) 鄭琢, 『藥圃集』, 권6, 「龍灣聞見錄」, "自軍興以來, 摠檢運糧, 大有功德於一方, 國人賴之."

7) 방시휘

방시휘는 1593년 9월 20일에 의주에 도착하여 정탁이 준비한 전별연에
참석하였다. 전별연이 끝날 무렵 방시휘는 평양성 전투에서 구조한
10살의 어린아이를 정탁에게 보여 주었다. 그는 돌아갈 곳이 없는 아이가
불쌍하여 군영에 머무르도록 했고 여기까지 데려왔는데 이제 자신은
본국으로 돌아가므로 아이를 정탁에게 부탁한다는 뜻을 밝혔다. 이에
정탁은 방시휘에게 감사의 인사를 하였으며, 아이는 의주부로 보내어
양육을 원하는 사람에게 맡기도록 했다고 보고하였다.[58]

8) 호환

호환은 임진왜란 당시 명군을 따라 조선에 왔던 유사儒士로, 조선에
입국한 이후 병 때문에 명군과 동행하지 못하고 의주에 머물러 있었다.
호환은 의주에 있는 동안 의주부윤義州府尹 김신원金信元과 친분을 쌓았는
데, 김신원이 정탁에게 호환을 만나볼 것을 권고하여 두 사람이 대면하게
되었다.

정탁은 호환이 나이가 많고 학력學力이 있으며 말하는 데 구차함이
없고 사람을 대하거나 사물을 접함에 있어서 예양禮讓이 있다고 평가하였
다. 특히 정탁은 송응창의 철군 이후 조선에 주둔하는 명군의 지휘관인
총병 유정이 호환을 스승으로 받들고 존경한다는 점에 주목하였다.
호환은 건강이 회복되면 명으로 돌아가지 않고 남쪽으로 내려가 유정의

---

58) 鄭琢,『藥圃集』, 권6,「龍灣聞見錄」, "接宴之際, 相與禮讓, 極其從容. 臨罷, 以所領年纔
十歲小兒出見曰, 此兒平壤之戰得之, 無所歸, 哀其塡壑, 許留行營, 給以衣食, 以至於
此. 今臨越江, 請付陪臣, 用紅牋一帖, 記其顚末以示. 厥明, 使其家丁, 領兒而來, 拜寄白
牋書一紙, 致謝于臣, 臣又呈小帖稱謝, 卽付其兒于本府, 使之付願育者留養."

부대에 합류할 예정이었다. 호환은 정탁에게 자신이 조만간 유정에게 갈 계획임을 전하면서, "공들이 말할 일이 있으면 꺼리지 말고 모두 말하시오. 내가 가서 총병에게 당부할 것이니 아마 천분의 1이라도 보탬이 있을 것이오."라고 하였다.[59] 이에 정탁은 조선의 입장을 피력한 별도의 문건을 작성해서 호환에게 주었다.

『용만문견록』에는 당시 정탁이 호환에게 전달한 문건과 그에 대한 호환의 답서 2편이 수록되어 있다. 정탁은 호환에게 준 글에서 지금 왜군들이 남해안 일대로 퇴각해 있지만 군세가 회복되어 형세가 명군과 대등한 상황이 된다면 반드시 다시 공격해 올 것이라고 지적하였다. 이어 왜군에 대비하는 가장 좋은 방법은 명군의 병력을 증원하는 것인데, 반드시 왜적과의 싸움에 능한 절강浙江과 사천四川의 병사들로 증원해야 한다고 주장하였다. 또, 조선군의 조련에 관한 의견도 제시했는데, 조선 사람들은 말 타고 활 쏘는 기술에 능하므로 무재가 있는 병사들을 유정의 부대에 소속시켜 화전火箭의 여러 기술을 가르친다면 왜적을 막는 데 크게 유용할 것이라고 하였다.[60]

정탁의 문건을 받은 호환은 회신으로 두 편의 글을 보냈다. 첫 번째 글에서는 명군의 주력 부대가 철수한 것은 경솔한 조치였음을 지적했다.

---

59) 鄭琢, 『藥圃集』, 권6, 「龍灣聞見錄」, "仍自言近向南邊, 當從摠兵於其幕府, 公等有所可言之事, 不諱盡言, 俺行當諭諸摠兵, 庶見千一之益."

60) 한편, 『약포집』 권2에도 정탁이 호환에게 보낸 편지가 수록되어 있다.(『藥圃集』, 권2, 「與明儒胡煥」) 이 편지는 『용만문견록』에 수록된 문건보다 훨씬 자세한데, 핵심적인 내용은 절강·사천의 군사들을 동원하여 병력을 증원할 것, 조선군을 유정 부대에 소속시켜 조련할 것, 火箭을 조선군에게 가르쳐 왜군에 대적하게 할 것 등으로 『용만문견록』의 문건과 크게 다르지 않다. 여기에 화전의 기술이 왜군에 유출되지 않도록 보안에 힘쓸 것, 간첩과 척후병을 넉넉히 배치할 것, 명에서 군량을 공급해 줄 것과 명의 대형 선박을 이용하여 군량을 수송해 줄 것 등을 요청하는 내용이 추가되어 있다. 한편, 편지의 끝부분에는 총병 유정을 만나 이 내용을 빠짐없이 전달하겠다는 호환의 회신 내용이 부기되어 있다.

그리고 조선 정부가 민심 수습을 위해 흩어진 민인들을 모으고 전사한 병사들의 가족을 구휼하며 조세의 횡렴橫斂을 금지하는 등의 조치를 적극적으로 추진할 것을 권고하였다. 이어 두 번째 글에는 호환이 자신의 아버지에게 편지를 보내 현재 왜군의 주둔 상황 및 명군의 철수가 경솔했다는 것을 알렸으며, 편지를 받은 아버지도 명군의 철수에 대해 후회했다는 내용이 기록되어 있다.

이상에서 『용만문견록』의 내용을 정리해 보았다. 『용만문견록』은 정탁이 철수하는 명군 장수들을 전별하는 과정에서 그들이 조선에 대해 조금이라도 불쾌한 감정을 갖지 않도록 하기 위해 최선의 노력을 다했던 것을 잘 보여 준다. 한편, 정탁은 전별 과정에서 나눈 대화를 통해 확인된 명군 내부의 여러 동향들을 상세하게 기록하였다. 이는 조선과 명이 강화 추진을 두고 이견과 갈등이 있던 상황에서 향후 대명 관계에 적극적으로 대처하기 위해 필요한 정보를 축적해 놓은 것이라고 할 수 있다. 또 정탁은 호환에게 준 글에서 왜적을 완전히 물리치기 위해 필요한 병력 증강과 군사 조련 등의 구체적인 방안들을 제시하였다. 이는 1차적으로 명군에게 전달하기 위한 것이었지만, 그가 이 내용을 『용만문견록』에 수록하여 선조에게 진상했던 것을 볼 때, 궁극적으로는 선조에게 자신의 방안을 전달하여 정책에 반영하려는 목적이 있었다고 할 수 있다.

4. 맺음말

정탁은 16세기를 대표하는 관료-학자의 한 사람으로 40여 년간 관료로 활동하면서 뚜렷한 업적을 남겼으며, 특히 1592년 임진왜란이 발발했을 때 국난 극복에 진력하여 국체를 보존하는 데 큰 공을 세웠다. 정탁의 임진왜란기 활동 중에서 특히 주목되는 것은 그가 조선에 파견된 명의 장수들과 사신들을 영접하는 업무를 전담했다는 점이다. 조선에 파견된 명의 장수들과 사신들을 잘 예우하는 것은 전쟁을 승리로 이끌기 위해 반드시 필요한 일이었다. 이 점에서 명군 장수들의 영접은 매우 중요한 대명 외교 활동의 하나였으며, 그 일을 전담한 정탁은 임진왜란 극복의 핵심적 역할을 수행했다고 할 수 있다.

정탁이 명의 장수 및 사신들을 영접하는 임무를 담당한 것은 1593년(선조 26) 1월부터이다. 1593년 1월부터 9월까지는 주로 조선에 파견된 명군 장수들을 접대하고 그들의 군사 활동을 지원하는 역할을 수행하였다. 그리고 1593년 9월에 송응창·이여송 등이 이끄는 명군의 주력부대가 요동으로 철수한 후에는 명에서 파견된 사신들을 접대하는 활동이 중심을 이루었다. 또 정탁은 자신이 영접에 직접 나가지 않는 경우에도 명의 장수나 사신을 맞이하고 예우하는 의례를 정하는 과정에 참여하여 중요한 역할을 수행하였다. 이는 정탁이 국가 전례에 대해 상당히 조예가 깊었으며, 특히 사신 영접에 관해서는 최고의 전문가 중 한 사람이었음을 보여 준다고 할 수 있다.

『용만문견록』은 1593년 9월에 정탁이 요동으로 철수하는 명군 장수들을 전별하는 과정을 기록한 보고서로, 그는 전별 임무를 마치고 돌아와 이 보고서를 선조에게 진상하였다. 『용만문견록』에는 본국으로 돌아가는 명군 장수들이 조선에 대해 조금이라도 불쾌한 감정을 갖지 않도록 하기 위해 최선을 다했던 정탁의 외교적 노력이 잘 나타나 있다. 한편, 정탁은 전별 과정에서 장수들과 나눈 대화를 통해 확인된 명군 내부의 여러 동향들을 상세하게 기록하였다. 이는 조선과 명군 지휘부 사이에 강화 추진을 두고 이견과 갈등이 있던 상황에서 향후 대명 관계에 적극적으로 대처하는 데 필요한 정보들을 축적해 놓은 것이라고 할 수 있다. 또 정탁은 호환에게 준 글에서 왜적을 완전히 몰아내기 위해 필요한 병력 증강과 군사 조련 등의 구체적인 방안들을 제시하였다. 이는 1차적으로 명군에게 전달하기 위한 것이었지만, 이 내용이 수록된 『용만문견록』이 선조에게 진상됐음을 볼 때, 선조에게 자신의 방안을 전달하여 정책에 반영하려는 목적도 있었다고 할 수 있다.

제10장 정탁의 병법 수용 양상 연구

황 만 기

1. 머리말

약포藥圃 정탁鄭琢(1526~1605)은 임란 극복 과정에서 남다른 탁월한 능력을 보인 바 있다. 특히 이순신을 사지死地에서 신구伸救한 일은 역사에 길이 남을 일이다. 그래서 우리는 정탁을 '조선의 명재상'이라 부른다. 특히 조선의 21대 국왕 영조英祖는 「화상찬畵像讚」에서 '선조宣祖의 명재상(穆廟名相)이라 칭하기도 하였다.

필자는 2010년 5월부터 2013년 10월 20일까지 『약포집』 국역서를 간행하기 위해 많은 힘을 기울였다. 역자譯者로 참여함은 물론이거니와 편집·간행에 이르기까지 많은 분야에서 활동하였다. 이런 과정 속에서 정탁의 한시, 간찰, 소차, 제문, 피난행록, 용만문견록 등 『약포집』에 수록된 정탁의 다양한 글들을 접할 수 있었다. 이 중에 필자의 시선을 머물게 한 것이 바로 정탁의 병법이다. 병서는 16세기 유학자들에게 순수학문으로 대접받지 못하고 한낱 잡서雜書로 치부되었다. 그러나 정탁은 당시의 문인학자들로부터 외면 받았던 병서에 관심을 두고 있었다.

정탁은 두 차례에 걸쳐 명나라에 다녀왔다. 첫 번째는 1582년(선조 15)에 진하사進賀使의 임무를 띠고 갔고, 두 번째는 1589년 사은사謝恩使로 간 것이다. 그는 이때 명나라 인사들과 교유함으로써 중국 사정에 밝았다.[1] 특히 임란 시 영위사迎慰使로 명나라 경략經略 송응창宋應昌을 영접하는 등 원병으로 온 명나라의 장수나 지식인들과 우호적인 관계를 유지할 수 있었던 것도 두 차례에 걸쳐 중국 인맥과의 일정한 소통이 있었기 때문이다. 이런 중국 인사들과의 관계 속에서 병법에 대한 수용이 있었던 것으로 보인다. 그리하여 임란을 슬기롭게 극복함에 있어서 병법에 대한 전문적인 지식을 전략적으로 적극 활용할 수 있었던 것이다.[2]

정탁은 명明나라의 실용적 학문을 수용해서 나름의 지식을 지니고 있었던 것이다. 이는 당시 사회 전반에 만연한 성리학 중심의 일변도와는 그 궤도를 달리하는 학문적 모습이었다.

물론 중국의 병서가 우리나라에 소개된 것은 고려시대부터 이미 있었고, 이를 통해 조선 초기에 병서의 주해를 붙이고 우리나라 전쟁

---

1) 이종호, 「약포집 해제」, 국역 『약포집 1』(성심인쇄소, 2013), 16쪽 참조.

2) 정탁이 병법에 관심을 두게 된 직접적인 계기나 시기에 대해서는 자세히 알 수 없다. 다만 그가 병법을 접할 수 있는 기회가 용이했을 시기에 대해서 언급해 둔다. 정탁은 32세 때인 1567년(명종 22)에 병조좌랑을 역임했고, 이듬해인 1568년에 곧바로 병조정랑에 제수되었다. 이때 직접적으로 병서를 접했을 가능성이 크고, 이를 통해 병법에 대한 기본적인 지식을 습득한 것으로 보인다. 그리고 64세인 1589년에 병조의 수장까지 맡게 된다. 32세 이전에 병서를 접했을 가능성을 배제할 수 없지만, 32세에 처음 병서를 접했다고 하더라도 정탁이 병서를 익힌 기간은 무려 23년이나 된다. 3년 뒤에 임진왜란이 발발하였으니, 병서에 대한 이해와 병법을 실제 활용함에 있어서도 전혀 부족함이 없었을 것이다.

사실 기록과 우리나라 실정에 맞는 병법서가 간행되었다. 게다가 선초 유학자들은 주공周公 이래로 병학兵學이 유가儒家와 병존하였다고 인식하고 있었음은 주지의 사실이다.[3]

그러나 병서가 유학자들의 필독서로서의 자리매김하기까지는 여전히 거리가 있었다. 이런 병서는 임진왜란 이후 이해와 관심의 폭이 넓어져 더 이상 잡서가 아닌 실용학문으로 그 위상이 높아지게 되었다. 우리는 이제부터 정탁이 병법을 수용한 양상과 이를 전략적으로 활용한 궤적들을 심층적으로 찾아 들어가 보기로 한다.

2. 정탁의 병법이해와 제가의 평

『약포집』 전체에서 정탁이 병법에 심취했다는 제가들의 언급은 「약포연보」, 식암息庵 황섬黃暹의 행장(1606), 외손서 해월헌海月軒 황여일黃汝一의 행장(1608), 동계桐溪 정온鄭蘊의 묘지명(1635), 3남 청풍자淸風子 정윤목鄭允穆의 가장家狀, 귀록歸鹿 조현명趙顯命의 신도비명(1740) 등에서 다루어지고 있다. 먼저 식암息庵 황섬黃暹(1544~1616)이 정탁 사후死後 4개월 만인 1606년 1월에 찬한 정탁의 행장을 살펴보기로 한다.

> 청빈한 가운데 경학經學을 공부하고, 천문天文·지리地理·역수易數·병가兵家의 부류에까지도 통하지 않는 것이 없었으며, 팔진법八陣法과 육화진법六花陣法 등은 더욱 깊이 연구하여 마음속에 간직하고 어느 때나 자신의 몸으로 국난을 수습하고 위기에서 떠받치는 일을 담당하듯이 하였다.[4]

---

3) 윤무학, 「조선 초기의 병서 편찬과 병학 사상」, 『동양고전연구』 제49집(2011), 332쪽 재인용.

4) 『藥圃集』, 권6, 附錄, 「忠勤貞亮扈聖功臣大匡輔國崇祿大夫領中樞府事致仕西原府院君

정탁이 병법에 조예가 깊었음을 다룬 최초의 언급으로 보인다. 황섬은 정탁이 경학뿐만 아니라 잡서로 취급된 천문[5], 지리, 역학, 병법 등에서도 두루 통달하였음을 전하고 있다. 특히 팔진법八陣法[6]과 육화진법六花陣法을 깊이 연구하여 늘 마음속에 간직하면서 국난을 극복하는 수단으로 삼았음을 전하고 있다.[7] 다음은 외손서인 해월헌海月軒 황여일黃汝一(1556~1622)의 언급이다.

> 공은 경학經學에 익숙했고, 천문과 지리, 역수易數와 병가兵家 같은 것도 널리 섭렵하여 통하지 않은 것이 없었으며, 팔진八陣과 육화六花 등의 병법에 대해서도 더욱 마음을 쏟아 남김없이 연구했으나 세상에서 아는 사람이 없었다. 지난날 공이 정유재란을 당하여 다시 남하南下할 것을 청할 때 당시 연세가 일흔둘로 비록 무부武夫도 감당하기 어려웠지만 행군하여 싸웠다.[8]

병법서에 대한 공부와 팔진법과 육화진법에 치력하였다는 언급은 황섬의 경우와 다르지 않다. 황여일은 정탁의 외손서로서 인척관계에

鄭公行狀", "菽水經學, 汎濫於天文・地理・易數・兵家之流, 無不旁通, 而於八陣・六花等法, 尤深究著裏, 尋常若以身擔當, 救亂持危."『息庵集』권4에도 실려 있다.

5) 2012년 5월에 사단법인 과학・문화진흥원에서 "약포 정탁선생의 천문학세계"라는 주제를 가지고 정탁의 천문에 관한 학술대회가 진행된 바 있으나, 심층적인 연구가 진행되지 못한 채 변죽만 울리게 되어 아쉬움이 남는다.

6) 八陣法: 고대 陣法으로, 흔히들 諸葛亮의 洞當・中黃・龍騰・鳥翔・連衡・握奇・虎翼・折衝의 법을 말하나, 여기서는 배서의 진법을 말한 것으로 보인다.

7) 많은 병법 중에 팔진법과 육화진법만을 언급한 것은 이 두 가지가 병법에서 익혀야 할 기본 소양서이기 때문에 이렇게 언급한 것으로 보인다. 말하자면 팔진법과 육화진법을 병법의 보통명사로 사용하였던 것으로 보인다.

8)『藥圃續集』, 권4,「有明朝鮮國忠勤貞亮扈聖功臣大匡輔國崇祿大夫領中樞府事西原府院君藥圃鄭先生行狀", "公菽水經學, 汎濫於天文・地理・易數・兵家之流, 無不旁通, 而於八陣・六花等法, 尤致意焉, 研究無餘, 而世未有知者. 向公當重亂, 再請南下, 時年七十有二, 雖以武夫當之, 猶難據鞍." 이 내용은 황여일의 문집인『海月軒集』권3에도 실려 있다.

있다. 그래서인지 정탁의 병법에 대해 약간의 부연 설명을 덧붙이고 있다. 임란왜란(1592) 당시 정탁의 나이는 66세였고 정유재란(1597)이 일어난 해는 72세였다. 일흔이 넘은 나이에 전쟁터에 나간다는 것은 흔히 볼 수 있는 일이 아니다. 이는 모두 나라를 위한 충정에서 비롯되었음을 강조하고 있다. 다음은 동계桐溪 정온鄭蘊(1569~1641)의 평을 들어보기로 한다.

약포는 선비가 병법兵法을 알지 못하면 큰 임무를 감당할 수 없다고 여기고 팔진법八陣法과 육화법六花法 등에 더욱 관심을 두었다.9)

정탁의 병법에 대한 견해를 설명하면서 선비가 갖추어야 할 하나의 학문으로 인식하였음을 언급하고 있다. 황여일과 마찬가지로 팔진법과 육화진법에 관심을 두었다고 평하고 있다. 흔히들 팔진법은 제갈량諸葛亮이 『주역』을 연구하여 창안한 군대의 진법으로 잘 알려져 있으나, 제갈량의 심복이었던 배서裴緖의 진법으로 일컬어지기도 한다. 그리고 육화진법은 당나라 때의 이정李靖이 제갈량의 팔진八陣을 본떠서 만든 진법陣法이다.10) 이 팔진법과 육화진법은 고려시대와 선초에도 이미 알려진 병법이다. 그렇다면 황섬은 왜 이들 병법만을 특별히 거론하였을까? 이는 『무경총요武經總要』를 염두에 둔 표현이 아닌가 한다.11) 증공량이

---

9) 『藥圃集』, 권7, 「貞簡公西原府院君鄭公墓誌銘」, "至於天文·地理·象數·兵家之流, 無不旁通涉獵, 得其歸趣, 以爲士不知兵, 不足以當大任, 故於八陣六花等法, 尤加意焉." 『桐溪集』 권4에도 실려 있다.

10) 明 楊時偉 編, 『諸葛武侯書』, 권9, 「遺事」, "唐太宗問李靖曰, '卿所製六花陣法出何術乎?' 靖曰, '臣所本諸葛亮八陣法也.'"

11) 『武經總要』, 권7, 「本朝八陣法」, "法曰, 八陣者, 蓋本裴緖新令方·圓·牝·牡·衝方·還置·車輪·鴈行之名也. 今約李靖陣法, 用一萬四千人爲之馬步軍, 並以五十人爲一隊, 計二百八十隊, 步軍二百隊, 馬軍八十隊, 分爲中軍, 左右虞候, 左右前後七軍."

찬한『무경총요』에는 배서裵緖의 팔진법을 '배자법裵子法'이라 하고, 이정이 요약하여 군대의 진법으로 활용한 것을 '이정진법李靖陣法'이라 칭하고 있기 때문이다. 또 여기에는 정탁이 언급한 구지九地 등의 병법에 관한 것도 자세히 수록되어 있다.『무경총요』에 관한 자세한 언급은 다음 절에서 살펴보기로 한다.

3. 정탁의 병법 수용 양상

1)『무경총요』의 병법 수용

서문에서 언급했듯이 정탁은 병법에 대한 남다른 선견지명이 있었다. 두 차례의 중국사행은 중국 문물 수용과 병법서와 같은 실용적 학문을 접할 수 있는 기회를 갖기에 매우 용이하였다.

정탁이 구체적으로 어떤 병서를 접했는가에 대한 사실 여부는 확인할 수 없으나 정탁도 병서에 대한 교양적인 면모를 지녔음은 의심할 나위 없다.

『약포집』곳곳에서는 정탁이 병법에 대해서 언급한 부분이 엿보이는데, 그 중 하나가 중국 병서의 집대성이라 할 수 있는『무경총요武經總要』의 내용이다. 이 병법서는 송나라 때 증공량曾公亮(998~1078)·정도丁度(990~1053) 등이 칙명을 받아 5년간(1040~1044) 고대의 병서와 송대의 계모計謀와 방략方略을 널리 채집하여 편찬한 책이다. 이 책은 전집과 후집으로 구성되어 있는데, 전집에는 군사조직, 군사제도, 선장용병選將用兵, 고금진법古今陣法, 산천지리山川地理 등 군사이론과 규칙이 실려 있다. 후집의 전반부는 전례戰例가 주를 이루었고, 후반부는 병법의 자료資料

이다. 이『무경총요』는 가장 큰 규모의 관수병서官修兵書로, 종합성을 띤 병서이다.

『무경총요』는 1547년(명종 2) 정응두丁應斗(1508~1572)에 의해서 처음으로 우리나라에 유입되었다. 당시 동부승지로 있던 정응두가 북경에 사신으로 가서『강목전편綱目前編』·『속강목續綱目』·『발명광의發明廣義』등과 함께 이 병서를 사서 들여온 것이다. 정응두는 명종에게 우리나라에 없는 책이라고 하면서 바치자 명종이 이 책을 대제학에게 보이고 인출하게 하였다.[12] 이제부터『무경총요』에 대한 정탁의 병법 수용 양상을 살펴보고자 한다.

> 고법古法에 이르기를 "전쟁은 망설임을 나쁘게 여긴다"라고 했고, 또 "일은 반드시 과감하게 시행하는 것보다 더 큰 것이 없으며, 공은 용감하게 결단하는 것보다 더 훌륭한 것이 없다"라고 했으며, 또 "일각一刻이라도 먼저 하면 너무 지나치고 일각이라도 뒤에 하면 때를 놓친다"라고 하였으니, 이는 모두가 기회를 놓쳐서는 안 됨을 말한 것입니다.[13]

위 인용문에서의 고법古法은『무경총요』를 말한다. 정탁이 언급한 내용은『무경총요』전집前集 권3「서전敍戰」에 수록되어 있는 글이다. 정탁은 이『무경총요』의 내용을 인용하면서 왜구를 토벌하는 대책에 대해서 언급하고 있다. 기회가 오면 한 치의 망설임도 없이 과감히 결단하여 속전속결로 왜구를 물리치자고 주장하고 있다. 이에 대한

---

12) 『明宗實錄』, 권5, 명종 2년(1547) 4월 4일조, "同副承旨丁應斗, 以綱目前編及續綱目發明廣義與武經總要進獻曰, '臣赴京時, 貿得此冊. 皆不在於我國, 故敢獻.' 傳曰, '示于大提學印出.'"

13) 『藥圃集』, 권2, 「決策討賊箚」, "古法曰, '戰以猶豫爲凶', 又曰, '事莫大於必果, 功莫盛於勇決', 又曰, '先之一刻則太過, 後之一刻則失時', 蓋皆言機會之不可失也."

구체적인 실행방법으로 명나라 군대와 합세하여 수륙합병책을 펼치자는 것이다. 수군은 바다에서 왜적이 오가는 길목을 차단하고 보병은 육지에서 왜적이 출입하는 길목을 끊어버려, 이미 바다를 건너온 왜적들은 돌아갈 수 없게 하고 새롭게 조선으로 건너오려는 구원병들은 오지 못하게 하자는 것이다.[14)]

참으로 치밀하고 주도면밀한 계책이 아닐 수 없으며, 병법에 대한 전문적인 이해 없이는 쉽게 언급할 수 없는 전략이다. 이처럼 정탁은 『무경총요』에서 다룬 병법을 그대로 수용하여 왜적을 물리치는 전략의 하나로 인식하고 있었던 것이다.

> 그러므로 병법兵法에 이르기를 "천 명의 적병을 얻기보다는 한 명의 적장賊將을 사로잡는 것이 더 낫다"라고 했고, 또 "기병奇兵을 쓰지 않으면 승리할 수 없다"라고 했으며, 또 "승리는 항상 기병奇兵에 있다"라고 했으며, 또 "출입함에 속이는 방법을 쓰고 내달림에 속인다면 형세는 수만 번 뒤바꿀 수 있다"라고 했으며, 또한 "속임수를 쓰고 재빠르게 움직여서 적으로 하여금 앞뒤로 서로 미치지 못하게 하고 위아래로 서로 수습하지 못하게 하며, 장수와 병졸이 서로 구원하지 못하게 하고 많은 군대와 적은 군대가 서로 지원하지 못하게 해야 하니, 비유하면 벌들이 품 안에서 나오고 뜨거운 불꽃이 집 안에서 치솟으면 비록 씩씩한 장부와 용맹한 병사라도 놀라서 흔들리지 않을 수 없어서, 아군이 승세를 얻어서 제압한다는 것과 같다"라고 하였습니다.[15)]

---

14) 『藥圃集』, 권2, 「決策討賊箚」, "須乘天兵合勢之機, 決策用兵. 水焉, 舟師以塞其往來之路, 陸焉, 馬步以截其出入之途. 使旣來者不得去, 新添者無以繼."

15) 『藥圃集』, 권3, 「請許用降倭酒叱其謀啓」, "故兵法曰: '獲賊千兵, 不如擒得一將', 又曰: '非奇則不能取勝', 又曰: '制勝者, 常在奇也', 又曰: '出入詭道, 馳騁詐力, 則勢有萬變', 又曰: '以詐立, 以利動, 使敵人, 前後不相及, 上下不相收, 將卒不相救, 衆寡不相持, 譬如蜂蠆出于懷袖, 烈火發乎廬舍, 雖壯夫猛士, 無不驚撓, 我得乘而制之云.'"

위 인용문도 『무경총요』 전집前集 권4 「기병奇兵」에 수록되어 있는 병법이다. 정탁이 주장하는 요지는 정병正兵이 아닌 기병奇兵의 권모술수權謀術數를 쓰자는 데 있다. 기병奇兵은 정병正兵의 변격으로 불시에 공격하는 것이다.16)

기병과 정병에 대한 언급은 『무경총요』 이전의 중국의 병서에서 이미 언급되고 있었다. 주周나라 울요尉繚의 『울요자尉繚子』에는 "정병은 앞을 중시하고 기병은 뒤를 중시한다" 하였고, 조조曹操의 『십일가주손자十一家注孫子』에서는 "먼저 나아가 싸우는 것이 정正이고, 나중에 나아가는 것이 기奇이다"라고 하였으며, 당나라 태종의 『이위공문대李衛公問對』에는 "앞으로 향하는 군대를 정正이라고 하고, 뒤로 퇴각하는 것을 기奇라 한다"라고 하였다.17)

정탁의 기병책은 왜에서 조선에 투항해 온 주질기酒叱其의 주장에서 비롯된 것이다. 주질기는 임진왜란 당시 조선에 항복하여 조선인으로 귀화한 왜장倭將이다. 정탁은 비록 왜장이었지만 이미 조선인으로 귀화한 상태이니만큼 왜구를 물리치는 훌륭한 전략이면 수용하자는 입장이다. 특히 주질기는 왜장 가토 기요마사(加藤淸正)의 수하에 있었던 장수였기 때문에 누구보다 적장의 심리나 성격, 적진의 상황을 잘 파악하고 있다는 강점이 있었다. 이런 강점을 이용하는 것이 정탁의 전략인 것이다. 그래서 정탁은 약한 군대가 강한 군대를 당할 수 없고, 적은 수효가 많은 수효를 당할 수 없는 것에만 얽매여 지구전持久戰만 펼친다면 왜적을 토벌할 수 없다는 주장을 펼치고 있다. 말하자면 '지피지기知彼知己면

---

16) 『武經總要』前集, 권4 「奇兵」, "夫奇兵者正兵之變也. 伏兵者奇兵之別也. 奇非正則無所恃, 正非奇則無以取勝. 故不虞以擊則謂之奇兵, 匿形而發則謂之伏兵, 其實則一也."

17) 윤무학, 「조선 초기의 병서 편찬과 병학 사상」, 『동양고전연구』 제49집(2011), 348쪽.

백전불태百戰不殆'라는 『손자병법』의 전쟁 수칙을 제대로 활용하고 있는 셈이다. 정탁의 이런 전략 역시 평소 병법에 대한 해박한 지식에서 비롯되었음은 물론이다.

『무경총요』에 대한 이덕무와 김석주의 평이 있다. 이덕무는 "오직 송나라의 증공량이 지은 『무경총요』가 가장 정밀하고 해박하다"[18]라고 하였고, 김석주는 "『무경총요』 가운데 「행군수지」 한 편을 보았는데, 논의가 명백하고 계획이 자세하여 칠서七書를 종합하고 백가와 자사의 잘못을 바로잡아 만든 것이다"[19]라고 하였다.

임진왜란이 평정된 후 국내에서는 병법에 관한 관심이 고조되었다. 특히 무관들은 『손자孫子』·『오자五子』의 병서를 『논어論語』·『맹자孟子』 처럼 애독하기에 이르렀다. 게다가 훈련도감에서는 『무경총요』에 교정을 더한 『무경요람』을 수입하기에 이른다.[20]

이렇듯 병서는 더 이상 푸대접의 대상이 아니라 실용적이고 현실적인 학문으로 인정을 받게 되었다. 정탁은 이런 병법에 대한 서적들에 관심을 가지고 습독하였다.

2) 편지에 나타난 병법 수용

정탁의 편지 가운데 주목할 만한 것으로 1594년 명나라 유학자 호환胡煥

---

18) 『靑莊館全書』, 권24, 「武藝圖譜通志附陳設」, "惟宋朝曾公亮, 武經總要, 兵器圖式, 最號精該."

19) 『行軍須知』, "金錫冑序曰, 頃者, 於武經總要中見行軍須知一篇, 論議明而計畫詳, 綜錯乎七書, 檃括乎百家子史, 而成之者也."

20) 『宣祖實錄』, 132권, 선조 33年(1600) 12月 7日조, "訓鍊都監啓曰: '前日, 伏承命下, 『武經要覽』八冊, 祇受繙閱, 此似是 『武經撮要』, 而加之隱括者.……蓋『孫』·『吳』, 如四書之『論』·『孟』, 而『要覽』等諸書, 如宋儒著述之明白. 學治兵者, 先通『孫』·『吳』大義, 而參互而發明之可也.'"

에게 보낸 「여명유호환與明儒胡煥」이다. 중국 문헌에는 호환이라는 인물에 대한 기록이 없어 그의 행력을 파악하기에 난점이 있다. 그런데 다행스럽게도 「용만문견록」에 그에 대한 기록이 수록되어 있어 이를 소개하고자 한다.

호상공胡相公은 이름이 환煥이고, 호가 승천承川이며, 남창南昌[21] 사람입니다. 중국 조정에서는 유사儒士로서 관직이 없는 사람을 상공相公이라 통칭합니다. 사람됨이 나이가 많고 학력學力이 있으며 말을 하는 데에는 구차함이 없어서, 사람을 대하고 사물을 접함에 예양禮讓이 있습니다. 또한 말이 왜적을 정벌하는 일에 이르면 개탄하지 않은 적이 없었습니다. 사람들은 총병總兵 유정劉綎이 일찍이 스승으로 섬겨서 높이 받들어 매우 존경하고 하는 말은 반드시 따랐다고 합니다. 황제의 군대가 동쪽으로 올 적에 상공相公 호환胡煥이 이를 따라 의주義州에 왔다가 병 때문에 머물러 조리하고 있었으나, 지금은 총병 유정의 군영에 따라 있을 것입니다.…… 스스로 말하기를 "근래에 남쪽으로 가서 그 막부에서 총병을 따라야 할 것이니, 공들이 말할 일이 있으면 꺼리지 말고 모두 말하시오 내가 가면 총병에게 당부할 것이니 아마 1,000의 1이라도 보탬이 있을 것이오"라고 하였습니다. 신들이 그 말을 듣고 나서 마땅히 알려야 될 것이 있어 그때마다 숨김없이 말한 것이 무려 수백 마다나 되었으나, 상공 호환이 기꺼이 들었으며, 서로 주고받기를 그만두지 않았습니다.[22]

우리는 이 인용문을 통해서 호환이 중국 강서성 사람이고 총병

---

21) 南昌: 중국의 江西省에 있으며, 현재 강서성의 省都이다.
22) 『藥圃集』 권6, 「龍灣聞見錄」, "胡相公, 名煥, 號承川, 南昌人. 中朝以儒士無職者, 通稱相公. 爲人年高且有學力, 言語不苟, 待人接物, 有禮讓. 語及征倭一事, 未嘗不慨歎. 人言總兵劉綎嘗師事之, 尊奉甚敬, 所言必從. 皇師之東也, 相公隨到義州, 因疾留調, 今當往從總兵行營.……仍自言: "近向南邊, 當從總兵於其幕府, 公等有所可言之事, 不諱盡言. 俺行當議諸總兵, 庶見千一之益. 臣等聞其說, 有所宜會者, 輒說與不隱, 無慮數十百言, 相公樂與之聞, 相與往復不已."

유정의 스승이자 막부幕府였음을 확인하였다. 아울러 병서兵書 등 학문적 역량이 매우 깊으며 사람됨이 겸손하고 예법을 아는 인물이었음을 알 수 있다.

정탁은 전쟁이 소강상태로 접어들어 명明과 왜倭의 강화 회담이 진행되고 있을 때, 적군의 정황과 적을 제압할 대책을 상세하게 적은 장문長文의 편지를 써서 호환에게 부쳤다. 정탁이 이렇게 한 까닭은 영남에 주둔하고 있던 원군援軍의 총병總兵 유정劉綎에게 보이기 위함이었다. 정탁은 위기에 처한 나라를 구하기 위해 편지로 막부외교를 전개하였다.

정탁이 편지로 외교를 할 수 있었던 것은 호환과의 대면을 통해 이미 상호 간의 신뢰를 쌓았기 때문에 가능했을 것이다. 한국고전번역원에서 간행된 『약포집』(11권 6책)에는 정탁이 호환과 대면했다는 기록이 보이지 않는다. 그러나 국사편찬위원회에서 발행한 『임진기록壬辰記錄』하下에 보면, 정탁이 계사년(1593) 10월 3일 이아별관二衙別館에서 호환과 만나 대화를 나눈 것으로 되어 있다.23) 우리는 정탁이 호환하게 보낸 편지에서 그의 병법 수용 측면을 엿보게 될 것이다.

이는 그들의 전술이 근거리 싸움에는 빠르고 원거리 싸움에는 느립니다. 이런 까닭으로 육지에서의 싸움은 좋아하나 물에서의 싸움은 싫어합니다. 육지에서는 빨리 가서 맞붙어 손으로 죽이기 때문에 늘 이기지만, 물에서는 배로 가는 데 한계가 있어서 빨리 나아가면 길이 끊어지고, 순판楯板이 견고하여 총을 쏘기에 불리하며 배 뒷부분에 구거鉤距의 기술을 써서 화포 한 발을 쏘면 배가 부서져 물에 빠져 죽으니, 그들에게는 원거리 전술 기예가 근거리 전술의 묘한 기예만 못한 것입니다. 그러므로 평소

---

23) 『壬辰記錄』下(『韓國史料叢書』36), "十月初三日. 與相公胡煥, 會話于二衙別館." 국사편찬위원회에서는 약포종가에서 수백 년 동안 보관되어 오다가 보물로 지정된 『龍灣聞見錄』과 『壬辰記錄』을 합편하여 탈초하고 원본과 함께 영인·간행하였다.

싸울 때는 반드시 멀리서 막는 것을 요체로 삼아야 합니다. 철환鐵丸을 방어함에는 상국의 등패藤牌와 철렴鐵簾이 있습니다. 더불어 연기를 살피며 웅크리고 있다가 쏜 뒤에 돌격하는 것이 또한 싸움에 임하는 한 가지 기술입니다.[24]

우리는 이 대목에서 왜적의 장단점을 한눈에 파악할 수 있다. 정탁은 왜적이 근거리에서의 싸움은 능하나 원거리에서의 싸움이 약하고, 육지에서의 싸움에는 능하나 물에서의 싸움에는 불리하다는 사실을 간파하고 있다. 적들이 원거리에서의 약점을 지니고 있기 때문에 이를 적극적으로 활용하여 가까운 거리에서 왜적을 제압하기보다는 멀리 떨어져서 적들을 물리치자는 주장을 하고 있다.

정탁은 또 왜적의 총탄을 막을 수 있는 견고한 방패를 적극 활용하는 묘안을 제시하고 있다. 진시황이 6국을 통일할 수 있었던 것은 바로 무기의 활용이었다. 진시황은 적의 화살이 뚫지 못하는 견고한 방패를 만들게 하였고, 반대로 화살은 적의 방패를 쉽게 뚫을 수 있는 강력한 화살촉을 만들어 사용했기 때문에 천하를 제패할 수 있었다. 정탁은 명明에서 들여온 등패藤牌나 철렴鐵簾 같은 방패들을 활용하여 왜의 철환鐵丸을 방어하자는 것이다. 또 안개나 연막을 이용해서 적의 시야를 흐리게 한 뒤에 공격하는 연막술을 전개하고 있다. 이어지는 대목을 살펴보자.

무릇 화살의 힘은 철환에 비교하면 4분의 2가 모자라니 서로 감당할 수 있는 기술이 아닙니다. 본국의 편전片箭은 멀리서 쏘는 것에 장점을 지니고 있는데 30·40보 밖에

---

24) 『藥圃集』, 권2, 「與明儒胡煥」, "蓋其戰, 急於近而緩於遠. 是以, 好陸戰而厭水戰. 陸則急趨膚接, 極手獮殺, 故常勝, 水則舟行有限, 驟進路絶, 楯板之牢, 丸射不利, 鉤鉅其艫, 一發銃矢, 卽裂隳溺, 其遠技之能, 不如近技之妙也. 然則常戰必以遠拒爲要. 而鐵丸之防, 上國藤牌及鐵簾. 與審煙頓伏, 發後突入, 亦臨戰之一技也."

서는 두 명을 죽이고 수십에서 백 보 밖에서는 한 사람을 죽일 수 있으며, 백여 보나 이백 보에서도 사람을 맞혀 다치게 할 수 있습니다. 그러므로 왜적의 철환 또한 감당할 수 있습니다. 다만 본국에는 이렇게 할 수 있는 자가 많지 않아 거자擧子 이외에는 능한 사람이 너무 적어서 오로지 이 기술로만 적을 제압하는 상도常道로 삼을 수는 없습니다. 상국엔 화전火箭의 기구가 지극히 신묘하니 귀신도 달아나지 못할 것입니다. 하늘이 이런 물건을 만들게 한 것은 이런 도적들을 제압하기 위해서입니다. 화전火箭·화차火車·대포포大礮砲·단석포거團石砲車·차자전車子箭·질려포 蒺藜砲·진천뢰震天雷·승자총통勝字銃筒 같은 물건들은 곧 하늘을 흔들고 땅을 흔들 물건입니다.25)

정탁은 우리나라 무기의 단점들에 대해서 지적하고 있다. 임란에서 무기의 불리함 때문에 수많은 인명피해가 났다. 정탁은 아군과 적군의 무기의 특성을 잘 알고 있었다. 그래서 조선에서 사용하는 화살로는 왜의 조총을 당해 낼 수 없기 때문에 편전을 사용해서 거리조절을 하자는 주장이다. 곽재우도 전투에서 화살과 조총의 유효사거리를 활용하였는데, 조총의 유효사거리를 알아내어 유효사거리 밖에서 화살을 쏘아 적을 제압하는 전술을 사용하였던 것이다. 정탁은 조선에 는 이 편전片箭 사용법에 능한 이가 많지 않기 때문에 화전火箭 등의 무기를 적극적으로 사용할 것을 주장하고 있다. 아울러 조선에 없는 중국의 많은 신식무기를 적극적으로 수용하여 왜구를 물리치는 데 활용할 수 있도록 하자는 것이다.

---

25) 『藥圃集』, 권2, 「與明儒胡煥」,, "凡弓矢之力, 較諸鐵丸, 劣四之二, 非相當之技也. 本國 片箭長於遠射, 三四十步, 斃二人, 數十百步, 斃一人, 百餘步二百步, 亦能中傷. 其於鐵丸, 亦可相當. 但本國, 業者不多, 擧子外, 能者極少, 不可專以此技, 爲制敵之常道也. 上國火 箭之具, 極爲奇妙, 鬼神莫逃. 天生此物, 爲制此賊. 如火箭·火車·大礮砲·團石砲車· 車子箭·蒺藜砲·震天雷·勝字銃筒等物, 乃掀天撼地之具也."

그 중에서도 사천四川과 절강浙江의 병사가 가장 급하고 요동遼東과 광녕廣寧의 병사가 그다음으로 급합니다. 대개 요동의 병사는 오랑캐(胡)를 잘 막고 절강의 병사들은 왜적을 잘 막습니다. 게다가 요동과 광녕의 사람은 성격이 방자하고 꺼리는 바가 없어서 한 번 우리 땅에 발을 들여놓게 되면 직접 함부로 침략하여 창고를 유린하고 우마牛馬를 훔칠 것입니다. 전쟁이 난 이후로 큰길 옆에 사는 백성들이 거의 텅 비게 되었으니 이득은 없고 피해만 있어서 이렇게 된 것입니다. 이것이 어찌 조정이 백성을 구휼하는 뜻이겠습니까?26)

중국 병사의 지역적인 특성까지 파악하고 있다. 중국 사천과 절강은 누대로 왜구의 침입이 빈번한 곳이었다. 그러므로 이 지역의 병사들은 왜구들의 허점을 잘 알고 있다. 정탁은 왜구의 실전경험이 풍부한 이곳의 병사들을 지원병으로 요청하여 조선에서 왜구를 몰아내자는 것이다. 그러나 이들이 조선으로 지원을 오기까지 거리상으로 많은 시간이 소요된다는 단점이 있다. 반면 요동과 광녕의 병사들은 거리가 가깝기 때문에 빨리 지원받을 수 있다는 유리함이 있다. 그러나 왜구와의 실전경험이 부족하기 때문에 지원병으로서의 효율성이 떨어진다. 게다가 성격이 너무 방자해서 식량을 함부로 약탈하는 등의 피해만 낳을 뿐 실질적인 도움이 되지 못한다는 것이다.

이렇듯 정탁이 호환에게 보낸 편지에는 정탁이 그동안 축적해 온 병법지식을 동원하여 구상해 낸 화전火箭의 운용과 같은 무기 체계의 정비, 공격 및 방어를 위한 전략 전술이 망라되어 있다.

---

26) 『藥圃集』, 권2, 「與明儒胡煥」, "其中川・浙之兵爲上, 遼・廣之兵次之. 蓋遼兵能胡, 而浙兵能倭也. 加以遼・廣之人, 性復恣橫, 無所忌憚, 一蹢邦域, 直肆侵掠, 蹂躪蓋藏, 剽鹵牛馬. 兵興以來, 沿途之民, 幾至一空, 無益有害, 乃至於此. 豈是朝廷委恤之意, 將相拯濟之心哉?"

3) 『기효신서』를 통해 본 병법 수용

중국 병법의 종합적인 성격인 지닌 『무경총요』는 척계광戚繼光(1528~1588)[27]이 편찬한 『기효신서』에 많은 영향을 주었다. 조선 후기 병법 연구의 토대가 된 이 『기효신서』는 1560년 척계광이 중국 절강현浙江縣 참장參將으로 있을 때 중국 동남 연해에 출몰하는 왜구를 소탕하기 위하여 편찬한 병법 전술서이다. 척계광은 항왜 기간 중 병사를 훈련하고 군사를 다스린 경험의 총결체인 『기효신서』 18권을 편찬하였다.[28] 그는 또 1568년에 소주蘇州·창평昌平·보정保定·요동遼東 등 북방 변경지역의 오랑캐를 물리치기 위해 15권(正文 9권, 附錄 6권)의 『연병실기練兵實紀』를 편찬하기도 하였다.

『기효신서』가 조선에 전래된 것은 임란이 발발한 이후인 1593년이다. 국왕 선조宣祖는 명나라에서 파병 온 이여송의 군대가 평양성 전투에 대승을 거두자 이에 대한 원인 분석을 하였다. 그리고 승리를 할 수 있었던 병법이 『기효신서』의 활용에 있었음을 알고 이여송에게 『기효신서』를 보여 달라고 하였으나 이여송이 보여 주지 않았다. 그래서 선조는 몰래 역관을 시켜 이여송 휘하의 사람을 포섭하여 『기효신서』를 사오게 하였다. 이후 『기효신서』에 대한 선조의 관심이 증폭되어 여러 종류의 판본 중에서 왕세정이 서문을 쓴 이른바 '왕세정본'을 사오게 한다.[29]

---

27) 척계광의 자는 元敬, 호는 南塘, 山東 蓬萊 사람으로, 明代 저명한 軍事家이자 抗倭 名將이다. 저서에 『紀效新書』·『練兵實紀』·『知止堂集』이 있다.

28) 『기효신서』 편찬과 판본에 관한 연구로는 나영일의 「紀效新書, 武藝諸譜, 武藝圖譜通志 比較硏究」(『한국체육학회지』 36권 제4호, 1997), 박귀순의 「중국(명)·한국(조선)·일본의 『기효신서』에 관한연구」(『한국체육사학회지』 17호, 2006) 등이 있다.

29) 『宣祖實錄』, 권22, 선조 26년 9월 25일조, "傳曰: '戚繼光所撰紀効新書數件, 貿得而來.

선조는 1594년 해주에 있을 때 『기효신서』를 유성룡에게 보여 주면서 강해講解하도록 하였다. 이에 유성룡은 이시발李時發(1569~1626) 등과 토론하고 유생儒生 한교韓嶠(1556~1627)[30]를 낭속郎屬으로 삼아 아문에 질문하는 일을 담당케 하였다. 이후 선조는 도성으로 돌아와 훈련도감을 설치하고 유성룡을 도제조로 삼아서 기민飢民을 모집하여 군대를 편성하게 하고, 이들에게 삼수연기三手練技의 병법을 훈련시켜 몇 달 만에 군대의 위용이 갖추어지게 하였다.[31]

이 『기효신서』의 전체 내용에서 조선의 군사실정에 맞게 정리하여 조선 군사들에게 훈련시키려고 한 요약본이 『기효신서절요』이다. 임란 후 경상감사 이시발[32]은 안동부에서 『기효신서절요』를 다시 간행하면서 정탁에게 서문을 부탁하였다. 현존하는 『기효신서절요』는 모두 3종류가 있다.[33] 이들 3종류에는 모두 정탁의 서문이 붙어 있지 않아, 안동부에서 간행한 『기효신서절요』일 가능성은 희박해

但此書有詳略, 須得王世貞作序之書贄來.'"

30) 본관은 淸州, 자는 士昂, 호는 東潭이다. 李珥·成渾의 문인이다. 1594년에는 柳成龍의 추천을 받아 문인으로서는 특례로 훈련도감 낭관에 임명되어 척계광의 『紀效新書』의 講解를 받았다. 명나라 진중에 자주 왕래하면서 명나라 장수들에게 질의하여 砲·劍·槍 등 무기의 각종 새로운 기법을 터득하고 그림을 그려 책을 만든 다음 가르치게 하니, 이것이 뒷날의 종합무술교과서인 『武藝圖譜通誌』의 근원이 되었다.

31) 『宣祖修正實錄』, 권28, 선조 27년 2월 1일조, "上在海州, 以示柳成龍曰: '予觀天下書多矣, 此書實難曉. 卿爲我講解, 使可效法.' 成龍與從事官李時發等討論, 又得儒生韓嶠爲郎, 專掌質問于天將衙門. 及上還都, 命設訓鍊都監, 成龍爲都提調……敎以戚氏三手練技之法, 置把摠·哨官, 部分演習, 實如戚制, 數月而成軍容."

32) 『경상도선생안』을 참조하면, 이시발이 경상관찰사에 재직한 기간은 1601년 9월에서 1604년 9월까지 만 4년이다.

33) 현재 『기효신서절요』가 소장되어 있는 곳은 서울대 규장각, 전북대학교 도서관, 국민대학교 도서관이다. 『기효신서절요』에 대해서는 곽낙현의 「조선후기 『기효신서절요』에 대한 검토」가 있다. 곽낙현은 이 논문에서 『기효신서절요』의 편찬 배경과 구성, 내용까지 자세하게 다루고 있다.

보인다. 그러나 당시 이시발의 부탁으로 정탁이 서문을 작성하긴 했으나 예기치 못한 사정으로 인해 서문을 싣지 못한 채 간행되었을 가능성도 배제할 수 없기 때문에, 이 3종류의 판본에 대한 심층적인 연구가 필요하리라 본다.

> 대저 포수砲手와 살수殺手의 법은 중국에서 새로 행해지고 있었으나 우리 조선에
> 는 아직 알지 못하였다. 임진년 여름에 왜적이 대거 쳐들어와서 연이어 삼경三京이
> 함락되었다. 제독 이여송이 황제의 명을 받들어 동정東征을 나오자 체부體府의
> 재상 이덕형이 접반사가 되었을 때 비로소 이 책을 얻게 되었으니, 곧 척계광이
> 외침을 막은 병법이다. 그 병법은 대개 왜를 막기 위한 전법인데, 척후戚侯가
> 원앙진鴛鴦陣을 가미하였으니, 멀리 있는 적에게는 총을 쓰고 가까운 적에겐 칼을
> 사용함에 각각 그 상황에 적절히 맞추었다. 방패防牌·낭선狼筅·장창長槍·당파鐺
> 鈀·화전火箭·궁노弓弩를 사용하여 번갈아 적을 막아 내는 방법은 척후가 신묘하
> 게 운용한 것으로 기예의 장단점을 비교해서 반드시 이길 수 있는 방법을 취한
> 것이다.[34]

『기효신서절요』 서문에서 언급한 정탁의 발언이다. 우리는 포수砲手와 살수殺手의 병법이 임진왜란 이전까지는 조선 정부에서 미처 몰랐던 병법의 하나로, 임진왜란 당시 척계광에 의해서 새롭게 도입된 병법이었음을 알 수 있다. 정탁은 이 신진 기법인 포수와 살수의 병법을 적극적으로 이용하자는 주장을 펼치고 있는 것이다.

임란 때 조선에 파병 온 유격장遊擊將 낙상지駱尙志도 포수와 살수의 기예가 척계광이 고안한 새로운 병법임을 언급하면서 우리나라 병사들

---

34) 『藥圃集』, 권3, 「紀效新書節要序」, "夫砲殺之法, 新行於中國, 我朝鮮未之知也. 歲壬辰夏, 倭賊擧入寇, 連陷三京. 李提督如松, 承帝命東征, 而體府李相德馨, 爲接伴使, 始得之, 卽戚侯繼光禦侮之法也. 其法槪本於倭, 而戚以鴛鴦加之, 遠銃近劍, 各適其宜. 牌筅鎗鈀火箭弓弩之用, 迭爲捍禦, 此戚侯妙運獨智, 校藝長短, 以取必勝者也."

이 익힐 것을 적극 권장하였다.[35]

정탁은 『기효신서』가 기존의 병법서에 원앙진[36]을 추가로 가미하여 편찬하였음을 언급하면서 상황에 따라 적합한 무기를 사용하여 왜적을 물리쳤다는 점에 관심을 두었다. 또한 방패防牌·낭선狼筅 등의 무기를 번갈아 활용하여 왜적을 막아낸 척계광의 무기 활용법을 정탁도 그대로 수용하고 있는 것이다.

> 순찰사(이시발)가 나에게 한 부를 보여 주면서 또 서문을 쓰라고 하기에 내가 공경히 받고 말하기를 "아, 임진년의 병화가 이제 10년이 되어 만백성이 어육이 되고 치욕스럽게도 능침이 파헤쳐졌으니, 신하 된 자가 통분하고 원망하고 미워하면서 창을 머리에 베고 쓸개를 문에 매달아 두며 한 하늘 아래 더불어 살지 말고 만세토록 반드시 보복해야 할 것이다"[37]라고 하였다.

우리는 정탁이 서문을 쓰게 된 동기가 순찰사 이시발의 권유에 의해서 임을 알 수 있다. 복수설치의 의지가 강하게 묻어나고 있다. 왜적들이 죄 없는 백성들을 무작정 살해했고, 왕릉을 함부로 파헤쳤기 때문에 복수해야 하는 당위성을 설정하고 있다. 또 이런 무리들과는 함께 하늘을 이고 살 수 없기 때문에 왜적을 섬멸할 그날을 위해 와신상담의 시간을

---

35) 李頤命, 『疏齋集』, 권10, 「武藝諸譜跋」, "萬曆壬辰, 天兵征倭, 其中多荊楚奇才善技擊, 盖傳戚少保遺法云. 遊擊將軍駱尚志, 力勸我兵學習砲手殺手之藝. 此訓局之所以創設, 而此譜之印行於其時也."

23) 鴛鴦陣: 진법의 하나로 兵馬를 양쪽으로 펼쳐서 서로 빈틈없이 연결되도록 치는 것을 말한다. 척계광의 『기효신서』 권2 「練營陣」에 "외부에 에워싸 병마가 후퇴하여 부대로 들어간 뒤에 원앙진을 펼쳐 2마리 말을 한 줄로 세워 서로 연결해 대오를 분명하게 한 뒤 병사들이 모두 말 앞으로 뛰어나가 원앙진의 형세를 이루면 병란은 앉아서 안정시킬 수 있다"라고 하였다.

37) 『藥圃集』, 권3, 「紀效新書節要序」, "巡使示琢一本, 且敎敍事, 琢拜受以辭曰, '嗚呼, 壬辰之禍, 十年于玆, 魚化百萬, 辱出玉椀, 臣子之所痛憤怨疾, 枕戈縣膽, 不與共戴天, 萬世必報者.'"

통해 보복의 의지를 불태우고 있다. 실로 비장한 각오가 아닐 수 없다. 또한 신하로서 나라에 대한 충성심과 재상으로서 백성에 대한 긍휼심이 동시에 묻어나고 있다.

게다가 으르렁거리는 이웃 섬나라는 우리가 방비하지 못한 것을 엿보고 있으니, 만약 엄청난 방비를 마련하지 않으면 그들의 거친 물결을 막아낼 수 없을 것이다. 지금 순찰사가 뛰어나고 원대한 생각으로 잠자리에 들어도 원수들을 잊지 않고 이미 교련하는 모습을 돌아가며 검열하여 신상필벌하고, 또한 이 책을 널리 배포하여 일상에서도 익숙하게 연습하여 가정마다 스스로 병기를 다루고 사람마다 스스로 싸우며, 마음과 힘을 하나로 뭉쳐 윗사람을 친애하고 관장官長을 위해 죽게 하여, 가만히 앉아서 남쪽 지방으로 하여금 장수는 지혜롭고 병사는 정예하여, 적과 나를 환하게 알고서 앉고 일어섬을 절도에 맞게 하려 하니, 다른 날 위무衛武를 넓히고 키워 나라를 태평하게 하고 백성을 편안하게 하는 것도 반드시 여기에 달려 있다.[38]

정탁은 원수를 갚을 구체적 실행방안을 제시하고 있다.『기효신서절요』를 널리 배포하여 병사들의 조련을 감독하고 검열하고, 평소에 익숙하게 연습하여 집집마다 병기를 자유자재로 다루게 하자는 것이다. 특히 왜구의 침입이 잦은 영남지방에 이를 더욱 확대 보급하여 지혜로운 장수와 정예병을 길러 국태민안國泰民安하자는 것이다.

정탁은 서문에서『기효신서』의 도입 과정에 대해서는 언급했으나 유감스럽게도『기효신서절요』의 편찬 과정에 대해서는 구체적인 설명을 하지 않아 우리들의 궁금증을 증폭시키고 있다.

---

38)『藥圃集』, 권3,「紀效新書節要序」, "況狺然鄰島, 伺我不備, 若不置巨防, 無以障狂瀾. 今巡使能超然遠懷, 寢不忘讐, 旣巡閱敎練, 信賞必罰, 又廣布此書, 習熟尋常, 使家自爲兵, 人自爲戰, 一心同力, 親上死長, 坐令南土, 將智卒銳, 灼知彼已, 節適坐作, 他日張皇威武, 靖邦安民, 必在於斯."

정탁은 『기효신서절요』 서문을 지으면서 셋째 아들인 청풍자淸風子 정윤목鄭允穆에게 2차례의 교정을 부탁하기도 하였다.

『기효신서절요紀效新書節要』를 감사監司가 화산부花山府(안동)에서 간행하여 새 책 한 권을 나에게 보내 주며 서문과 발문을 써 달라고 하는데, 그 뜻이 매우 간절하여 사양하여도 되지 않아 이미 초안을 잡아 숭수崇壽로 하여금 베껴 쓰게 하여 너에게 보낸다. 네가 훑어보고서 각별히 신경을 기울여 삭제할 것은 삭제하고 보충할 것은 보충하여 별지別紙에 고쳐 써서 보내어라. 그다지 큰 오류가 없고 문장이 잘 통하면 곧장 감사에게 보내거나 아니면 한교韓嶠에게 먼저 보여 줄 생각이다.[39]

『기효신서紀效新書』 초본抄本의 지문識文은 이미 초를 잡아 놓았으나, 마땅히 한 본을 베껴 먼저 너에게 보내 줄 것이며, 보내는 데 며칠 걸리지 않을 것이다. 너도 유념하여 잘 정돈한 다음 고쳐야 할 글자를 써서 보여 주겠느냐?[40]

정탁은 『기효신서절요』의 서문을 초하고서 아들 정윤목에게 수정을 의뢰하였다. 이는 완성된 글쓰기를 구사하려는 정탁의 의지로 보인다. 그도 그럴 것이 이때 정탁의 나이가 77세의 고령이었다. 그래서 혹시나 발생하게 될 오자나 오류를 줄이고, 완전한 문장을 이루려고 한 것으로 보인다. 또 『기효신서』에 관한 잘못된 병법 오류를 없앨 요량으로 경상감사 이시발과 『기효신서』를 풀이한 한교韓嶠에게 보여 줄 계획이었다.

---

39) 『藥圃集』 속집, 권3, 「寄子允穆」 중 두 번째 편지, "紀效新書節要, 監司於花山府刊板, 以新本一件, 送于我, 仍求序跋, 其意甚勤, 辭之不得, 已爲草出, 令崇壽謄書, 送示于爾. 爾經眼, 別樣加意, 可刪刪之, 可補補之, 改謄別紙送來. 別無大段錯誤, 文從字順, 則直送 于監司, 或先示于嶠處之是料."

40) 『藥圃集』 속집, 권3, 「寄子允穆」 중 네 번째 편지, "已草紀效新書抄本識文, 當先謄出 一本, 送示于爾, 亦不出數日之外. 爾其留意安頓, 可改之字書示邪?"

왜구를 물리칠 목적으로 편찬된『기효신서』는 임란을 극복하는 데
있어 많은 영향을 끼쳤으며,『병학지남兵學指南』,『무예제보武藝諸譜』 등
우리나라 실정에 맞게 편찬된 병법서의 출현을 가져오게 하였다.

4. 마무리

정탁은 자신의 병법 지식을 응용하여 수륙병진협공책 등 여러 가지
계책을 제안하여 국난 극복과 전란 종식에 기여한 인물이다. '팔진법',
'육화진법' 등 병법에 조예가 깊었다는 식암 황섬의 언급에서처럼
정탁의 병법에 대한 관심은 성리학을 학문의 포커스로 인식하던 당시
유교 지식인과 다른 모습인 것이다. 16세기 이래 조선 유학자들은
시문詩文이나 경사經史 이외의 천문, 지리서들을 잡학으로 인식하고
있었다. 물론 병법서들도 예외일 수 없었다. 그러나 임진왜란을 겪으면
서 병법서들은 더 이상 순수하지 않은 잡된 나부랭이가 아니었다.
특히 왜구를 막아 내는 것을 목적으로 찬술된『기효신서』가 일촉즉발
의 위기에 처한 나라를 구하는 데 일익을 담당하였던 만큼 병법서는
학문의 한 영역으로 부상하기에 이른 것이다. 또 이런 병법서들은
18세기 이후 실학시대에 오면서 실용적인 학문으로 수용되기까지
하였다.

정탁은 두 차례의 사행을 통한 중국 인사들과의 교류로 신진문물과
신간 병법서를 접할 수 있었다. 그는 이를 통해 병법에 관한 나름의
지식을 체득하였고, 실전에서의 전략을 겸비하였다. 특히 선견지명의
혜안으로 당시 시대적 조류와는 분위기를 달리하는『무경총요』와

『기효신서』 같은 병법서를 두루 섭렵하기도 하였다. 그의 이런 유비무환의 자세가 국난을 극복하는 데 크나큰 효과를 발휘하게 된 것은 주지의 사실이다.

임란 때 백척간두의 위기에서 나라를 구한 주인공이 이순신이었음에 이론을 제기할 사람은 없다. 그러나 이순신이 장수로서의 역할을 담당하도록 천거한 사람은 서애 유성룡이고, 정유재란 당시 원균의 모함과 왜군의 모략으로 누명을 쓰고 죽을 위기에 처했을 때 자신의 안위를 돌보지 않고 선조 임금에게 간청을 올려 이순신을 구해 준 사람은 약포 정탁이란 사실을 아는 이는 과연 얼마나 될까? 조선을 구한 이는 불멸의 이순신이고, 불멸의 이순신을 살린 사람은 명재상 정탁임을 재삼 언급하면서 차후 약포 정탁에 대한 연구가 다각도로 진행되리라는 희망을 가져 본다.

제11장 정탁의 『용사일기』와 왜란 극복 활동

김 정 운

1. 머리말

정탁鄭琢(1526~1605, 자 子精, 호 藥圃)은 경상도 예천 출신의 관료이다. 그는 1526년(중종 21)에 태어나서 1552년(명종 7) 27세에 성균관 생원시에 합격했고, 1558년(명종 13) 33세에 문과에 급제하여 관직에 나아갔다. 다음 해인 1559년(명종 14) 교서관에 배속된 이후 중앙과 지방의 여러 관직을 거치다가 1599년 74세에 고향 예천으로 내려올 때까지 40년 동안 관직 생활을 하였다.

정탁의 본관은 청주淸州이고, 1526년(중종 21)에 경상도 예천 금당곡에서 태어났다. 아버지는 이충以忠이고, 어머니 평산한씨平山韓氏는 상주에서 예천으로 이주해 온 진사 한종걸韓終傑의 딸이다. 청주정씨는 고려 말에 정극경鄭克卿의 8세손 침賝이 그의 아버지 오傲의 외가인 안동의 동쪽 가구촌佳邱村으로 이주해 오면서 안동에 정착하게 되었다.[1] 정탁은 예천 금당곡에 있는 외가에서 태어나 어린 시절을 그곳에서 보내고, 11세에

---

1) 『國譯 永嘉誌』, 「人物」.

아버지를 따라 안동 가구촌에 있는 본가로 옮겨 가서 살았다. 그는 23세에 반충潘沖(1508~1584, 본관 巨濟, 호 觀物堂)의 딸과 혼인하였고, 훗날 관직에서 물러난 뒤에는 예천 고평동高坪洞에 정착해서 말년을 보냈는데, 이는 그가 외가와 처가로부터 삶의 터전을 물려받았기 때문이다.[2]

정탁은 17세에 이황의 문하에 나아가 수학하였으며, 조목·구봉령·김부륜·유성룡·김성일 등과 지속적인 교유 관계를 유지했다. 이와 함께 정탁은 36세에 진주교수로 부임해서 조식의 문하에 들어갔다. 정탁의 「연보」에는 조식으로부터 '벽립천인壁立千仞의 기상氣像'을 배웠기 때문에 그가 처음부터 끝까지 온전하게 절의를 지킬 수 있었다[3]고 평가하였다. 정탁이 은퇴한 후 고향에 머물러 있을 때 유성룡은 선배이자 성공한 관료인 정탁에게 처신에 대해 편지로 자주 문의하였다.[4] 이는 유성룡이 관료로서의 정탁의 모습을 높이 평가하였다는 것을 보여주는 지점이다. 실록에 있는 그의 졸기에서도 온건하고 균형 잡힌 그의 시각과 출처에 대해 높이 평가하였다.[5]

정탁은 오랜 기간 관직 생활을 하면서, 그 가운데 30여 년을 경연과 서연에 나아갔는데, 이는 정탁의 학문적 수준이 당대를 대표하는 기대승, 정경세, 김우옹 등의 학자들과 함께 최고 수준이었다는 것을 짐작하게 한다. 또한 정탁은 경학과 천문·지리·역수·병법에 두루 해박한 지식을 갖추었고, 팔진八陣·육화六花 등의 병법에 조예가 깊어서 임진왜란 때 왜적에 대항하는 전략을 구사하기도 했다. 이런 정탁의 학문은 당대 최고의 학자인 퇴계 이황과 남명 조식의 문하에서 성장한 것이다.

---

2) 『藥圃集』, 「年譜」, 萬曆 27년.
3) 『약포집』, 「연보」, 가정 40년.
4) 『國譯 西厓全書』, 「書」(서애선생기념사업회, 2001).
5) 『선조실록』, 권192, 38년 10월 2일.

정탁은 1582년 57세에 사신으로 처음 명나라에 갔다가 다음해 봄에 돌아왔다. 이어 1589년 64세에 두 번째로 명나라를 방문했다. 이때에는 특별히 숭정대부에 봉해지고, 임시로 우의정을 제수받았다. 두 차례에 걸친 사행으로 그는 명나라의 사정에 대해 조정의 다른 관료들보다 더 자세하게 알 수 있었고, 연이은 사행으로 명나라 조정에 인맥도 가지고 있었을 것이다. 이는 임진왜란 당시에 원병으로 조선에 온 명나라 장수들과의 관계를 우호적으로 하는 데 유리하게 작용했으며, 전별연을 담당하는 책임자로 파견되는 계기가 되었을 것이다.

1592년(선조 25) 4월 임진왜란이 일어나자 조정은 건국 이후 한 번도 경험해 보지 못한 대규모 전란에 크게 동요했다. 건국 초기에 만든 군대 체제와 군사 동원 방식은 제대로 기능하지 못하여 수도가 함락되고, 왕이 피란을 가야 하는 상황에 처했다. 이런 위기 상황을 극복하기 위해서 조정은 군사를 모집하고, 명나라와의 교섭을 통해 원병을 요청하는 등 전란 극복을 위해 노력했다.[6]

정탁은 피란하는 동안에 매일의 일상을 빠짐없이 기록했다. 이것이 정탁의 『용사일기龍蛇日記』이다.[7] 정탁의 『용사일기』는 그가 분조를 호종하면서 기록한 것으로, 개인적인 일상의 기록에서부터 분조에서 일어나는 일에 이르기까지 상세하게 기록되어 있다. 일기에서 정탁은 개인적인 감상보다는 관료로서 분조의 운영과 관계된 사실적인 기록에 치중했는데, 분조의 의사 결정 과정이나 분조와 대조大朝의 의사소통의 문제,

---

6) 임진왜란에 대한 연구사의 정리는 조원래의 「임진왜란사 연구의 추이와 과제」 (『조선후기사연구의 현황과 과제』, 창작과 비평사, 2000)를 참고하였다.
7) 임진왜란을 경험하고 남긴 일기나 일록류를 종군실기, 포로실기, 피난실기, 호종실기로 분류해 볼 때 정탁의 『용사일기』는 扈從實記에 해당한다고 할 수 있다.(장경남, 『임진왜란의 문학적 형상화』, 아세아문화사, 2000)

분조의 구성원 등이 내용의 대부분을 차지한다. 정탁의『용사일기』를 통해서 피란하는 관료의 일상은 물론이며, 특히 분조의 운영 실태를 구체적으로 살펴볼 수 있다.

임진왜란 당시 정탁은 60대 중반의 나이로 30여 년 동안 관직 생활을 하면서 풍부한 현장 경험을 가지고 있었다. 그는 오랜 관료 생활을 통해서 현실 문제에 능동적으로 대처할 수 있었고, 이는 피란 중에 더욱 크게 발휘되었다. 정탁에 대한 기존의 연구는 그의 시문에 대한 것과, 정주학 수용에 대한 것 등이 있다.[8] 본고는 약포 정탁의『용사일기』를 통해 전란에 대응하는 정탁의 다양한 활동을 살펴보고, 이를 통해 그의 현실 인식과 대응 자세 등을 보고자 한다.

2.『용사일기』의 구성과 내용

1)『용사일기』의 구성

『용사일기』는 정탁이 임진왜란 당시에 의정부우찬성으로 내의제조를 겸하고 있으면서 왕과 세자를 호종하여 피란하면서 기록한 일기이다. 정탁은 1592년(선조 25) 4월 30일 선조를 호종하여 피란길에 올랐고, 6월 14일 선조가 평양을 떠나서 북쪽으로 옮겨 가겠다고 결정한 후 분조가 만들어질 때 여기에 배속되었다. 정탁은 분조에서 세자를 호종하여, 1593년(선조 26) 1월 19일 정주定州에서 분조와 대조가 합쳐질 때까지 세자와 함께 피란생활을 했다. 이 기간 동안 정탁은 피란의 일상과 조정에서

---

8) 박근노,『약포 정탁』(한빛, 2008); 박익환,「약포 정탁의 생애와 임란극복 공적」,『진주문화』17(2003); 김낙진,「약포 정탁의 정주학 수용 양상」,『남명학연구』24(2007).

이루어지는 논의, 분조에서 보고 들은 것을 매일 기록했다.

『용사일기』는 정탁이 세자를 호종하여 피란하던 기간 중인 임진년 (1592) 7월 17일부터 시작되어 계사년(1593) 정월 12일의 기사를 끝으로 한다. 『용사일기』의 원본은 상·하 2책으로 구성되어 있으며, 상·하 모두 228면이고, 매 행 17자 내외로 글자 수는 일정하지 않다. 『용사일기』 상上은 모두 115면으로, 임진년 7월 17일자 내용의 뒷부분부터 같은 해 9월 29일(甲午)까지의 기록으로 구성되어 있다. 『용사일기』 상은 처음부터 23면까지는 정서正書되어 있고, 24면부터 일기의 끝까지는 초서로 쓰여 있다. 『용사일기』 하下는 모두 113면으로, 상의 마지막 기록일 다음 날인 9월 30일(乙未)부터 계사년 정월 12일까지 기록되어 있다. 『용사일기』 하의 글씨체는 상 24면 이후의 글씨체와 같다. 원본을 보면 남아 있는 일기의 앞뒤에 기록이 더 있을 것으로 짐작된다. 최초의 기록은 정탁이 직접 했고, 이 기록의 일부분을 정서한 것과 이를 묶어 성책成冊한 것은 후대의 인물이 한 것으로 생각된다.

1760년 정탁의 5대손 옥玉이 황해도관찰사로 있을 때 영조의 명으로 간행된 『약포집藥圃集』에는 「피란행록避亂行錄」이라는 글이 있다. 「피란 행록」은 『용사일기』와 내용면에서 동일하며, 임진년 4월 30일부터 다음 해인 계사년 정월 28일까지 기록되어 있다. 문집을 간행할 때 편찬자가 『용사일기』의 원본을 저본으로 해서 「피란행록」으로 정리하여 문집에 수록하고, 이후 남겨진 원본을 『용사일기』라는 제목을 붙여 성책한 것으로 짐작된다.

『용사일기』는 형식상 두 부분으로 구성되어 있다. 하나는 정탁이 직접 작성한 글이다. 정탁은 자신의 신상에 대해 기록하고, 분조의 피란 행로를 비롯하여 분조를 호종하는 신하로서 분조의 대소사에 대해 기록했다. 글의 분량 면에서 개인의 신상에 대한 내용은 소략하다. 다른 하나는 같은 시기에 정탁이 여러 경로를 통해 수집한 문서를 옮겨 적은 것이다. 명나라 장수의 서신들과 명나라 황제의 칙서를 비롯하여 여러 지방 관아와 전투 현장에서 행재소行在所(대조)에 보낸 공문서 등이 포함되어 있다. 첨부된 문서들을 통해 정탁이 관심을 가지고 있는 사안과 그의 정보 수집 범주를 확인해 볼 수 있다.

『용사일기』는 부산대학교 한일문화연구소에서 1962년에 역주하여 간행했으며,[9] 원본은 현재 한국국학진흥원에 소장되어 있다.

2) 『용사일기』의 내용

『용사일기』는 내용면에서 크게 네 가지로 구성되어 있다. 첫째, 정탁이 자신의 신상에 대해 기록한 것으로, 호종하는 관료들의 피란 생활을 볼 수 있다. 정탁은 우찬성으로 고위 관료였으나 전란으로 인해 자신을 수행하는 노복이 제대로 갖추어져 있지 않았다. 그는 찹쌀 한 되를 이흠재李欽哉에게 빌려 와서 종 막동이(莫同)에게 부탁하여 때 묻고 더러운 것을 세탁하게 했다.[10] 때로는 머물고 있는 곳에 영리營吏 김천휘金千輝가 술과 안주를 들고 와서 그를 대접하기도 했다.[11] 가족과 관련해서는 정탁이 이천伊川에 머물던 때 강동江東의 숙모가 언문 편지를 보내서 소식을 듣기도 했으며,[12] 아들 윤목이 고향집에서 와서 피란 생활을 함께하기도 했다.[13] 이를 전해들은 유성룡은 고향 소식을 들어서 기쁘겠

---

9) 李渭應 역주, 『藥圃 龍蛇日記』(부산대학교 한일문화연구소, 1962).
10) 『약포 용사일기』, 임진년 7월 18일, 11쪽.
11) 『약포 용사일기』, 임진년 10월 26일, 221쪽.
12) 『약포 용사일기』, 임진년 7월 22일, 12쪽.
13) 『약포 용사일기』, 임진년 11월 24일, 284쪽.

다는 덕담을 하기도 했다. 정탁은 고향에서 올라온 아들 윤목과 함께 객사에서 돌아가신 어머니의 기제사를 모시기도 했고,[14] 공무로 인해 명나라 장수를 만나러 갈 때도 아들과 함께했다. 정탁의 일기에서 자신의 일상이나 감상은 매우 소략한 편이다.

둘째, 분조 운영에 대한 기록이다. 일기의 대부분은 조정에서 일어나는 논의나 분조의 실상에 대한 내용이 차지한다. 세자의 행적과 분조에 다녀간 인물들을 기록하고, 분조에서 논의된 사안을 정리해서 행재소에 보고하는 등 분조에서 논의되는 제반 사안에 대해 기록했다. 정탁이 자신의 신변에 대한 간략한 기록을 제외하고는 일기의 대부분을 분조의 운영에 대한 것으로 구성하였는데, 그는 분조의 운영이 곧 자신의 일상이라고 여기고 기록했다. 이를 통해 분조의 피란 행로와, 분조의 인적 구성, 분조의 역할 등을 사실적으로 확인해 볼 수 있다.

정탁은 행재소에서 분조의 피란 행로에 대해 문제를 삼고 분조에서 피란 행로를 정한 사람들을 탄핵했다는 소식을 듣고 "재상일행宰相一行의 동정動靜이 모두 신臣 등으로부터 나오지 않은 것이 없으니, 세자의 피란 행로를 결정하는 데도 역시 먼저 주장한 것에 대해 대죄待罪하겠다" 라고 했다. 덧붙여 행로를 정하는 데도 여러 사람의 의견을 수렴하였고, 혹은 스스로 계획한 것이므로 앞서 주장한 죄는 모두 자신에게 있다고 해서 분조의 운영에 있어 실질적인 주체로 자신을 지목했다.[15]

대간이 분조의 피란 행로가 지나치게 위험하다는 이유로 분조에 소속된 신하들을 탄핵한 것에 대해서 정탁은 전례에 따라 침묵을 지키는 것은 국가의 형편을 더욱 어렵게 할 수 있으므로 일의 전말을 자세하게

---

14) 『약포 용사일기』, 임진년 12월 11일, 306쪽.
15) 『약포 용사일기』, 임진년 7월 27일, 21~29쪽.

말씀드려서 그 원인을 정확하게 밝히겠다는 단호한 입장을 보였다. 정탁은 분조가 백성들이 마음 붙일 곳이 되어 주고, 나아가 응전을 통해 공을 세우기 위해 존재하며, 이 때문에 자신을 포함한 분조의 호종 신하들이 몸을 바치는 것이고, 이것이 세자께서 분조를 호종하는 신하들의 계획에 따르는 까닭이라고 했다.[16] 정탁은 분조가 백성들을 위로하고, 왜와 대항하여 싸우기 위해 존재하며, 분조 내에서는 이러한 여러 논의가 모여서 세자를 중심으로 움직이고 있다고 했다.

처음 분조가 만들어질 당시에는 선조를 호종한 사람이 문무관을 통틀어 수십 명에 불과했고, 분조에 배속되어 세자를 따른 사람도 역시 10여 명에 불과했다.[17] 분조 초기에 구성된 관료들을 살펴보면 다음과 같다.[18]

이름	관직	품계
崔興源	領議政	정1품
兪泓	右議政	정1품
崔滉	左贊成	종1품
鄭琢	右贊成	종1품
李憲國	刑曹判書	정2품
韓準	前 戶曹判書	정2품
尹子新	戶曹參判	종2품
柳自新	同知敦寧府事	종2품
鄭士偉	兵曹參議	정3품
沈忠謙	副提學	정3품
柳希霖	承旨	정3품
趙挺	世子輔德	정3품
柳祖訊	世子翊衛	정5품
尹洞	正言	정6품
未詳	社稷參奉	종9품

---

16) 『약포 용사일기』, 임진년 7월 27일, 21~29쪽.
17) 『선조실록』, 권27, 25년 6월 21일.
18) 손종성, 「壬辰倭亂時 分朝에 관한 硏究」(성균관대 박사논문, 1992), 27쪽, 표 1.

이상과 같이 분조는 모두 3품 이상의 고위 관료들로 구성되어 있었으며, 특히 영의정 최흥원도 분조에 속했다. 이는 선조가 분조할 당시에 "호종하는 관원을 여기에 많이 머물게 하고 나는 가벼운 행장으로 옮겨 갈 것이다"[19]라고 하여, 조정의 주요 업무를 모두 분조에 넘기고 자신은 장차 명나라로 피란하겠다는 결심을 하고 있었기 때문이다.

6월 14일 강계江界로 출발한 분조가 황해도 곡산谷山을 지나 7월 10일경에 경기도 이천伊川에 이르렀을 때에는 분조의 조직이 어느 정도 갖추어졌다. 10여 명에 불과했던 분조의 호종 신하들은 100여 명에 이르게 되었고,[20] 이들 가운데 현임現任 당상관이 13명, 당하관이 30여 명이었다.[21] 영의정 최흥원은 때로는 선조의 부름을 받고 행재소에 다녀오기도 했다.[22] 10월 초 분조가 성천成川에 머물러 있을 때, 선조는 뒤늦게 세자에게 교서와 인장을 내렸는데, 영의정 최흥원, 우의정 유홍, 승지 유희림, 지사 윤자신, 전부제학 심충겸 등이 정탁과 함께 세자를 모시고, 교서와 인장을 받는 예를 행했다.[23]

정탁은, 분조는 단순하게 안전한 곳을 찾아다니면서 피란하는 데만 급급할 것이 아니라 병력을 모으고 적극적으로 항전해야 한다고 주장했고, 그래서 조금 위험하지만 항전하기 유리한 곳으로 옮겨 왔다고 했다.[24] 때로는 분조의 행로에 대해 대간에서 적절치 못한 판단을 했다고 지적하면서 탄핵하기도 했기 때문에 이를 결정하는 것은 분조 운영에 있어서 가장 부담스러운 일이었다. 분조의 피란 행로를 결정하는 일에 대해서

---

19) 『선조실록』, 권27, 25년, 6월 13일.
20) 『선조실록』, 권29, 25년 8월 6일.
21) 손종성, 「壬辰倭亂時 分朝에 관한 硏究」(성균관대 박사논문, 1992), 28쪽.
22) 『약포 용사일기』, 임진년 8월 29일, 155∼160쪽.
23) 『약포 용사일기』, 임진년 10월 6일, 216쪽.
24) 『약포 용사일기』, 임진년 7월 27일, 21∼29쪽.

정탁의 역할은 매우 컸던 것으로 보인다. 정탁은 분조의 행로를 결정할 때 중론을 따르며, 이것이 하늘의 뜻에 순응하는 것이라고 했다. 정탁은 분조가 머물고 있는 인근 고을의 지형과 교통을 면밀히 파악하고 있었으며, 때로는 강하게 분조의 행로를 결정했다. 선조가 이와 같은 분조의 결정 사안을 검토하는 데 있어 머뭇거리는 모습을 자주 보이자, 선조에게 이런 문제에 대해 명쾌하게 결단하고 이 일로 분조를 의심하지 말라고 강하게 주장하기도 했다.[25]

셋째, 세자와 세자빈의 질병에 대한 기록과 그 처방을 상세하게 기록했다. 이는 내의제조로서의 자신의 업무이기도 하였으며, 세자를 보필하는 것이 호종하는 사람들의 가장 큰 의무이기 때문에 관심을 가지고 기록했을 것이다. 겨울로 접어들면서 성천을 떠난 분조의 피란 행로가 매우 어려워지고 매일 강행군이 이어지자 세자가 병을 얻었다. 정탁은 매일 세자의 병세를 살피고 처방한 약재와 식사의 내용을 일기에 상세하게 기록했다. 이런 기록은 정탁이 약재와 처방 등에 대해서도 남다른 지식을 가지고 있었다는 것을 보여 준다.

넷째, 명나라 장수와 주고받은 자문咨文과 왜군의 동향에 대해 수집한 정보 등을 모아서 기록하였다. 『용사일기』 임진년 8월 17일자에는 정탁이 구해 본 행인사행인行人司行人 설번薛藩의 주문奏文과 허의후許儀後의 조개條開가 있다. 이렇게 모은 자료를 토대로 정탁은 왜군의 허실에 대해 정밀하게 파악하였고, 뒤에 이를 토대로 왜군을 공략하는 방법을 제안하기에 이른다. 정탁은 직접 이여송을 만나서 원병의 규모와 향후 일정 등을 듣기도 했고,[26] 세자의 명으로 안주安州에 가서 이여송을

---

25) 『약포 용사일기』, 임진년 12월 15일, 308~309쪽.
26) 『약포 용사일기』, 임진년 12월 19일, 314~918쪽.

문안하고 돌아오기도 했다.[27] 이렇게 명나라 장수들과 다양하게 관계하는 데에는 앞서 사행으로 명나라에 다녀오면서 얻은 지식이 크게 도움이 되었을 것이다.

그 밖에 『용사일기』에는 의병장들의 창의록, 신하들이 조정에 올린 건의안 등이 기록되어 있다. 고경명高敬命의 격서, 예안 사족의 창의록 등을 수록하고 있는데, 이는 의병에 대한 정탁의 관심이 컸다는 것을 보여 준다. 이렇게 정탁의 『용사일기』는 다양한 내용으로 구성되어 있다. 이 가운데 정탁이 분조에서 전란에 대응하는 다양한 활동을 통해 그의 현실 인식과 대응 자세를 볼 수 있다.

3. 정탁의 분조 활동

1) 관리 임면과 상벌

관원에 대한 임면권은 분조가 만들어질 당시에 선조로부터 부여받은 분조의 주된 업무였다. 당시 선조는 비망기에 "오늘 이후로는 세자로 하여금 국사國事를 임시로 다스려 관작의 제배除拜나 상벌 등의 일을 다 편의便宜에 따라 스스로 처결할 일로 대신들에게 이르라"[28]라고 명했다. 이때 선조는 평양이 왜군에 점령당하자 명나라로 피란할 결심을 하고, 조정을 분리해서 세자에게 실질적인 전쟁 수행의 임무를 전가한 것이다. 그러나 결국 명나라로 피란하지 못하게 되자 선조는 명나라에 지원병을 파견해 달라고 요청하는 일에 주력하면서 그 밖의

---

27) 『약포 용사일기』, 계사년 정월 4일, 332~348쪽.
28) 『선조실록』, 권27, 25년 6월 13일.

일들은 모두 분조에서 처리하도록 했다.

> …… 중국에 청병하는 것과 선군先君을 위해 주선하는 일을 내 어찌 감히 심신을
> 다 바쳐 만에 하나라도 도움 되기를 바라지 않겠는가. 그 나머지의 기무는 분조分朝에
> 서 처리하도록 하라. 회복의 희망이 모두 여기에 달려 있다. 또 당초 호종하였던
> 인원은 처자를 돌보지 않고 험한 길을 호종하여 왔다. 이 사람들은 어쩔 수 없겠지만
> 그 뒤 뒤따라 찾아온 사람들은 동궁에게로 보내어 힘을 다해 보도하여 기어코 회복하
> 게 해야 할 것이다.29)

이와 같은 선조의 명으로 분조는 관작의 제배와 상벌에 대한 업무를
주관했다. 정탁은 분조에서 시행되는 관리 임면의 실상을 일기에 기록해
두었다.

> 당면지책當面之策은 각관各官 수령守令이 비는 대로 임명任命해서 읍무邑務를 경리經理
> 하게 하고 민병民兵을 불러 모으는 것이 가장 급무急務라고 생각합니다. 그런데 행재
> 소行在所가 멀어서 성문聲聞을 통달하기가 쉽지 않사옵고, 동궁 행차소行次所에서는
> 근방近方 긴요지緊要地의 수령守令을 제외하고는 기타其他 제읍諸邑 수령守令은 일일一
> 一이 제차除差하는 것이 미안未安한 것 같사와 비는 대로 보충하여 임명하지 못하였사
> 오니, 이 때문에 모든 고을이 빈자리가 많아서 도적을 토벌討伐하기에 전혀 두서가
> 없사와 참으로 적은 걱정이 아니옵니다.30)

정탁은 특히 지방관이 없는 고을에 수령을 임명해서 고을의 업무를
관장하게 하는 것이 가장 시급한 사안이라고 지적했다. 그러나 행재소
가 멀어서 서로 소통하기가 어렵고, 행차소에서는 근방 요충지의 수령

---

29) 『선조실록』, 권31, 25년 10월 20일.
30) 『약포 용사일기』, 임진년 7월 23일, 12~17쪽.

을 제외하고는 기타 여러 읍의 수령을 일일이 임명하는 것이 미안해서 자리는 비었지만 즉각 임명하지 못했다. 정탁은 앞서 충주나 안동 같은 큰 고을에도 수령이 비어 있으나 임명하기에 미안하다는 장계를 올려서 분조의 관직 임명에 대한 어려움을 호소하기도 했다. 이렇게 분조와 대조가 소통하기가 어렵고, 대조가 분조에게 부여한 업무를 간섭하면서, 분조가 더욱 적극적으로 활동하는 데 적지 않은 부담으로 작용했다. 이는 선조가 만들어 놓은 이원적인 조정 운영이 가져온 결과였다.[31]

그러나 정탁은 분조를 호위하고 전투를 수행하는 데 있어서 필요한 경우에는 적극적인 자세를 보였다. 우선 분조를 호위할 만한 장수가 부족하다고 지적하고, 이일李鎰에게 분조를 호위하게 했다.[32] 이어서 대조에서 이일을 평양으로 보내겠다고 명하자 지금 분조의 상황에서 믿을 만한 사람은 이일밖에 없기 때문에 대조의 명에 따라 그를 보낼 수는 없다고 했다.[33] 또한 병조가 세자를 호위하는 일이 막중하고 휘하에 모인 병졸의 수가 많아져서 이들 업무를 모두 관장하기 어려우므로, 박종남朴宗男과 강신姜紳을 첨지僉知로 임시 임명하여 병조의 과중한 업무를 나누었다.[34]

춘천과 여주는 군사적으로 매우 중요한 곳이므로 수령을 비워 둘 수가 없다는 경기감사의 보고에 따라 분조에서 활동하던 박종남을 춘천부사로, 전승지前承旨 성영成泳을 여주목사로 임명했다.[35] 분조가

---

31) 손종성, 「壬辰倭亂時 分朝에 관한 硏究」(성균관대 박사논문, 1992).
32) 『약포 용사일기』, 임진년 7월 17일, 1~4쪽.
33) 『약포 용사일기』, 임진년 7월 27일, 21~29쪽.
34) 『약포 용사일기』, 임진년 7월 17일, 1~4쪽.
35) 『약포 용사일기』, 임진년 7월 23일, 12~17쪽.

곡산으로 옮겨 갔을 때에 고양高陽, 적성積城, 교하交河, 양구楊口의 수령을 임명했고, 오랫동안 행방을 모르는 경기수사京畿水使를 임시로 임명하겠다고 했다.36) 분조가 이천에 머물고 있을 때, 금화金化와 금성金城과 평강平康의 수령은 도망갔고 곡산군수는 동궁의 행차가 지나갈 때 전혀 영접하지 않았다는 이유를 들어 이들을 모두 파면했다.37) 곡산, 중봉中峰, 금화, 마전麻田은 당시 세자가 머물던 이천에 연접한 고을들이었다. 분조가 성천에 있을 때, 이시언李時言을 황해방어사로 임명했다.38) 대조에서 김우고金友皐를 함경도방어사에 임명한 데 대해 당시 분조를 호위할 장수가 없다는 이유를 들어 시행을 유보하겠다고 했다.39) 대조에서 정희현鄭希玄을 임명하자 분조에서는 분조를 수행하는 데에 필요한 인력이라는 이유로 대조의 임명을 시행하지 않고 자의로 유보시켰다.40) 정희현과 김우고에 대해서는 대조에서 여러 차례 명을 내려 임명을 했으나 정탁은 분조를 호위하기 위해서 필요한 인력이라는 이유를 들어 다른 사람을 임명하라는 의견을 굽히지 않았다.41) 박경신朴慶新을 대조에서 차출하자 분조에 호위병사가 부족하다는 이유를 들어 거부했다.42) 홍인상洪麟祥이 행재소로 가는 도중에 행차소에 잠시 들르자 분조에 인력이 부족하다고 그를 임시로 임명하기도 했다.43) 정탁은 대조에서 이상의李尙毅를 명나라 원병에 대한 영접사로 차출하였지만, 그가 분조에서 서연을 하는 데에 중요한 역할을 맡고

---

36) 『약포 용사일기』, 임진년 7월 28일, 33~38쪽.
37) 『약포 용사일기』, 임진년 7월 17일, 1~4쪽.
38) 『약포 용사일기』, 임진년 7월 28일, 33~38쪽.
39) 『약포 용사일기』, 임진년 8월 1일, 40쪽.
40) 『약포 용사일기』, 임진년 8월 15일, 64~67쪽.
41) 『약포 용사일기』, 임진년 8월 19일, 132~144쪽.
42) 『약포 용사일기』, 임진년 8월 26일, 150~152쪽.
43) 『약포 용사일기』, 임진년 8월 27일, 154~155쪽.

있기 때문에 그럴 수 없다고 했다.[44]

분조에서 경기관찰사로 심대沈岱를 임명했는데, 이때 심대가 윤건尹健을 인천부사로 임명해서 함께 가겠다고 요청하자 이를 수용했다. 그런데 이후에 행재소에서 우성전禹性傳을 인천부사에 제수하자, 앞서 임명된 윤건을 심대의 서장군관書狀軍官으로 바꾸었다. 이에 대해 정탁은 사정이 그러하기 때문에 변경된 인사는 어쩔 수 없는 것으로 받아들였다. 행재소에서 인천부사에 새로 임명한 우성전은 부임지에서 병사들을 많이 모았는데, 그들은 경기지역에서 모은 병사들 가운데 가장 많은 수이며 잘 훈련되어서 김천일金千鎰이 경기도에서 우성전이 모은 병사들을 믿고 거사를 계획하기에 이르렀다. 그런데 이때 행재소에서 또 우성전을 봉상시정으로 임명해 버렸다. 정탁은 이렇게 되면 우성전이 모은 병사들이 흩어질 것이 걱정된다는 이유로 우성전의 교체를 저지했다.[45]

대략 분조가 안정적으로 활동을 하면서 각 지방에서는 분조에게 비어 있는 수령을 임명해 달라고 요청하였고, 군공에 대해 포상해 달라고 했다. 여기에 대해 분조는 임의로 적당한 인물을 임명하거나 군공을 포상하고 난 뒤에 대조에 사정을 보고하는 절차를 거쳤다. 분조에서는 앞서 정탁이 지적한 바와 같이 당시에 가장 시급한 과제였던 지방관 임명에 대해 적극적으로 기능을 행사했다.

정탁은 문제를 야기한 지방관을 단순히 해직시켜서 벌하는 것에 대해서는 근본적으로 경계하는 입장이었다. 중국 조정의 예를 들어 직을 그대로 유지하면서 벌을 주어 문책은 하되 후에 공을 세울 기회를

---

44) 『약포 용사일기』, 임진년 8월 29일, 155~170쪽.
45) 『약포 용사일기』, 임진년 9월 21일, 201~202쪽.

주자는 건의를 하기도 했다.[46] 전란이 일어난 상황으로도 충분히 지방의 행정에 혼선이 야기되는 때에 지방관의 잦은 교체는 더욱 사정을 어렵게 한다고 판단했다. 이런 입장을 가지고 있으면서도, 도망하거나 동궁의 피란 행로에 있으며 동궁을 영접하지 않았다는 이유로 파면해야 한다고 건의한 것은 큰 타격을 받은 조정의 위상을 바로 세우겠다는 노력으로 보인다. 이것이 정탁이 지키고자 하는 것이다.

정탁은 상을 적절하게 활용해서 전공을 유도하고자 했으며, 벌에 대해서는 전란이라는 위기에 맞게 현실 타협적인 입장을 보였다. 정탁은 상을 주는 데에 있어 소소한 제배의 일까지도 일일이 조정에서 시행한다고 하면, 분조와 대조를 오가는 사이에 시일이 경과하여 상을 주는 적절한 때를 넘기는 실수를 할 수 있으므로 적절하게 분조에서 처리하겠다고 했다.[47]

여주목사 성영이 접전해서 세 차례나 승리하여 성과가 매우 컸다는 소식을 듣고 이를 행재소에 보고했으나 제대로 전달되지 못했다는 것을 알고는, 행재소에 다시 보고해서 명을 기다리려면 시간이 많이 지체될 것을 우려했다. 상은 때를 넘기지 말라는 본의를 잃을까 우려되므로 사졸 등에게는 서반西班의 초입사初入仕와 금군禁軍 등의 직을 내렸고, 유사儒士로서 군병을 이끌어 공을 세운 사람들에게는 참봉을 제수했다.[48] 이정암李廷馣의 군공에 대한 포상 논의도 자체적으로 처리하고 대조에는 보고만 했다.[49] 그러나 스스로 처리하는 중에도 김지金潰의 경우에는 그가 정3품 실직을 거쳤기 때문에 분조에서 상을 논할 수 없으므로

46) 『약포 용사일기』, 임진년 9월 15일, 188~191쪽.
47) 『약포 용사일기』, 임진년 8월 9일, 46~54쪽.
48) 『약포 용사일기』, 임진년 9월 2일, 170~172쪽.
49) 『약포 용사일기』, 임진년 9월 2일, 170~172쪽.

조정에서 처리하는 것이 마땅하다고 했다.[50]

정탁은 벌을 줄 때도 실용적인 방법을 제시했다. 광주廣州에서 모집한 수천 명의 군사를 통솔하고 있던 변언수邊彦琇가 한 번도 제대로 공격하지 못하고 적에게 기습당해서 도망한 일이 있자 이에 대해 경기감사가 변언수를 처벌할 것을 요청해 왔다. 이에 정탁은 이미 일이 그렇게 된 바에야 그를 용서하는 것처럼 보이기는 하지만, 그로 하여금 백의종군 하게 해서 뒤에 공을 세우도록 책임지게 하는 것이 낫겠다며 처벌을 만류했다.[51] 경기관찰사가 가평에서 패전한 조경趙儆과 변응성邊應星을 법에 따라 벌해야 한다고 요청하자, 정탁은 급박한 때에 한 명의 장수라도 필요한 상황이므로 우선 선처하게 했다.[52]

이일이 평양에서 이빈李薲과 협공하라는 작전을 수행하는 과정에서 과실을 범하고, 두 장수 사이에 갈등이 있게 되었다. 이에 정탁은 이일이 비록 실수한 바가 없지 않으나, 그 뜻이 원래 적을 토벌하겠다는 데에 있으므로 국가가 이렇게 위급한 처지에서 만일 이 경우에 이일을 처벌한다면 전장에 있는 여타 장수들의 사기가 꺾일 것이고, 또한 장수를 처벌하면 그가 모은 휘하의 병졸들이 모두 흩어져 버릴 것을 걱정했다. 그래서 비록 이일이 여러 번 패전했으나 나라가 위급한 때 도망가는 관료와 장수들이 많은 상황인데 여전히 적을 토벌하겠다는 충성심으로 전장에 있는 그의 마음을 가상하게 여겨서 패전의 책임을 지우는 것보다 그에게 뒷날 공을 세울 기회를 주자고 했다.[53] 또 대간이 이천李薦을 군율에 따라 처벌해야 한다고 논의한 것을 들었지

---

50) 『약포 용사일기』, 임진년 10월 27일, 222~225쪽.
51) 『약포 용사일기』, 임진년 7월 23일, 12~17쪽.
52) 『약포 용사일기』, 임진년 8월 9일, 46~54쪽.
53) 『약포 용사일기』, 임진년 8월 23일, 145~149쪽.

만 분조에서는 다만 백의종군하게 하였다.[54]

그러나 정탁이 시종일관 관대한 처분으로 일관한 것은 아니었다. 정탁은 적의 형세가 수그러드는 듯하고, 우리 병력 또한 부족하지 않은 상황인데, 여러 장수들이 둘러싸서 바라보기만 하고 나가 싸우지 않으면서 시간만 보내고 있으니 이는 지방에서 사사로이 병사를 모아 적을 공격하는 사람들보다 못하다고 지적했다. 이렇게 태만한 장수와 수령에 대해서는 감사를 시켜서 장형을 내리고 단속해서 무겁게 징계해야 한다고 했다.[55]

조정 내부의 갈등에 대해 정탁은 전란으로 국가가 위급한 상황에서 구성원 간의 갈등을 무마시키고 통합하려고 노력했다. 평양에서 이일과 이빈이 갈등하고 있다는 것을 알고는 사람을 보내어 실상을 점검한 후, 대조에는 심각한 것이 아니더라고 보고했다.[56] 함께 일을 하는 동안에 사람들 간에 갈등이 있을 수 있는데, 이에 대처하여 사람들의 갈등을 무마하고 화합하게 하는 것이 자신의 임무라고 여겼다.

정탁은 분조에서 관리 임면과 상벌에 대해 현실에 타협하면서도 원칙을 고수하려는 입장을 보였다. 상벌을 내리는 데에 가장 중요한 것은 적절한 시점이라고 보고 상을 주는 효과를 극대화하기 위해 행정상의 번거로움을 줄이고 신속하게 처리하겠다고 했고, 벌을 주는 데 있어서도 단지 벌을 주고 그치는 것을 지양하고 그로 인한 긍정의 효과를 높이는 데 주력하였다. 정탁이 원칙은 지키되 현실적인 상황에 맞게 능동적으로 대처할 수 있었던 것은 그가 오랫동안 관료 생활을 하면서 나온 경험이 그 바탕이 되었다.

---

54) 『약포 용사일기』, 임진년 9월 2일, 170~172쪽.
55) 『약포 용사일기』, 임진년 9월 6일, 178~179쪽.
56) 『약포 용사일기』, 임진년 8월 23일, 145~149쪽.

2) 군사 업무

임진왜란 당시 정탁은 오랫동안 관료 생활을 했기 때문에, 조정을 운영하는 능력이 매우 뛰어났다. 이런 점은 정탁이 전란에 대처해서 취한 각종의 군사 업무에서도 잘 드러난다. 군사 모집과 군량 확보, 전투 수행 등 각종 군사적인 업무에 대해서는 실용적이고 실현 가능한 대응책을 마련하는 데에 주력했다. 정탁은 당시의 상황에서 실질적으로 전투를 수행할 수 있는 주체는 자발적으로 군대를 모아 전장을 찾아나서는 의병이라고 보고 이들에 대한 지지와 의병장에 대한 포상과 격려 등에 매우 적극적이었다.

군량의 사정에 대해 정탁은 여러 고을의 관아에는 한 되의 군량도 저장되어 있지 않다고 지적하고, 부득이 인근 고을의 당번보병들의 가포價布를 반감하여 작미作米해서 수납하고, 올해에 아직 납부되지 않은 공물도 역시 작미하는 데에 경감하여 수납하라고 여러 고을에 지시했다.57) 그는 충청도와 전라도가 상대적으로 병화를 덜 입었고, 다행히 흉년이 들지 않았기 때문에 대체로 지금처럼 곡식이 흔할 때가 군량을 모으기에 가장 적당하다고 여겼다.58) 그래서 호조에 명해서 곡식을 조속히 모으도록 조치했다.

임진왜란 당시 조정이 직면한 가장 어려운 부분이 군사를 확보하는 것이었다. 정탁은 행재소에 올린 장계에서 "지금에 이르러서는 비단 군사를 모으는 것이 지극히 어렵기 때문에 가까운 도에서 병란을 입지 않은 각 고을의 당번 병사를 법에 의해서 입번立番시키도록 하겠으며, 나아가 황해도는 관서關西(평안도)와 가까우므로 행재소로 당번 병사를

---

57) 『약포 용사일기』, 임진년 7월 17일, 1~4쪽.
58) 『약포 용사일기』, 임진년 10월 7일, 216~217쪽.

보낼 것을 아울러 통첩通牒하였다"고 보고했다.[59] 정탁은 분조에서 군사를 모으는 것은 물론이고, 분조에서 행재소에 병사를 파견하겠다는 의견을 제시했다.

각종 전투를 지시하기 위해 끊임없이 정탐하는 사람들을 보내서 적의 동향을 파악했고, 이러한 정보들을 토대로 해서 자력으로 평양성을 회복하기 위해 다각도로 계획을 세웠다. 정탁은 앞서 선조가 평양을 버리고 장차 명나라로 피란 가겠다는 데 반대했고, 스스로 평양을 지켜낼 수 있다고 주장한 바 있다.[60] 그러나 정탁과 같이 항전을 주장하는 의견은 묵살되고, 결국 선조는 평양을 떠나 의주로 향했다. 분조에 속한 정탁은 군사를 모집해서 빠른 시일 내에 평양성을 회복하는 데 분조의 역량을 모았다.

정탁은 전쟁 강경론자로, 뒷날 강화와 관련한 논의가 나오자 강하게 반대하였다. 이는 전장에서 직접 왜군의 동향을 살피고, 그들을 대면하면서 나온 것으로 보인다. 도원수 김명원金命元이 명나라 장수와 왜장 사이에 약속하기를 평양성의 10리里에 한정해서 표를 세우고 표 밖으로 나오지 않게 했다고 보고했다. 그러나 평양성 공격을 위해 파견한 이일은 왜적이 대동강을 거슬러 올라가서 1식정息程 남짓한 거리까지 나아가 분탕질을 한다고 보고했다.[61] 정탁은 명나라와 왜의 약속을 잘 이행하고 있는 우리만 모욕을 당하는 것이라고 한탄했다.

이런 분조와 정탁 등의 척화론에 대해 선조는 비망기를 내려서, 군량과 연료를 함부로 쓰지 말고 명나라 원병이 올 때까지 기다리라고 지시했다.[62] 대조는 전란에 대응하기 위해 오직 명나라로부터 지원병을 받는

---

59) 『약포 용사일기』, 임진년 7월 17일, 1~4쪽.
60) 『약포집』, 권3, 「請堅守平壤啓」(壬辰 6월 11일).
61) 『약포 용사일기』, 임진년 9월 2일, 170~172쪽.

데에 주력했으며, 이는 분조와 대비된다. 전란에 대응하는 대조와 분조의 입장 차이는 이렇게 컸다.

정탁은 명나라와 왜가 50일 동안 휴전하겠다는 합의에 대해 부정적인 입장이었다. 그는 11월에 명나라와 왜가 정한 휴전 기간이 완료되자 너무 오랫동안 전투 없이 군사들을 기다리게 하면 군량만 축내고 사기만 떨어뜨린다고 지적하고, 명나라 원병이 오지 않더라도 여러 장수들이 작전계획을 세워 평양을 공격해야 한다고 주장했다.[63]

> 다만 걱정되는 것은 군병이 부족한 것이 아니라 이를 총괄해서 통제하는 사람이 없는 것입니다.…… 모름지기 명성名聲과 직위職位가 함께 높은 한 사람의 중신重臣을 뽑아내어서 도순찰직임都巡察職任을 맡겨서 기내군畿內軍과 의병義兵을 통솔하여 대소부대大小部隊를 조련해서 경성京城을 향해서 백성들과 더불어 합세해서 공격하면 거의 성공할 수 있을 것입니다.…… 추측하건대 적賊이 병兵을 합해서 서경西京에 전력할 것으로 보이므로 우리가 이때 경성京城에 침입해서 뒤흔들어서 그 세력을 분산시킨다면 비록 기한을 정해서 소탕하지는 못한다 하더라도 가히 평양 공격을 위해서는 일조一助가 될 것입니다.[64]

정탁은 당시 군사 부분에 있어서 가장 큰 문제는 군대를 통솔해서 전투를 수행할 수 있는 지휘관이 없는 것이라고 지적했다. 이런 때에 분조에서 유홍兪泓을 강화江華로 보내어 군사를 통제하게 하였는데, 연이어 대간에서 그를 탄핵하여 철군하게 되었다. 정탁은 이미 날씨가 추워져서 적병의 사기가 많이 떨어져 있으므로 이때 경성을 공격해서 적의 형세를 분산시킨다면 장차 평양성을 공격하는 데에 도움이 될

---

62) 『약포 용사일기』, 임진년 9월 3일, 174~175쪽.
63) 『약포 용사일기』, 임진년 11월 3일, 227~229쪽.
64) 『약포 용사일기』, 임진년 12월 4일, 290~292쪽.

것이라고 하면서, 때를 놓치지 말고 한시바삐 시행해야 한다고 건의했다. 그리고 이는 정탁 자신의 개인적인 의견이지만 분조 전체의 의견이기도 하다는 것을 밝혔다.

분조에 비해 대조는 소극적인 자세로 오히려 명나라 군대가 올 때까지 국지적인 전투를 통해 군량을 낭비하지 말라는 명을 내렸다. 이에 정탁은 명나라가 왜군과 50일 동안 휴전하자는 협정을 해서, 평양성을 공격하는 것을 비롯해서 각종의 군사 작전을 전개하는 데에 크게 불편하다고 지적을 했다. 적에 대항해서 싸우려고 해도 할 수 없는 분조와 정탁의 답답한 심경을 표출했다.

정탁은 의병장에 대한 포상에는 매우 적극적이었다. 여타 지방관의 임명에 대한 업무들과는 달리 의병장 김천일에게 첨지중추부사를 제수하면서 대조에는 사실을 보고만 했다.[65] 더 이상 동의를 구하거나 사령장을 내려달라는 요청도 찾을 수 없었다. 전라도에서 활동하는 의병장 아래에 있는 심수沈秀가 와서 그 일대 의병의 상황을 보고하자, 세자가 김천일 부대에 친히 유시를 내려서 그들을 격려했다.[66] 평양에서 패전한 이빈이 경기도 적성에서 병사를 모으고 있다는 소식을 듣고 그를 불러와서 황해로 보내 백성을 다스리게 했다.[67] 이와 같이 의병장에 대한 포상이나 관직의 제수를 통해서 의병활동을 지지하고 독려했다.

반면 각 지방에 중복되게 여러 직책의 관원이 임명되어 서로 각각의 부하 장수와 병졸을 거느리고 있어 많은 이는 수천 명에 이른다는 문제에 대해서 지적했다. 이 때문에 명령이 여러 곳에서 나오므로 병졸들

---

65) 『약포 용사일기』, 임진년 7월 23일, 12~17쪽.
66) 『약포 용사일기』, 임진년 7월 27일, 21~29쪽.
67) 『약포 용사일기』, 임진년 7월 27일, 21~29쪽.

이 어느 명을 따를 것인지 혼란이 야기되고 있다고 했다. 이런 문제에 대해 각 도에 문무관원이 중첩된 자들을 줄이고, 헛되이 병졸을 거느리고 자기방어만을 일삼는 자들을 파악해서 병력이 부족한 곳으로 옮겨 보내게 했다.[68]

정탁은 왜에 대항해서 싸우는 데에 매우 적극적인 입장이었다. 그는 우리 군이 스스로 전투를 수행하고 전략을 펼쳐 평양을 수복하고자 하는 계획을 세웠고, 이것이 여의치 않자 도성에 주둔해 있는 적을 공격함으로써 비록 도성을 수복하기는 어렵더라도 평양에 주둔해 있는 적의 힘을 분산시키는 효과는 얻을 수 있을 것이라고 건의하기도 했다. 이러한 정탁의 건의는 받아들여지지 않았으나 정탁의 적극적인 항전의 의지와 노력을 볼 수 있다.

3) 민심 수습

정탁은 오랜 전란으로 인해 왕실과 조정으로부터 이반된 민심을 수습하는 데도 주력했다. 백성을 모으기 위해 별시를 시행하자고 제안했다. 특히 하층민이 세운 군공에 대해 더욱 적극적으로 포상해야 한다는 입장이었다.

우선 분조가 피란 행로를 결정하는 데에도 주변의 민심을 많이 고려했다. 분조가 성천에 머물다가 평양의 적세를 살펴 가면서 거처를 옮기려 할 때 우선 고려하는 것이 적의 형세이지만 그보다 더 분조가 후퇴하면 민심이 맥이 풀리고 군기가 느슨해지는 것이 더 크게 우려되므로 행처를 정하는 데에 고심했다.[69] 정탁은 흩어진 민심을 수습하고, 백성들에게

---

68) 『약포 용사일기』, 임진년 9월 15일, 188~191쪽.
69) 『약포 용사일기』, 임진년 9월 6일, 178~179쪽.

조정이 건재하다는 것을 보여 주는 상징적인 존재로서 분조의 기능을
잘 인식하고 있었다.

전국에서 의병이 조직되어, 각 지역에서 왜군에 대항하여 항전했다.
이런 과정에서 의병장들은 더 많은 병력을 모으기 위해 다양한 계책을
마련하여 백성들이 의병으로 나오도록 독려했다. 정탁은 호소사 황정욱
黃廷彧이 모병할 때 평민은 금군을 제수하고, 공사천公私賤은 면천시켜
줄 것을 약속했다는 것을 알고, 여기에 만약 백성의 믿음을 저버리게
되면 군정이 해이해져서 장차 다시 흩어지려는 마음이 있을 것이라고
했다. 이에 그들에게 부득이 약식으로 포상하되, 혹은 서반西班의 초입사
初入仕와 금군禁軍을 주고, 혹은 면역免役하고 허통하여 인심을 매어 두겠
다고 했다.[70]

고양에 사는 사노私奴 순복順福과 명회明會 형제가 적병 70여 명을
사살하고 목을 벤 것이 16급이라는 보고를 받고, 이들 형제를 허통하여
우림위羽林衛를 제수하도록 주선했다. 정탁은 이러한 이례적인 공훈에
대한 논공행상이 다른 사람들에게까지 영향을 미칠 것이기 때문에
이런 조치를 취한 것이었다.[71] 정탁은 실전에 종사하는 군졸들은 대부분
멀리에서 차출되어 온 사람들로 적에게 부모와 처자식을 잃은 곤궁한
처지에 있는 사람들이 많을 것이라고 보았다. 그래서 이들에게 군량과
의복을 넉넉하게 지급해야 한다고 건의했다.[72]

정탁은 분조에 장사와 그들이 거느린 수하가 너무 적고 활 쏘는
병졸과 세자를 모실 사람이 너무 적어서 전혀 의지할 것이 없다고
지적했다. 그래서 백성들의 마음을 모으고 군병을 모집하기 위해 무과를

---

70) 『약포 용사일기』, 임진년 7월 17일, 1~4쪽.
71) 『약포 용사일기』, 임진년 8월 9일, 46~54쪽.
72) 『약포 용사일기』, 임진년 8월 15일, 64~67쪽.

실시하자고 했다. 그러나 지금의 여건이 과거를 시행하는 것 자체도 매우 어려운 상황일 뿐만 아니라, 아무리 전란으로 국가가 위급한 상황에 놓여 있다고는 하지만 과거를 통해서 사람을 취하는 것은 중대한 일이라고 해서 신중하게 시행해야 한다는 것도 아울러서 지적했다. 이에 각각 거주하는 곳에서 가까운 고을에 전해서 정식으로 활 쏘는 시험을 해서 1등은 곧바로 전시殿試로 가게 하고, 그 다음은 회시會試로 가게 하며, 그 다음 합격자는 금군을 제수하게 하면, 민심이 모이고 더불어 군사를 모을 수 있을 것이라고 했다.[73]

임해군과 순화군이 포로로 잡혔을 때도 정탁은 북방인은 과거와 관작을 가장 흠모한다고 하므로 지금 빈이름이라도 무과의 홍패와 높은 벼슬을 가지고 가서 사람들을 모집해서 두 왕자를 구출하게 해야 한다고 건의했다.[74] 대조에서는 이를 받아들여 9월 21일에 무과를 시행하되 세자가 머물던 성천과 양덕陽德에서 실시하도록 했다.[75]

이와 같이 정탁은 과거를 시행해서 민심을 수습할 수 있다고 제안했으나, 과거의 무분별한 시행으로 인한 문제점도 고려했다.

당초에 비망기에 정해진 조목에 의하면 왜적의 목을 하나만 베어도 과거科擧의 급제를 허락한다고 했는데, 이는 너무 지나치게 남발되어 시행하기가 어렵습니다. 지금 만약 등급等級을 나누어 사람의 신분고하에 따라 수급首級의 다과多寡를 정해서 과거 科擧의 급제를 준다면 온 나라 사람들이 모두 나서서 다투어 적을 잡을 것이니, 머지않아 적은 모두 잡힐 것입니다.[76]

---

73) 『약포 용사일기』, 임진년 8월 14일, 62~64쪽.
74) 『약포 용사일기』, 임진년 9월 6일, 178~179쪽.
75) 심승구, 「壬辰倭亂 중 武科의 運營實態와 機能」, 『조선시대사학보』 1(1997).
76) 『약포 용사일기』, 임진년 9월 8일, 179~185쪽.

정탁은 민정을 살펴보건대 비록 5·6품의 높은 관직을 내려 주더라도 받은 사람의 마음이 시들해서 과명科名을 얻는 것만 못하다고 생각한다고 해서 비망기에 내린 대로 한 개의 헌급獻級으로 과거를 허락하는 것은 너무 지나친 것 같다고 지적했다. 덧붙여 정탁은 왕의 명령이 제대로 시행되지 않아서 민간에서 조정을 불신하게 된 것이 더 큰 문제라고 지적했다.

그래서 정탁은 지금 등급을 나누어서 개인자격과 지벌地閥의 고하에 따르고, 수급의 많고 적음을 정해서 과거를 주어야지 나라의 기강이 잡힐 것이라고 주장했다. 그는 1급級만으로 과거를 허락한다는 것은 원래 시행할 수 없는 것이므로 모두 4등급으로 나누어서 헌급하는 수를 정하여 과거를 허락하는 절충안을 제시했다. 그래서 금군과 사족은 3급으로 급제시키고, 허물없는 평민과 이미 허통한 서얼과 잡류雜類로서 과거에 응시한 자는 4급이나 혹은 5급으로 급제하고, 아직 허통하지 않은 서얼과 잡류로서 과거에 나아가지 않은 자는 5급 혹은 7급으로 급제시키고, 공사천은 7급 혹은 10급으로 급제시키자는 구체적인 안을 제시했다.[77]

그러나 군공을 가지고 과거에 급제하는 것이 옛날에는 없던 제도라는 반대론이 있었는데, 이에 대해서는 무과에서 시험하는 재주는 모두 적을 죽이기 위해 설치한 것이니 스스로 적을 베어 온 사람들에게 급제를 해 주는 것은 이치에 합당하다고 했다.[78] 이렇게 정탁의 제안으로 무과를 시행했고, 백성들의 호응이 좋았다. 정탁은 과거를 시행한 결과 모인 사람이 수천 명에 이른다고 하고, 이어 다른 도에도 추가로

---

77) 『약포 용사일기』, 임진년 9월 15일, 188~191쪽.
78) 『약포 용사일기』, 임진년 9월 6일, 178~179쪽.

확대해서 시행해야 한다고 주장하였다.[79]

정탁은 전란 중에 민심을 수습해야 하는 절박한 상황에서는 필요에
따라서 기존의 원칙을 변용하여 적용할 수 있다고 하는 입장을 보였다.
과거를 시행하고, 하층민이 세운 군공에 대해 파격적인 포상을 제안했다.
그러나 정탁은 기본적으로 국가의 근본적인 기강은 바로잡아야 한다는
원칙을 동시에 지키고자 했다. 합리적이고 현실을 고려해서 적절하게
대응하는 실용적인 면모가 보인다.

4. 맺음말

정탁은 임진왜란 때 피란하는 선조를 호종하다가 분조에 배속되어서
1593년 1월 말 대조와 분조가 합해질 때까지 분조를 호종하였다. 그는
분조의 핵심 구성원으로서, 오랜 관료 생활의 경험을 바탕으로 분조를
실질적으로 운영하면서 분조의 전란 대응을 주도했다.

이 기간 동안 정탁은 매일 분조의 일들을 기록하여 『용사일기』를
남겼다. 일기에는 정탁 개인의 일상도 기록되어 있지만, 대부분은 그가
분조에 배속된 신하로서 분조에서 일어나는 각종의 의사 결정 과정에
대해 기록한 것이다. 따라서 『용사일기』를 통해 분조 내에서의 정탁의
활동 내용과 그의 현실 대응 자세를 살펴볼 수 있다.

본문의 내용을 정리하면 첫째, 정탁은 분조에서 관리 임면의 제반
사항을 담당했다. 선조는 관작의 제배에 대한 업무를 분조에 이양했다.
그러나 대조가 의주에 머물렀기 때문에, 분조는 단독으로 처리하기에

---

79) 『약포 용사일기』, 임진년 11월 3일, 227~229쪽.

'미안'한 상황이었다. 그래서 분조는 매번 임명을 시행하고 사후에 승인을 요청하는 품계를 올렸고, 사정이 급할 때만 임의로 처리했다.

이런 상황으로 인해서 대조가 요동으로의 피란을 철회하고 의주에 머물면서 조정이 두 갈래로 운영되자 관리 임면에 혼선이 발생하게 되었다. 한 사람을 서로 다르게 임명하거나, 한곳에 서로 다른 두 사람을 임명하는 일이 발생할 때, 정탁은 분조의 결정을 재촉하고 임의대로 시행하기도 했으며, 대조의 임명을 임의로 유보시키기도 했다. 상벌에 대해서도 정탁은 신속하고 엄중한 입장을 보였다. 상벌의 효과는 제때 시행하는 데 있음을 지적하고, 분조에서 처리한 후에 대조에 상황을 보고했다. 원칙은 벌을 주는 데 있는 것이 아니라 벌을 통해 궁극적으로 공을 세우게 해야 한다는 입장이었다.

둘째, 정탁은 분조에서 군사 작전을 수립하고, 군대를 동원하는 등 실질적으로 분조를 주도했다. 당시 조정에서 확보할 수 있는 군대가 제한적이었고, 특히 분조할 때 분조에 배속된 군대가 없었다. 대조는 명나라로 피란하겠다고 결정했기 때문에 실질적으로 전쟁을 수행하는 제반 업무를 분조에 이속시켰다. 분조는 관군과 의병을 망라해서 군사를 모으고, 군량을 확보하고 작전을 수행했다. 분조가 대체로 자유롭게 동원할 수 있는 병사들은 각지에서 활약하던 의병 부대였으며, 관군에 소속되어 있는 장수들을 동원할 때는 대조를 의식하지 않을 수 없었다. 이후 각 지방에서 일어나는 의병과 군사 모집 활동을 지원하고, 의병장을 독려하는 등 분조는 의병과 긴밀한 관계를 유지하게 되었다. 이는 대조가 대명 외교를 전란 대응의 유일한 방안으로 삼고 대처한 것과 대비되며, 전쟁 이후 조정의 운영에까지 영향을 미쳤다.

셋째, 민심 수습 활동이다. 조정이 한양을 떠나 피란한 이후 백성들은 조정의 존재 여부조차 알지 못했고, 여기에 선조가 명나라로 피란하겠다고 고집하는 것이 알려지자 민심이 크게 동요했다. 이런 상황에서 분조는 각 지역으로 옮겨 다니면서 백성들과의 접촉을 통해 왕실과 조정이 건재하다는 것을 보여 주었고, 민심을 수습하였다. 특히 평민과 천민까지 전쟁의 주체로 인식하여, 그들이 군공을 세우면 적극적으로 포상하면서 독려했다.

이와 같이 정탁은 노련한 관료로서 피란하는 조정에서 분조의 운영을 실질적으로 주도하였다. 그는 관리의 임면이나 상벌에 대해 합리적이고, 현실에 타협적인 자세를 보였다. 그러나 국가의 근본적 기틀은 고수해야 한다는 원칙론자이기도 했다. 이런 그의 태도는 분조와 대조가 합쳐지고 그가 원래의 관직으로 돌아온 이후에도 그대로 이어졌다.

사단법인 남명학연구원은

남명선생의 학문을 연구하고 학덕을 선양하기 위해 1986년 발족되었다. 1988년 9월 전문학술지『남명학연구논총』을 창간, 2004년 13호를 끝으로 일시 정간하였다가 2009년 3월『남명학』으로 제호를 바꾸어 복간하였으며, 한국전통문화의 근간인 선비문화를 진흥하기 위해 2004년 4월 교양잡지『선비문화』를 발행하여 현재 30호에 이르렀다. 그 동안 매년 전국 규모의 학술대회를 개최하는 한편 격년으로 국제학술대회를 개최하여 남명학에 대한 학문적 성과를 국제적인 수준으로 제고하였다. 현재 10여 명의 상임연구위원과 70여 명의 연구위원이 연구활동에 종사하고 있으며 700여 명의 회원이 연구원의 사업을 지원하고 있다.

필진 소개(게재순)

허권수(경상대학교 교수)

김낙진(진주교육대학교 교수)

추제협(계명대학교 대학인문역량강화사업단(CORE) 연구교수)

권경열(한국고전번역원 선임연구원)

김경수(경상대학교 외래교수)

정병호(경북대학교 교수)

김원준(영남대학교 교육대학원 조교수)

강문식(서울대학교 규장각한국학연구원 학예연구관)

황만기(안동대학교 퇴계학연구소 학술연구교수)

김정운(경북대학교 외래교수)

◀◆ 예문서원의 책들 ▶

역학총서

주역철학사 (周易研究史) 廖名春·康學偉·梁韋弦 지음, 심경호 옮김, 944쪽, 45,000원
송재국 교수의 주역 풀이 송재국 지음, 380쪽, 10,000원
송재국 교수의 역학담론 — 하늘의 빛 正易, 땅의 소리 周易 송재국 지음, 536쪽, 32,000원
소강절의 선천역학 高懷民 지음, 곽신환 옮김, 368쪽, 23,000원
다산 정약용의『주역사전』, 기호학으로 읽다 방인 지음, 704쪽, 50,000원

한국철학총서

조선 유학의 학파들 한국사상사연구회 편저, 688쪽, 24,000원
퇴계의 생애와 학문 이상은 지음, 248쪽, 7,800원
조선유학의 개념들 한국사상사연구회 지음, 648쪽, 26,000원
유교개혁사상과 이병헌 금장태 지음, 336쪽, 17,000원
남명학파와 영남우도의 사림 박병련 외 지음, 464쪽, 23,000원
쉽게 읽는 퇴계의 성학십도 최재목 지음, 152쪽, 7,000원
홍대용의 실학과 18세기 북학사상 김문용 지음, 288쪽, 12,000원
남명 조식의 학문과 선비정신 김충열 지음, 512쪽, 26,000원
명재 윤증의 학문연원과 가학 충남대학교 유학연구소 편, 320쪽, 17,000원
조선유학의 주역사상 금장태 지음, 320쪽, 16,000원
한국유학의 악론 금장태 지음, 240쪽, 13,000원
심경부주와 조선유학 홍원식 외 지음, 328쪽, 20,000원
퇴계가 우리에게 이윤희 지음, 368쪽, 18,000원
조선의 유학자들, 켄타우로스를 상상하며 理와 氣를 논하다 이향준 지음, 400쪽, 25,000원
퇴계 이황의 철학 윤사순 지음, 320쪽, 24,000원
조선유학과 소강절 철학 곽신환 지음, 416쪽, 32,000원
되짚어 본 한국사상사 최영성 지음, 632쪽, 47,000원
한국 성리학 속의 심학 김세정 지음, 400쪽, 32,000원

성리총서

송명성리학 (宋明理學) 陳來 지음, 안재호 옮김, 590쪽, 17,000원
주희의 철학 (朱熹哲學研究) 陳來 지음, 이종란 외 옮김, 544쪽, 22,000원
양명 철학 (有無之境─王陽明哲學的精神) 陳來 지음, 전병욱 옮김, 752쪽, 30,000원
정명도의 철학 (程明道思想研究) 張德麟 지음, 박상리·이경남·정성희 옮김, 272쪽, 15,000원
송명유학사상사 (宋明時代儒學思想の研究) 구스모토 마사쓰구(楠本正繼) 지음, 김병화·이혜경 옮김, 602쪽, 30,000원
북송도학사 (道學の形成) 쓰치다 겐지로(土田健次郎) 지음, 성현창 옮김, 640쪽, 32,000원
성리학의 개념들 (理學範疇系統) 蒙培元 지음, 홍원식·황지원·이기훈·이상호 옮김, 880쪽, 45,000원
역사 속의 성리학 (Neo-Confucianism in History) Peter K. Bol 지음, 김영민 옮김, 488쪽, 28,000원
주자어류선집 (朱子語類抄) 미우라 구니오(三浦國雄) 지음, 이승연 옮김, 504쪽, 30,000원

불교(카르마)총서

학파로 보는 인도 사상 S. C. Chatterjee·D. M. Datta 지음, 김형준 옮김, 424쪽, 13,000원
유식무경, 유식 불교에서의 인식과 존재 한자경 지음, 208쪽, 7,000원
박성배 교수의 불교철학강의: 깨침과 깨달음 박성배 지음, 윤원철 옮김, 313쪽, 9,800원
불교 철학의 전개, 인도에서 한국까지 한자경 지음, 252쪽, 9,000원
인물로 보는 한국의 불교사상 한국불교원전연구회 지음, 388쪽, 20,000원
은정희 교수의 대승기신론 강의 은정희 지음, 184쪽, 10,000원
비구니와 한국 문학 이향순 지음, 320쪽, 16,000원
불교철학과 현대윤리의 만남 한자경 지음, 304쪽, 18,000원
유식삼십송과 유식불교 김명우 지음, 280쪽, 17,000원
유식불교,『유식이십론』을 읽다 효도 가즈오 지음, 김명우·이상우 옮김, 288쪽, 18,000원
불교인식론 S. R. Bhatt & Anu Mehrotra 지음, 권서용·원철·유리 옮김, 288쪽, 22,000원
불교에서의 죽음 이후, 중음세계와 육도윤회 허암 지음, 232쪽, 17,000원

한의학총서

한의학, 보약을 말하다 — 이론과 활용의 비밀 김광중·하근호 지음, 280쪽, 15,000원

동양문화산책

주역산책 (易學漫步) 朱伯崑 외 지음, 김학권 옮김, 260쪽, 7,800원
동양을 위하여, 동양을 넘어서 홍원식 외 지음, 264쪽, 8,000원
서원, 한국사상의 숨결을 찾아서 안동대학교 안동문화연구소 지음, 344쪽, 10,000원
안동 풍수 기행, 와혈의 땅과 인물 이완규 지음, 256쪽, 7,500원
안동 풍수 기행, 돌혈의 땅과 인물 이완규 지음, 328쪽, 9,500원
영양 주실마을 안동대학교 안동문화연구소 지음, 332쪽, 9,800원
예천 금당실 · 맛질 마을 — 정감록이 꼽은 길지 안동대학교 안동문화연구소 지음, 284쪽, 10,000원
터를 안고 仁을 펴다 — 퇴계가 굽어보는 하계마을 안동대학교 안동문화연구소 지음, 360쪽, 13,000원
안동 가일 마을 — 풍산들가에 의연히 서다 안동대학교 안동문화연구소 지음, 344쪽, 13,000원
중국 속에 일떠서는 한민족 — 한겨레신문 차한필 기자의 중국 동포사회 리포트 차한필 지음, 336쪽, 15,000원
신간도견문록 박진관 글·사진, 504쪽, 20,000원
선양과 세습 사라 알란 지음, 오만종 옮김, 318쪽, 17,000원
문경 산북의 마을들 — 서중리, 대상리, 대하리, 김룡리 안동대학교 안동문화연구소 지음, 376쪽, 18,000원
안동 원촌마을 — 선비들의 이상향 안동대학교 안동문화연구소 지음, 288쪽, 16,000원
안동 부포마을 — 물 위로 되살려 낸 천년의 영화 안동대학교 안동문화연구소 지음, 440쪽, 23,000원
독립운동의 큰 울림, 안동 전통마을 김희곤 지음, 384쪽, 26,000원

일본사상총서

도쿠가와 시대의 철학사상 (德川思想小史) 미나모토 료엔 지음, 박규태·이용수 옮김, 260쪽, 8,500원
일본인은 왜 종교가 없다고 말하는가 (日本人はなぜ 無宗教なのか) 아마 도시마로 지음, 정형 옮김, 208쪽, 6,500원
일본사상이야기 40 (日本がわかる思想入門) 나가오 다케시 지음, 박미태 옮김, 312쪽, 9,500원
일본도덕사상사 (日本道德思想史) 이에나가 사부로 지음, 세키네 히데유키·윤종갑 옮김, 328쪽, 13,000원
천황의 나라 일본 — 일본의 역사와 천황제 (天皇制と民衆) 고토 야스시 지음, 이남희 옮김, 312쪽, 13,000원
주자학과 근세일본사회 (近世日本社會と宋學) 와타나베 히로시 지음, 박홍규 옮김, 304쪽, 16,000원

노장총서

不二 사상으로 읽는 노자 — 서양철학자의 노자 읽기 이찬훈 지음, 304쪽, 12,000원
김항배 교수의 노자철학 이해 김항배 지음, 280쪽, 15,000원
서양, 도교를 만나다 J. J. Clarke 지음, 조현숙 옮김, 472쪽, 36,000원
중국 도교사 — 신선을 꿈꾼 사람들의 이야기 牟鍾鑒 지음, 이봉호 옮김, 352쪽, 28,000원

남명학연구총서

남명사상의 재조명 남명학연구원 엮음, 384쪽, 22,000원
남명학파 연구의 신지평 남명학연구원 엮음, 448쪽, 26,000원
덕계 오건과 수우당 최영경 남명학연구원 엮음, 400쪽, 24,000원
내암 정인홍 남명학연구원 엮음, 448쪽, 27,000원
한강 정구 남명학연구원 엮음, 560쪽, 32,000원
동강 김우옹 남명학연구원 엮음, 360쪽, 26,000원
망우당 곽재우 남명학연구원 엮음, 440쪽, 33,000원
부사 성여신 남명학연구원 엮음, 352쪽, 28,000원

예문동양사상연구원총서

한국의 사상가 10人 — 원효 예문동양사상연구원/고영섭 편저, 572쪽, 23,000원
한국의 사상가 10人 — 의천 예문동양사상연구원/이병욱 편저, 464쪽, 20,000원
한국의 사상가 10人 — 지눌 예문동양사상연구원/이덕진 편저, 644쪽, 26,000원
한국의 사상가 10人 — 퇴계 이황 예문동양사상연구원/윤사순 편저, 464쪽, 20,000원
한국의 사상가 10人 — 남명 조식 예문동양사상연구원/오이환 편저, 576쪽, 23,000원
한국의 사상가 10人 — 율곡 이이 예문동양사상연구원/황의동 편저, 600쪽, 25,000원
한국의 사상가 10人 — 하곡 정제두 예문동양사상연구원/김교빈 편저, 432쪽, 22,000원
한국의 사상가 10人 — 다산 정약용 예문동양사상연구원/박홍식 편저, 572쪽, 29,000원
한국의 사상가 10人 — 혜강 최한기 예문동양사상연구원/김용헌 편저, 520쪽, 26,000원
한국의 사상가 10人 — 수운 최제우 예문동양사상연구원/오문환 편저, 464쪽, 23,000원

인물사상총서

한주 이진상의 생애와 사상 홍원식 지음, 288쪽, 15,000원
범부 김정설의 국민윤리론 우기정 지음, 280쪽, 20,000원

민연총서 ― 한국사상

자료와 해설, 한국의 철학사상 고려대 민족문화연구원 한국사상연구소 편, 880쪽, 34,000원
여헌 장현광의 학문 세계, 우주와 인간 고려대 민족문화연구원 한국사상연구소 편, 424쪽, 20,000원
퇴옹 성철의 깨달음과 수행 ― 성철의 선사상과 불교사적 위치 조성택 편, 432쪽, 23,000원
여헌 장현광의 학문 세계 2, 자연과 인간 고려대 민족문화연구원 한국사상연구소 편, 432쪽, 25,000원
여헌 장현광의 학문 세계 3, 태극론의 전개 고려대 민족문화연구원 한국사상연구소 편, 400쪽, 24,000원
역주와 해설 성학십도 고려대 민족문화연구원 한국사상연구소 편, 328쪽, 20,000원
여헌 장현광의 학문 세계 4, 여헌학의 전망과 계승 고려대학교 민족문화연구원 편, 384쪽, 30,000원

경북의 종가문화

사당을 세운 뜻은, 고령 점필재 김종직 종가 정경주 지음, 203쪽, 15,000원
지금도 「어부가」가 귓전에 들려오는 듯, 안동 농암 이현보 종가 김서령 지음, 225쪽, 17,000원
종가의 멋과 맛이 넘쳐 나는 곳, 봉화 충재 권벌 종가 한필원 지음, 193쪽, 15,000원
한 점 부끄럼 없는 삶을 살다, 경주 회재 이언적 종가 이수환 지음, 178쪽, 14,000원
영남의 큰집, 안동 퇴계 이황 종가 정우락 지음, 227쪽, 17,000원
마르지 않는 효제의 샘물, 상주 소재 노수신 종가 이종호 지음, 303쪽, 22,000원
의리와 충절의 400년, 안동 학봉 김성일 종가 이해영 지음, 199쪽, 15,000원
충효당 높은 마루, 안동 서애 류성룡 종가 이세동 지음, 210쪽, 16,000원
낙중 지역 강안학을 열다, 성주 한강 정구 종가 김학수 지음, 180쪽, 14,000원
모원당 회화나무, 구미 여헌 장현광 종가 이종문 지음, 195쪽, 15,000원
보물은 오직 청백뿐, 안동 보백당 김계행 종가 최은주 지음, 160쪽, 15,000원
은둔과 화순의 선비들, 영주 송설헌 장말손 종가 정순우 지음, 176쪽, 16,000원
처마 끝 소나무에 갈무리한 세월, 경주 송재 손소 종가 황위주 지음, 256쪽, 23,000원
양대 문형과 직신의 가문, 문경 허백정 홍귀달 종가 홍원식 지음, 184쪽, 17,000원
어질고도 청빈한 마음이 이어진 집, 예천 약포 정탁 종가 김낙진 지음, 208쪽, 19,000원
임란의병의 힘, 영천 호수 정세아 종가 우인수 지음, 192쪽, 17,000원
영남을 넘어, 상주 우복 정경세 종가 정우락 지음, 264쪽, 23,000원
선비의 삶, 영덕 갈암 이현일 종가 장윤수 지음, 224쪽, 20,000원
청빈과 지조로 지켜 온 300년 세월, 안동 대산 이상정 종가 김순석 지음, 192쪽, 18,000원
독서종자 높은 뜻, 성주 응와 이원조 종가 이세동 지음, 216쪽, 20,000원
오천칠군자의 향기 서린, 안동 후조당 김부필 종가 김용만 지음, 256쪽, 24,000원
마음이 머무는 자리, 성주 동강 김우옹 종가 정병호 지음, 184쪽, 18,000원
문무의 길, 영덕 청신재 박의장 종가 우인수 지음, 216쪽, 20,000원
형제애의 본보기, 상주 창석 이준 종가 서정화 지음, 176쪽, 17,000원
경주 남쪽의 대종가, 경주 잠와 최진립 종가 손숙경 지음, 208쪽, 20,000원
변화하는 시대정신의 구현, 의성 자암 이민환 종가 이시활 지음, 248쪽, 23,000원
무로 빛고 문으로 다듬은 충효와 예학의 명가, 김천 정양공 이숙기 종가 김학수 지음, 184쪽, 18,000원
청백정신과 팔련오계로 빛나는, 안동 허백당 김양진 종가 배영동 지음, 272쪽, 27,000원
학문과 충절이 어우러진, 영천 지산 조호익 종가 박학래 지음, 216쪽, 21,000원
영남 남인의 정치 중심 돌밭, 칠곡 귀암 이원정 종가 박인호 지음, 208쪽, 21,000원
거문고에 새긴 외금내고, 청도 탁영 김일손 종가 강정화 지음, 240쪽, 24,000원
대를 이은 문장과 절의, 울진 해월 황여일 종가 오용원 지음, 200쪽, 20,000원
처사의 삶, 안동 경당 장흥효 종가 장윤수 지음, 240쪽, 24,000원
대의와 지족의 표상, 영양 옥천 조덕린 종가 백순철 지음, 152쪽, 15,000원

기타

다산 정약용의 편지글 이용형 지음, 312쪽, 20,000원
유교와 칸트 李明輝 지음, 김기주·이기훈 옮김, 288쪽, 20,000원
유가 전통과 과학 김영식 지음, 320쪽, 24,000원
유가철학의 덕과 덕성치유 최연자·최영찬 지음, 432쪽, 30,000원
한시, 슬픈 감성으로 가을을 읊다 권명숙 지음, 232쪽, 17,000원